CURSO DE ESPAÑOL PARA EXTRANJEROS

ELE ACTUAL

A2

第二版

ELE现代版 A2

Libro del alumno

编　　著：［西］比尔希略·博洛维奥·卡雷拉
拉蒙·帕伦西亚·德尔布尔戈
主 编 译：彭立家　姜　曙　沈　洲
编译人员：（按姓氏音序排列）
陈子衿　高宁进　郭　彬　李　寅　潘虹禅
审校专家：徐瑞华

上海译文出版社

图书在版编目（CIP）数据

ELE现代版：第二版. A2 / （西）比尔希略·博洛维奥·卡雷拉，（西）拉蒙·帕伦西亚·德尔布尔戈编著；彭立家，姜曙，沈洲主编译. —上海：上海译文出版社，2018. 1（2024.10 重印）
书名原文：ELE Actual A2
ISBN 978-7-5327-7551-4

Ⅰ. ①E… Ⅱ. ①比… ②拉… ③彭… ④姜… ⑤沈… Ⅲ. ①西班牙语—教材 Ⅳ. ①H34

中国版本图书馆CIP数据核字（2017）第153163号

Virgilio Borobio Carrera
Ramón Palencia del Burgo

ELE ACTUAL A2

SM

图字：09 — 2013 — 703 号

ELE现代版 A2（第二版）

［西］比尔希略·博洛维奥·卡雷拉 / 拉蒙·帕伦西亚·德尔布尔戈 编著
彭立家 姜 曙 沈 洲 主编译

上海译文出版社有限公司出版、发行
网址：www.yiwen.com.cn
201101 上海市闵行区号景路159弄B座
上海盛通时代印刷有限公司印刷

开本 890 × 1240 1/16 印张 17.75 字数 669,000
2018年1月第1版 2024年10月第5次印刷
印数：13,401—15,400 册
ISBN 978-7-5327-7551-4
定价：75.00元

如有质量问题，请与承印厂质量科联系。T：021-37910000

前　言

《ELE 现代版》（ELE ACTUAL）是一套交际西班牙语教程，它的编写创意来自作者切身的教学体验，并广泛采纳了各地教师的建议。这套西班牙语教程适用于高校西班牙语专业、西班牙语二外的教学及西班牙语培训机构等社会学习者。全书共有四册，涵盖了欧盟语言统一框架所规定的 A1、A2、B1、B2 语言水平要求的各个方面，同时也与西班牙塞万提斯学院的教学大纲配套。这是一套以学生为中心的教材。

这套交际西班牙语教材基于启发式、综合式教学方法，教学效果明显，能使学生在整个学习过程中置身于语言环境之中。

本套教材还可以让学生在参加诸如 DELE 考试、SIELE 考试、正规语言学校考试以及地方上的各种考试时，都能胸有成竹地应对。

本书由三个板块构成，每一个板块由五篇课文和一篇复习课文组成。每篇课文都围绕一个或几个互相关联的专题展开，有较强的应用性。

在"探索西班牙和拉丁美洲"栏目里，涉及到与本课题材或语言内容相关的各个方面，栏目里所提议的教学活动，可以帮助学生扩充西班牙与拉丁美洲社会文化方面的知识，也有利于开展课堂语言实践活动，充分发挥学生的主体性，达到学以致用的目的。

每篇课文的末尾都有"补充材料"栏目，它向师生提供了更多的教学方案，以便开展更多补充性的教学活动。

为了方便中国读者的使用，我们根据中国学生的学习习惯，在保持原书结构和特色的同时，对原书进行了必要的编译。对每课"探索西班牙和拉丁美洲"和"补充材料"中出现的超纲词汇进行了西班牙语注解，同时还将书后的语法总结及词汇表做了必要的注解和编译。这种改进，一来方便了中国学生自主学习，二来也可增加学习的趣味性和多样性。在此，由衷地感谢本书的编译人员。因水平有限，错误和不足之处在所难免，请各位读者批评指正。

Autor
Virgilio Borobio
Con la colaboración de Ramón Palencia

Edición
Alejandro García-Caro García
Marisol Yago Toledano
Marta Oliveira Ramírez

Corrección
Departamento de corrección de SM

Asesoramiento lingüístico
Eduardo Vallejo

Ilustración
Julio Sánchez

Cartografía
Estudio SM

Fotografía
Javier Calbet, Sonsoles Prada, María Pía Hidalgo, Fidel Puerta, Sergio Cuesta, Juan Baraja, Yolanda Álvarez/Archivo SM; C. Y F. Martín; J. M. Ruiz; Olimpia Torres; Luis Agromayor; Javier Jaime; Montse Fontich; Andrés Hernández Zuazo; Albert Heras/PRISMA; Kevin Petersen, Mickael David, Ryan McVay/PHOTODISC; S. Gutiérrez/PHOTONONSTOP; Rodrigo Torres/GLOWIMAGES; Nexus7, Robyn McKenzie, Andy Porter, Morten Elm, Jason Stitt, Galyna Andrushko, Mypix, Feng Yu/DREAMSTIME.COM; Luca di Filippo, Karim Hesham/iSTOCKPHOTO.COM; Antonio Real/AGE FOTOSTOCK; BETTMAN–CORBIS/CORDON PRESS; COMSTOCK IMAGES/GETTY IMAGES; PHOVOIR; ILLUSTRATED LONDON NEWS; EFE; LATINSTOCK; DIGITAL VISION; FANCY; ENCICLOPEDIA CATALANA; INGRAM; ABLESTOCK.COM; INGIMAGE; THINKSTOCK; IMAGE SOURCE; ORANGESTOCK; 123RF; STOCKBYTE; WIKIPEDIA COMMONS; FOTOLIA.

Grabación
Rec Division

Edición gráfica
Fidel Puerta Flores

Maquetación
Grupo Kunzzo, S. L.

Coordinación técnica y de diseño
Mario Dequel

Coordinación editorial
Cristina Campo García

Dirección del proyecto
Pilar García García

Introducción

ELE ACTUAL A2 es un curso comunicativo de español dirigido a estudiantes adolescentes y adultos que cubre el nivel A2 establecido por el *Marco común europeo de referencia para las lenguas* y está adaptado al *Plan curricular del Instituto Cervantes*. Se trata de un curso centrado en el alumno, que permite al profesor ser flexible y adaptar el trabajo del aula a las necesidades, condiciones y características de los estudiantes.

Se apoya en una metodología motivadora y variada, de contrastada validez, que fomenta la implicación del alumno en el uso creativo de la lengua a lo largo de su proceso de aprendizaje. Sus autores han puesto el máximo cuidado en la secuenciación de las diferentes actividades y tareas que conforman cada lección.

Tanto en el Libro del alumno como en el Cuaderno de ejercicios se ofrecen unas propuestas didácticas que facilitan el aprendizaje del estudiante y lo sitúan en condiciones de abordar con garantías de éxito situaciones de uso de la lengua, así como cualquier prueba oficial propia del nivel al que **Ele Actual A2** va dirigido (DELE, escuelas oficiales de idiomas, titulaciones oficiales locales, etc.).

El Libro del alumno está estructurado en tres bloques, cada uno de ellos formado por cinco lecciones más otra de repaso. Las lecciones giran en torno a uno o varios temas relacionados entre sí.

En la sección ***Descubre España y América Latina***, se tratan aspectos variados relacionados con los contenidos temáticos o lingüísticos de la lección. Las actividades propuestas permiten abordar y ampliar aspectos socioculturales de España y América Latina, complementan la base sociocultural aportada por el curso y posibilitan una práctica lingüística adicional.

Todas las lecciones presentan el cuadro ***Recuerda,*** donde se recapitulan las funciones comunicativas tratadas en ellas, con sus correspondientes exponentes lingüísticos y contenidos gramaticales.

Cada lección concluye con la sección ***Materiales complementarios***, en la cual se ponen a disposición de alumnos y profesores más propuestas didácticas destinadas a la práctica adicional y opcional de las destrezas y de los contenidos lingüísticos y funcionales. Han sido concebidas para dar una respuesta más flexible a las necesidades específicas de los alumnos y dotar de más variedad al curso. Su inclusión en el manual contribuye a enriquecer el repertorio de técnicas de enseñanza empleadas por el docente.

Al final del libro se incluyen un resumen de todos los contenidos gramaticales (***Resumen gramatical***) y un **glosario del vocabulario productivo** del curso ordenado por lecciones.

Así es este libro

Presentación

Al comienzo de cada lección se especifican los objetivos comunicativos que se van a trabajar. La presentación de los contenidos temáticos, lingüísticos (gramática, vocabulario y fonética) y funcionales se realiza con el apoyo de los documentos y técnicas más adecuados a cada caso. En las diferentes lecciones se alternan diversos tipos de textos, muestras de lengua, diálogos, fotografías, ilustraciones, cómics, etc. La activación de conocimientos previos y el desarrollo del interés de los alumnos por el tema son objetivos que también se contemplan en esta fase inicial.

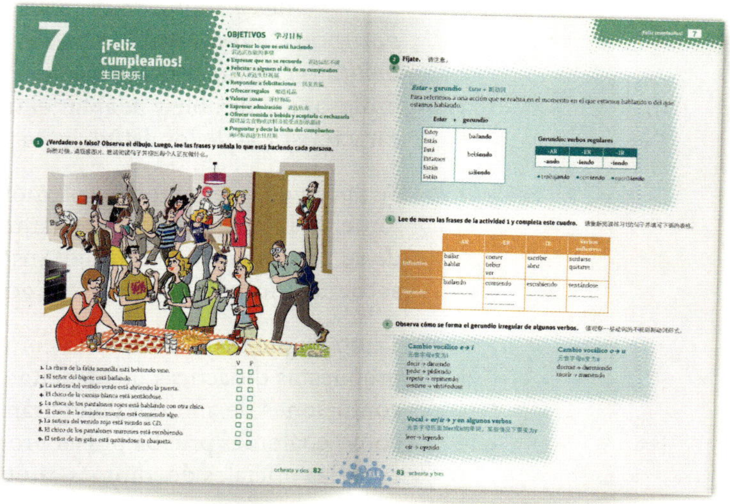

Práctica de contenidos

A continuación, se incluye una amplia gama de actividades significativas y motivadoras mediante las cuales el alumno va asimilando de forma progresiva los contenidos lingüísticos y funcionales necesarios para alcanzar los objetivos de la lección. Muchas de ellas son de carácter cooperativo y todas han sido graduadas de acuerdo con las demandas cognitivas y de actuación que plantean al alumno.

Estas actividades permiten:

- La práctica lingüística.
- La aplicación, el desarrollo y la integración de las diferentes destrezas lingüísticas (comprensión auditiva, expresión oral, interacción oral, comprensión lectora y expresión escrita).
- La aplicación y el desarrollo de estrategias de comunicación.
- El desarrollo de la autonomía del alumno.

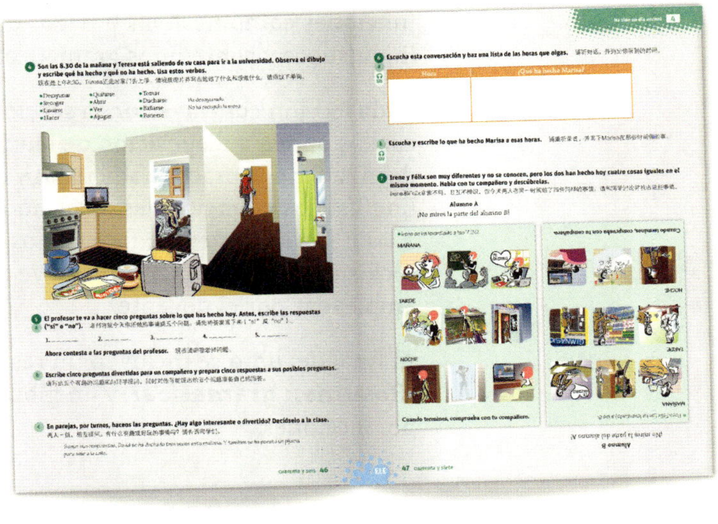

Contenidos socioculturales

La integración de contenidos temáticos y lingüísticos hace posible que el alumno pueda aprender la lengua al mismo tiempo que asimila unos conocimientos sobre diversos aspectos socioculturales de España y América Latina. Las tareas incluidas contribuyen también a aumentar el interés por los temas seleccionados y al desarrollo de la conciencia intercultural, esto es, a la formación en el conocimiento, comprensión, aceptación y respeto de los valores y estilos de vida de las diferentes culturas.

Materiales complementarios

Las propuestas didácticas incluidas en la sección ***Materiales complementarios*** constituyen un auténtico banco de actividades extra. Aportan más variedad, innovación y calidad didáctica al programa, ayudan a centrar más el curso en el alumno y facilitan la flexibilidad del profesor, quien podrá decidir cuál es la actividad adecuada y el momento apropiado para realizarla una vez que haya detectado ciertas necesidades específicas de sus alumnos.

Repasos

Las lecciones de repaso ponen a disposición de los alumnos y del profesor materiales destinados a la revisión y el refuerzo de contenidos tratados en las cinco lecciones precedentes. Dado que el objetivo fundamental de estas lecciones es la activación de contenidos para que el alumno siga reteniéndolos en su repertorio lingüístico, el profesor puede proponer la realización de determinadas actividades incluidas en ellas cuando lo considere conveniente, aunque eso implique alterar el orden en que aparecen en el libro, y así satisfacer las necesidades reales del alumno.

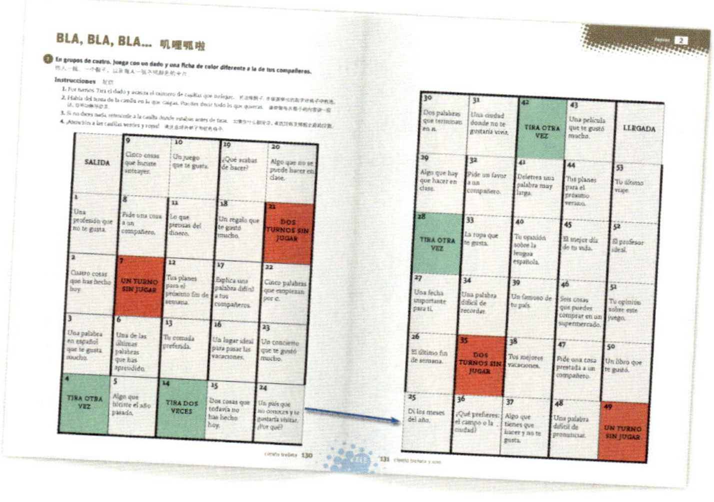

Contenidos del libro

	TEMAS Y VOCABULARIO	OBJETIVOS COMUNICATIVOS
1 UN NUEVO CURSO	• Estudiar español • Deseos y necesidades • Planes e intenciones • Certeza y posibilidad	• Expresar deseos • Expresar obligación y necesidad • Expresar planes e intenciones • Expresar certeza y evidencia • Expresar posibilidad
2 ¿QUÉ TE PASA?	• Estados físicos y anímicos • Partes del cuerpo • Enfermedades • Remedios	• Preguntar por el estado de ánimo y físico • Expresar sentimientos • Expresar sensaciones físicas • Expresar dolor • Ofrecer cosas y aceptarlas o rechazarlas • Hacer sugerencias y aceptarlas o rechazarlas
3 COMIDAS	• La compra • Alimentos • En un restaurante	• Pedir productos alimenticios en una tienda • Preguntar el precio de un determinado producto • Pedir algo en un restaurante • Solicitar un servicio en un restaurante • Dirigirse a alguien
4 HA SIDO UN DÍA NORMAL	• Hechos recientes • Disculpas • Excusas	• Hablar de lo que se ha hecho recientemente • Disculparse • Poner excusas • Tranquilizar a alguien
5 EXPERIENCIAS Y OPINIONES	• Experiencias personales • Estudiar una lengua extranjera	• Hablar de experiencias personales • Hablar de lo que ya se ha hecho • Hablar de lo que todavía no se ha hecho • Expresar opiniones • Expresar acuerdo • Expresar desacuerdo • Presentar un contraargumento
REPASO 1	**Lecciones 1-2-3-4-5**	
6 ROPA Y COMPLEMENTOS	• Ropa • De compras	• Decir qué ropa lleva otra persona • Hacer comparaciones • Comprar un artículo en una tienda de ropa • Expresar deseos • Pedir permiso • Dar permiso
7 ¡FELIZ CUMPLEAÑOS!	• Una fiesta de cumpleaños • Felicitaciones • Regalos • Comidas y bebidas	• Expresar lo que se está haciendo • Expresar que no se recuerda • Felicitar a alguien el día de su cumpleaños • Responder a felicitaciones • Ofrecer regalos • Valorar cosas • Expresar admiración • Ofrecer comida o bebida y aceptarla o rechazarla • Preguntar y decir la fecha del cumpleaños

Lección	TEMAS Y VOCABULARIO	OBJETIVOS COMUNICATIVOS
8 CONTAR UN VIAJE	• Viajes (1)	• Hablar del pasado • Contar un viaje
9 FAMOSOS	• Biografías • Momentos importantes en la vida de una persona	• Contar la vida de una persona • Expresar certeza y evidencia • Expresar falta de certeza y evidencia
10 PERMISO Y FAVORES	• Situaciones sociales • Normas de la clase	• Pedir permiso y dar o denegar permiso • Pedir un favor y responder afirmativa o negativamente • Pedir ayuda • Preguntar si está permitido hacer algo en un sitio • Pedir cosas y responder afirmativa o negativamente • Pedir cosas prestadas y responder afirmativa o negativamente
REPASO 2	Lecciones 6-7-8-9-10	
11 ¿CÓMO QUEDAMOS?	• Al teléfono • Espectáculos • Invitaciones • Citas	• Iniciar una conversación telefónica • Preguntar por una persona y responder • Hablar de espectáculos: horarios y lugares • Proponer o invitar • Aceptar y rechazar una propuesta o invitación • Concertar citas
12 DE VIAJE	• Viajes (2) • Lugares públicos	• Preguntar y expresar preferencias • Hacer comparaciones • Pedir y dar información sobre medios de transporte • Preguntar por la existencia y ubicación de lugares públicos • Informar sobre distancias • Dar instrucciones para ir a un lugar
13 ¿QUÉ TAL EL FIN DE SEMANA?	• El fin de semana • Actividades de tiempo libre	• Hablar del pasado: expresar lo que hicimos el fin de semana pasado • Pedir valoración • Valorar actividades y hechos pasados
14 OBJETOS Y REGALOS	• Objetos • Formas • Materiales • Regalos	• Describir objetos • Expresar finalidad • Expresar de qué está hecho un objeto • Expresar posesión • Hablar de regalos: los que recibimos y los que hacemos
15 COSTUMBRES DEL PASADO	• Los incas • La infancia • El carácter	• Describir personas, lugares y cosas en pasado • Expresar acciones habituales en el pasado • Describir el carácter de una persona
REPASO 3	lecciones 11-12-13-14-15	

1 Un nuevo curso 新学期

OBJETIVOS 学习目标

- Expresar deseos 表达愿望
- Expresar obligación y necesidad 表达义务与需求
- Expresar planes e intenciones 表达计划与意图
- Expresar certeza y evidencia 表达确定性
- Expresar posibilidad 表达可能性

Deseos y necesidades 愿望与需求

1 Lee lo que dicen estos estudiantes de español y pregúntale al profesor qué significa lo que no entiendas.
请阅读以下这些西班牙语学生所说的内容，不懂的地方请询问老师。

Akiko, Japón.

"Cuando hablo español, **quiero elegir** bien las palabras y, claro, hablo muy despacio. **Necesito hablar** mucho en clase para conseguir hablar más rápido, con más fluidez".

Jenny, Inglaterra.

"**Yo necesito practicar** mucho lo que aprendo, **tengo que practicarlo** mucho para no olvidarlo. Si no practico, olvido muchas cosas".

Nick, Australia.

"**A mí me gustaría entender** más cuando escucho español. Tengo bastantes problemas de comprensión y **necesito escuchar** mucho español, **necesito escuchar** muchas grabaciones en clase y por mi cuenta".

Bart, Bélgica.

"A mí me interesa mucho la gramática, creo que es muy importante para hablar bien. **Yo tengo que aprender** mucha gramática para poder hablar bien, sin cometer muchos errores".

Gala, Rusia.

"**A mí me gustaría aprender** mucho vocabulario porque si sé más palabras, puedo decir más cosas, puedo comunicarme más".

Evelyne, Austria.

"**Yo quiero mejorar** mi pronunciación en español, por eso **necesito hacer** ejercicios de pronunciación en clase. A veces no me entiende la gente cuando hablo porque pronuncio mal las palabras".

2 Fíjate. 请注意。

a

Para expresar deseos
表达愿望

Querer + infinitivo

- **Quiero aprender** mucho vocabulario.

(A mí) Me gustaría + infinitivo

- **A mí me gustaría hablar** con fluidez, a velocidad normal.

Para expresar necesidad de manera personal
表达个人的需求

Tener que + infinitivo

- **Tengo que aprender** mucha gramática.

Necesitar + infinitivo

- **Necesito escuchar** mucho español.

b ¿Qué deseos o necesidades de la actividad 1 tienes tú también? Díselo a tu compañero.
对于练习1中的愿望和需求，你也有相同的想法吗？如有，请告诉同学。

Yo también quiero mejorar mi pronunciación, también tengo que practicar mucho lo que aprendo para no olvidarlo, también necesito hablar mucho en clase. A mí también me gustaría aprender mucho vocabulario...

3 **Lee de nuevo lo que dicen esos estudiantes y escribe las respuestas.**
请重新阅读那些学生所说的话并写出回答。

¿Qué hay que hacer para...

... poder expresar más ideas?
... poder comprender más a los españoles cuando hablan?
... conseguir una buena pronunciación?
... no olvidar lo que se estudia?
... poder hablar a velocidad normal?
... poder expresarse más correctamente?

Para poder expresar más ideas hay que aprender mucho vocabulario.

Para expresar necesidad de manera impersonal 表达无人称的需求

***Hay que* + infinitivo**

- Para hablar bien **hay que practicar** mucho.

4 **Escucha a dos amigos, Roberto y Marisa, hablando sobre sus problemas para aprender chino. Anota sus problemas o deseos y las medidas necesarias.**
1|1
请听一段两个朋友Roberto和Marisa谈论学习中文时遇到的问题，并记下他们的问题或愿望以及对应的必要措施。

Problemas/deseos	Medidas
Roberto **1.** **2.**	Roberto **1.** **2.**
Marisa **1.**	Marisa **1.**

5 **a** **Juego en cadena. En grupos de cuatro. Por turnos, un alumno dice una cosa que hay que hacer para aprender español. El compañero de la derecha repite todo lo que ha oído y añade otra cosa que hay que hacer. El juego termina cuando un alumno no repite todo correctamente o no añade otra frase correcta.**
击鼓传花游戏：四人一组，轮流完成。一位同学讲述学习西班牙语应该做的一件事情。其右侧同学复述所听到的内容并再加入另一件学习西班牙语时应该做的事情。当某位同学无法正确复述听到全部的内容或无法再添加其他新的内容时，游戏结束。

b **¿Qué grupo ha encadenado más frases?** 哪个小组说的句子最多？

Planes e intenciones 计划与打算

6 a **Asegúrate de que entiendes esta lista de buenas intenciones que ha escrito una estudiante al principio del curso.** 请读懂下图这位女生在本学期开始时写下的打算。

ESTE CURSO VOY A…

… *repasar el vocabulario y la gramática con frecuencia.*
… *hablar mucho en clase.*
… *mantener diálogos imaginarios en casa conmigo misma para practicar.*
… *leer en español por mi cuenta.*
… *elegir las palabras más difíciles para escribir y decir frases con ellas.*
… *hacer los deberes todos los días.*
… *estudiar mucho.*
… *escuchar grabaciones y canciones en español por mi cuenta.*
… *buscar información en español en internet.*
… *chatear en español con otros estudiantes.*
… *hacer un intercambio lingüístico con una persona española o latinoamericana.*

Estrategias de aprendizaje 学习方法

b **¿Cuáles de esas cosas te parecen útiles para aprender español y no las has hecho nunca?**
上面女生所列的哪些是你觉得对学习西班牙语有用而你从未将其付诸实践的？

Creo que mantener diálogos imaginarios conmigo mismo es muy útil para practicar, porque no conozco a nativos y no puedo hablar con ellos.

c **Intenta hacer tú esas cosas para ver si te dan resultado.** 尝试将那些事付诸实践以观其效。

7 **Escucha a dos compañeros de una clase de inglés, Clara y Manuel, hablar de sus planes para el curso. Marca las actividades de la lista de buenas intenciones de 6a que mencione cada uno.** 请听英语课上两位同学Clara和Manuel谈论他们本学期的计划，并标注录音中所提到的练习6a中的打算。
1|2

8 **Piensa en tus necesidades para aprender español y escribe tu propia lista de buenas intenciones para el curso que empieza.** 请思考你个人学习西班牙语的需求，并写下你自己对即将开始的学期的打算。

ESTE CURSO VOY A…

… *practicar mucho en clase.*
… *estudiar mucho por mi cuenta.*
…

9 **Fíjate.** 请注意。

Ir a + infinitivo *Ir + a +* 原形动词

Con *ir a* + infinitivo también podemos usar estas referencias temporales.

mañana	este verano/invierno/...
pasado mañana	la semana que viene = la próxima semana
el domingo/lunes/...	el mes que viene = el próximo mes
este fin de semana	el año que viene = el próximo año
esta semana	en Navidades/Semana Santa/...
este mes/trimestre/año	en julio/agosto/...

- Este fin de semana voy a hacer senderismo.

10 **Habla con tus compañeros y escribe en cada caso el nombre de uno de ellos.**
请和同学们交谈并用其中一个同学的名字来回答问题。

¿Quién...
... va a salir con algún amigo esta noche?
... va a tener un examen la próxima semana?
... va a enviar un correo electrónico en español este mes?
... va a hacer una excursión el mes que viene?
... va a chatear pasado mañana?
... no va a hacer hoy los deberes?
... va a visitar este año algún lugar que no conoce todavía?
... va a comprar algo por internet el mes que viene?

- ¿Vas a salir con algún amigo esta noche?
- ○ Sí. / No. / No sé. / No lo sé todavía. ¿Y tú?
- (Pues) Yo...

Certeza y posibilidad 确定性与可能性

11 **Asegúrate de que entiendes todo.** 请理解以下内容。

a

b **Pregúntale al profesor qué significan estas palabras y expresiones que sirven para expresar certeza y posibilidad. Luego tradúcelas a tu lengua.**
请问问老师以下这些表达确定性与可能性的单词和短语的意思并把它们翻译成中文。

- (Estoy seguro/-a de que) Sí.
- Es probable.
- Es posible.
- Puede ser.
- Quizá(s).
- (Estoy seguro/-a de que) No.

12 a **Escucha unas conversaciones e identifica las situaciones de las que hablan.**
请听以下对话，并将他们所提到的情景与图片对应起来。

1|3

b **Vuelve a escuchar y anota el grado de probabilidad que tienen de hacer las actividades mencionadas.**
请再听一遍录音并记录那些活动开展的可能性。

1|4

	Grado de probabilidad
Diálogo 1	Quizás
Diálogo 2	
Diálogo 3	
Diálogo 4	
Diálogo 5	
Diálogo 6	

13 a ¿Crees que tu compañero va a hacer estas cosas la próxima semana? Márcalo en la columna correspondiente. 你认为你的同学下周会开展以下活动吗？请在对应的表格中做出标注。

	(Estoy seguro/-a de que) Sí	Es probable	Es posible/ Puede ser	Quizá(s)	(Estoy seguro/-a de que) No
1. Navegar por la red todos los días.					
2. Montar en bicicleta.					
3. Tomar un avión.					
4. Ver algún programa deportivo en la televisión.					
5. Recibir algún correo electrónico en español.					
6. No venir a clase algún día.					
7. Ir a la piscina.					
8. Repasar todos los días lo estudiado en clase.					
9. Escuchar alguna canción española o latinoamericana.					
10. Hablar con algún hispanohablante fuera de clase.					

b Pregúntale a tu compañero y comprueba. 请问问同学并核对其是否会开展这些活动。

- *¿Vas a navegar por la red todos los días?*
- *(Estoy seguro/-a de que) Sí.*
  Sí, es probable.
  Sí, es posible.
  Sí, puede ser.
  Sí, quizá(s).
  (Estoy seguro/-a de que) No.

c ¿Quién tiene más aciertos? 谁猜对得更多？

Un cómic en español 西班牙语连环画

1 **Lee esta historieta y pregunta al profesor lo que no entiendas.** 阅读小故事，不懂的地方请询问老师。

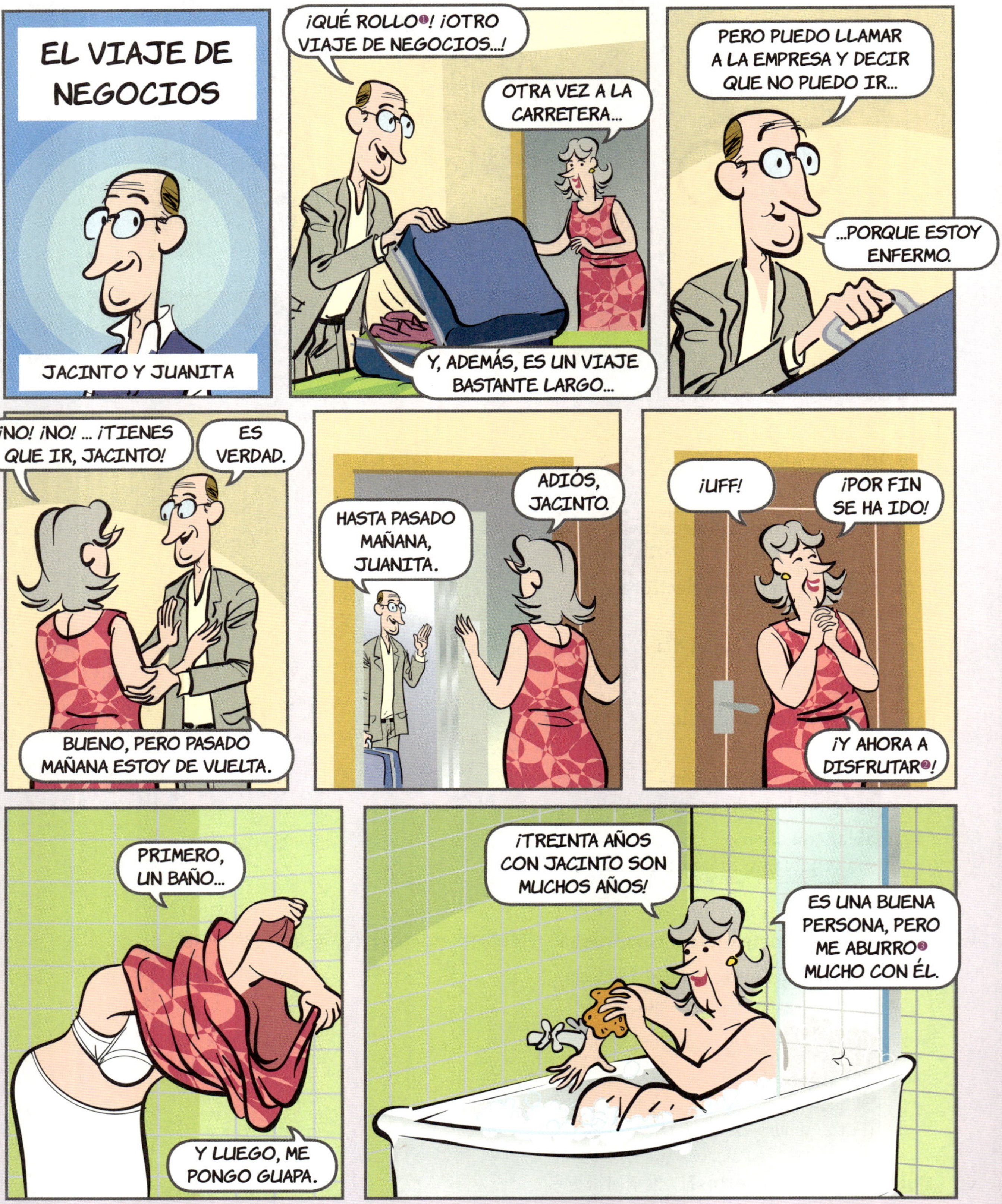

1. Rollo *m.* persona o cosa que resulta pesada o desagradable
2. Disfrutar *intr.* tener alguna condición buena, física o moral, o gozar de comodidad, regalo o conveniencia.
3. Aburrirse (de) *prnl.* fastidiarse, cansarse de algo, tomarle tedio.

2 a En grupos de tres. Responded a las preguntas.
三人一组，回答以下问题。

- ¿Qué creéis que va a pasar? ¿Qué va a hacer Juanita? ¿Y Jacinto?
- ¿Cómo creéis que continúa la historieta? Escribidlo.

EL VIAJE DE NEGOCIOS... Continuación

- *Yo estoy segura de que Jacinto...*
- *Sí, es probable, porque... Y creo que Juanita...*
- *¡Sí, puede ser, pero...*

b Contad a la clase lo que habéis escrito.
请向同学讲述你们所写的。

Nosotros estamos seguros de que Jacinto va a... y creemos que Juanita va a...

3 Pedid al profesor la continuación de la historieta y comparadla con la vuestra.
向老师要小故事的续集并和你们写的做比较。

4 Ahora decidid qué grupo se ha imaginado una historia más parecida a la original.
看看哪一组所编撰的故事与故事原版最接近。

Recuerda 记住要点

COMUNICACIÓN

Expresar deseos

- Yo quiero aprender mucho vocabulario.
- (A mí) Me gustaría ir a España a estudiar español.

GRAMÁTICA

***Querer* + infinitivo**

***Me/te/le/nos/os/les gustaría* + infinitivo**

(Ver resumen gramatical, apartado 21)

COMUNICACIÓN

Expresar obligación y necesidad

- Esta semana tengo que estudiar mucho.
- Para hablar bien hay que practicar mucho.
- Para mejorar mi pronunciación necesito hacer ejercicios de pronunciación en clase.

GRAMÁTICA

***Tener que* + infinitivo**
***Hay que* + infinitivo**
***Necesitar* + infinitivo**

(Ver resumen gramatical, apartado 16)

COMUNICACIÓN

Expresar planes e intenciones

- Este año voy a trabajar mucho.

GRAMÁTICA

***Ir a* + infinitivo**

(Ver resumen gramatical, apartado 15)

COMUNICACIÓN

Expresar certeza y evidencia

- Estoy segura de que voy a aprobar ese examen.
- Sé que mañana vas a ir a la piscina.

GRAMÁTICA

Estar seguro/-a de + que
Saber + que

(Ver resumen gramatical, apartado 22)

COMUNICACIÓN

Expresar posibilidad

- ¿Vas a salir mañana por la noche?
- Sí, es probable. ¿Y tú?
- Quizás, pero no lo sé todavía.

GRAMÁTICA

Es probable, es posible, puede ser, quizá(s)

(Ver resumen gramatical, apartado 23)

Materiales complementarios 补充材料

1 **El mes que viene te vas a ir de vacaciones a uno de estos lugares. Diles a tus compañeros qué hay que hacer para ir, qué quieres –o te gustaría– hacer y qué vas a hacer allí. Ellos te pueden hacer preguntas para adivinar qué lugar es.**

下个月你要去以下地方的其中一个度假。告诉你的同学要去那里需要做些什么、在那里你打算或你想做什么及会做什么。为了猜出你想去哪儿，他们可以向你提问。

Para ir allí hay que...

2 a Ocho preguntas sobre la lengua española. Lee estas preguntas y asegúrate de que las entiendes.
以下是八个有关西班牙语的问题。请阅读并理解这些问题。

1. ¿Sabes en cuántos países es lengua oficial el español?
2. ¿Cuántas personas lo usan como lengua materna?
3. ¿Y para cuántas es su segundo idioma?
4. ¿Cuál es el país con más hablantes de español como lengua materna?
5. ¿Crees que actualmente hay más interés por el español en el mundo?
6. ¿De qué lengua procede el español?
7. ¿Puedes decir alguna palabra española "exportada" a otras lenguas?
8. ¿Cuál crees que es la letra más utilizada en español?

b Piensa en las posibles respuestas. 请思考几种可能的回答。

c Lee y comprueba. Puedes usar el diccionario. 请阅读下文并核对。可以查字典。

A El español, o castellano, es el idioma oficial en 21 países (19 de América Latina, Guinea Ecuatorial en África, y España). Es la primera lengua de unos 400 millones de personas.

B En el mundo existen más de 100 millones de hombres y mujeres que hablan español como segunda lengua. Además, es el segundo idioma más utilizado como lengua de comunicación internacional; el primero es el inglés.

C México, con cerca de 120 millones de personas, es la nación hispanohablante que tiene más habitantes y su población aumenta mucho cada año.

D El uso del español aumenta continuamente en los cinco continentes y en las últimas décadas se ha multiplicado la demanda de cursos de español.

E El español viene del latín, hablado en la antigua Roma; por eso se dice que es una lengua románica. Su gramática, su vocabulario y su fonética son de origen latino.

F La lengua de Cervantes ha prestado palabras a otros idiomas. *Fiesta*, *siesta* o *paella* son algunas de ellas y se utilizan en muchas partes del mundo.

G La vocal *a* es la letra que más se usa en español. Su frecuencia es del 13,70 %. Y la consonante más frecuente es la *s*, con un 8 %.

d ¿Qué informaciones te parecen más curiosas o interesantes? Coméntalas con tus compañeros.
哪些信息让你觉得新奇有趣？请和同学一起讨论。

Una información interesante es que el español...

2 ¿Qué te pasa?
你怎么了？

OBJETIVOS 学习目标

- **Preguntar por el estado de ánimo y físico** 询问他人精神和身体状况
- **Expresar sentimientos** 表达情感
- **Expresar sensaciones físicas** 表达身体感觉
- **Expresar dolor** 表达疼痛
- **Ofrecer cosas y aceptarlas o rechazarlas** 提供事物与接受或拒绝事物
- **Hacer sugerencias y aceptarlas o rechazarlas** 提出建议与接受或拒绝建议

1 Completa las frases con las palabras del recuadro. Puedes usar el diccionario.
使用方框内的单词完成以下句子。可以查字典。

• cansado/-a	• calor	• sed	• preocupado/-a	• hambre	• nervioso/-a	
• enfermo/-a	• triste	• sueño	• contento/-a	• frío	• miedo	• enfadado/-a

1

Está ....

2

Está ....

3

Tiene ....

4

Está ....

5

Está ....

6

Tiene ....

7

Tiene ....

8

Está ....

9

Está ....

10

Tiene ....

11

Está ....

12

Tiene ....

13

Tiene ....

2 **Escucha estas palabras y escríbelas en la columna correspondiente.**
请听录音中的单词并写在对应的表格中。

1|5

Estar	Tener
enfermo	hambre

3 **Elige una palabra de la actividad 1 y haz mimo. ¿Sabe tu compañero qué te pasa?**
选择练习1中的一个单词并模仿。你的同学能明白你怎么了吗?

4 **a** **Observa estos dibujos.** 请观察图片。

b **Intenta decir las frases de los dibujos.** 尝试说出图片中的句子。

c **Escucha y comprueba.** 请听录音并核对。

1|6

5 **Fíjate.** 请注意。

Para expresar sensaciones físicas y estados de ánimo 表达身体感觉和情绪

Positivo		
• ¡Qué calor tengo! • ¡Qué contento estoy!		
• Estoy	muy un poco	cansada.

→ ∘ Yo también.
∘ (¿Sí? Pues) Yo no.

Negativo
• No tengo nada de sueño. • No estoy nada cansada.

→ ∘ Yo tampoco.
∘ (¿No? Pues) Yo sí.

6 **¿Verdadero o falso? Escucha las siguientes conversaciones y márcalo.** 判断对错。请听对话并选出答案。

1|7

1

	V	F
1. El chico está muy nervioso.	☐	☐
2. La chica no está muy nerviosa.	☐	☐

2

	V	F
1. La señora tiene mucha hambre.	☐	☐
2. El señor no tiene mucha hambre.	☐	☐

3

	V	F
1. La chica no tiene mucha sed.	☐	☐
2. El chico tiene mucha sed.	☐	☐

4

	V	F
1. El señor está muy preocupado.	☐	☐
2. La señora no está muy preocupada.	☐	☐

7 **Y tú, ¿cómo te sientes? Comenta tus sensaciones sobre los siguientes aspectos con un compañero.**
你呢，感觉如何？请用下列单词和同学说说你的感受。

tener: hambre/sed/frío/calor/sueño/miedo
estar: cansado-a/preocupado-a/nervioso-a/enfermo-a/triste/contento-a/enfadado-a

El cuerpo humano 人体

8 **Ayuda a esta niña a escribir los nombres de las partes del cuerpo.** 请帮助这个小女孩写出人体各部分的名称。

9 **Pepe dice... De pie, escucha las instrucciones y actúa. Haz lo que dice el profesor solo cuando sus instrucciones empiecen por "Pepe dice...".**
Pepe dice...站好，听指令做动作。当老师的指令是以"Pepe dice..."开始时，老师说什么你就做什么。

10 Escribe qué le pasa a cada una de estas personas. 请写出下面的人都怎么了。

- Le duele el estómago.
- Le duelen las muelas.
- Le duele la cabeza.
- Tiene fiebre.
- Está resfriado.

1 → Le duelen las muelas.

11 Fíjate. 请注意。

Para preguntar y expresar cómo se siente alguien 询问和表达某人怎么样

- ¿Cómo estás / te sientes?
- (Estoy / Me siento) Bien/mal/regular.

<table>
<tr><td rowspan="2">Me
Te
Le
Nos
Os
Les</td><td>duele</td><td>la cabeza.
el estómago.
la espalda.
la garganta.</td></tr>
<tr><td>duelen</td><td>las muelas.
los oídos.
los ojos.</td></tr>
</table>

<table>
<tr><td>Estoy
Estás
...</td><td colspan="2">enfermo.
resfriado.</td></tr>
</table>

<table>
<tr><td rowspan="2">Tengo
Tienes
...</td><td colspan="2">fiebre.
tos.
gripe.
alergia.</td></tr>
<tr><td>dolor de</td><td>cabeza.
muelas.</td></tr>
</table>

Fonética 语音

12 a **Escucha y lee.** 请听录音并朗读。

1|8

- ¿Qué te pasa? ¿No te encuentras bien?
- Me duele muchísimo la cabeza.
- ¿Quieres una aspirina?
- Es que no tomo nunca.
- ¿Y por qué no vas al médico?
- Sí, si sigo así…

b **Escucha y repite.** 请听录音并跟读。

1|9

13 **En parejas, descubrid para qué son estos remedios.** 两人一组，查明以下疗法的作用。

(darse) un masaje | descansar | hacer gimnasia

(tomarse) una aspirina / un vaso de leche con coñac / un calmante / una manzanilla / algo caliente / una pastilla

Cuando me duele la cabeza, me tomo una aspirina.

1

2
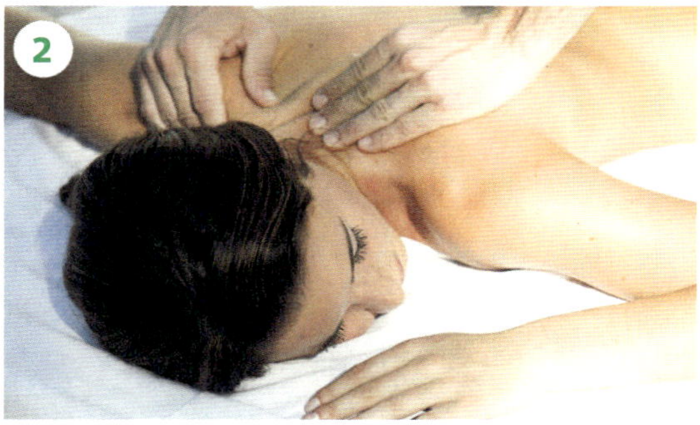

3

4
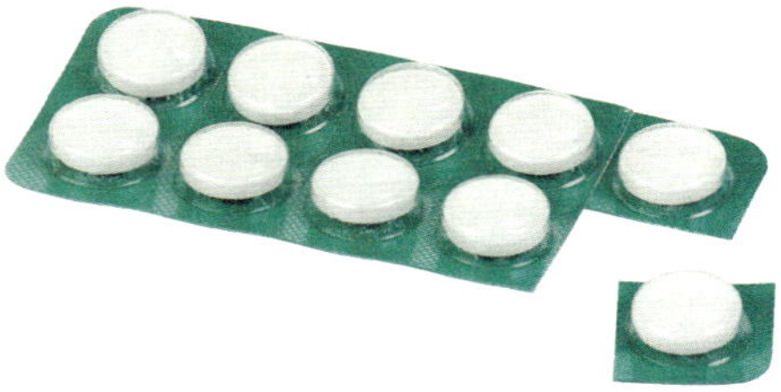

14 **Fíjate.** 请注意。

Ofrecimientos y sugerencias 提议和建议

OFRECIMIENTOS

• ¿Quieres	una aspirina? un vaso de leche con coñac?
• ¿Te doy un masaje?	

Aceptar	Rechazar
○ Sí, gracias. Vale.	○ (No.) Es que no tomo nunca. ○ Es que no me gusta el coñac.

SUGERENCIAS

• ¿Por qué no te tomas	una aspirina? un vaso de leche con coñac?
• ¿Por qué no te vas a la cama?	

Aceptar	Rechazar	
○ Sí, (si sigo así...) ○ Sí, gracias.	○ Es que no quiero	tomar nada. irme a la cama.

15 **Escucha los siguientes diálogos y completa el cuadro.** 请听对话并填写表格。

1|10

	¿Qué le pasa?	¿Qué le ofrecen/sugieren?	¿Acepta?
1.			
2.			
3.			
4.			
5.			

16 **En parejas. Imagina que no te encuentras bien. Tu compañero te va a preguntar qué te pasa y te va a ofrecer o sugerir cosas. Puedes aceptar o rechazar.**

两人一组。想象一下你身体不适，你的同学会问你怎么了并给你提供一些帮助或建议，你可以接受或拒绝。

Podéis empezar así:

- *¿Qué te pasa? ¿No te encuentras bien?*
- *...*

La siesta 午休

1 a **Lee este texto y pregúntale al profesor qué significa lo que no entiendas.**
请阅读短文，不懂的地方请询问老师。

LA SIESTA

La siesta es un sueño breve que nos echamos después de comer a mediodía para descansar y reponer[1] fuerzas[2] o, como se dice popularmente,[3] para "recargar[4] las baterías[5]".

Siesta es una palabra española que ha sido tomada prestada en muchos países donde también se ha adoptado[6] la costumbre de dormir la siesta. Se practica durante todo el año, pero más cuando hace calor, especialmente en los meses de verano.

Los beneficios de esa costumbre tan española son muchos. Está demostrado que reduce[7] el riesgo[8] de sufrir[9] enfermedades[10] del corazón y mejora[11] la salud en general. También ayuda a eliminar[12] la tensión[13] y el cansancio[14] acumulados[15] hasta ese momento del día. Además, favorece[16] la memoria[17], la atención, la capacidad[18] de concentración[19] y los mecanismos[20] de aprendizaje. Por estas y otras razones muchos médicos recomiendan a los adultos echarse una siesta corta de no más de 20 o 30 minutos (las largas no son tan beneficiosas). Igualmente, hay expertos que consideran[21] que muchos centros de trabajo deberían dar a sus empleados la posibilidad de echarse una breve siesta después de comer; dicen que eso ayudaría a aumentar[22] la productividad[23] por la tarde.

1. Reponer *tr.* volver a poner, constituir, colocar a alguien o algo en el empleo, lugar o estado que antes tenía.
2. Fuerza *f.* vigor, robustez y capacidad para mover algo o a alguien que tenga peso o haga resistencia; como para levantar una piedra, tirar una barra, etc.
3. Popularmente *adv. m.* de manera grata a la multitud.
4. Recargar *tr.* volver a cargar.
5. Batería/~ eléctrica. *f.* acumulador o conjunto de varios acumuladores de electricidad.
6. Adoptar *tr.* recibir, haciéndolos propios, pareceres, métodos, doctrinas, ideologías, modas, etc.
7. Reducir *tr.* disminuir o aminorar.
8. Riesgo *m.* contingencia o proximidad de un daño.
9. Sufrir *tr.* sentir físicamente un daño, un dolor, una enfermedad o un castigo.
10. Enfermedad *f.* alteración más o menos grave de la salud.
11. Mejorar *tr.* adelantar, acrecentar algo, haciéndolo pasar a un estado mejor.
12. Eliminar *tr.* quitar, separar algo, prescindir de ello.
13. Tensión *f.* estado de oposición u hostilidad latente entre personas o grupos humanos, como naciones, clases, razas, etc.
14. Cansancio *m.* falta de fuerzas que resulta de haberse fatigado.
15. Acumular *tr.* juntar y amontonar.
16. Favorecer *tr.* apoyar un intento, empresa u opinión.
17. Memoria *f.* facultad psíquica por medio de la cual se retiene y recuerda el pasado.
18. Capacidad *f.* aptitud, talento, cualidad que dispone a alguien para el buen ejercicio de algo.
19. Concentración *f.* acción y efecto de concentrar o concentrarse.
20. Mecanismo *m.* estructura de un cuerpo natural o artificial, y combinación de sus partes constitutivas.
21. Considerar *tr.* pensar, meditar, reflexionar algo con atención y cuidado.
22. Aumentar *tr.* dar mayor extensión, número o materia a algo.
23. Productividad *f.* cualidad de productivo.

b **Piensa en las respuestas a estas preguntas y coméntalas con tus compañeros.**
请思考以下问题的答案并和同学们一起讨论。

1. ¿Qué informaciones del texto te parecen más interesantes? ¿Has descubierto alguna que no conocías?
2. ¿Te echas tú habitualmente o te has echado alguna vez la siesta? ¿Estás de acuerdo con los beneficios que se mencionan en el texto?
3. ¿Existe en tu país la costumbre de echarse la siesta? ¿Quiénes la practican?

Recuerda 记住要点

COMUNICACIÓN

Preguntar por el estado de ánimo y físico

- ¿Qué te pasa?
- ¿Cómo/Qué tal estás?

Expresar sentimientos

- Estoy muy nervioso.

Expresar sensaciones físicas

- ¡Qué sueño tengo!

GRAMÁTICA

Muy - mucho

***Muy* + adjetivo**

- Hoy está muy contenta.

***Mucho/-a* + sustantivo singular**

- Dice que tiene mucho sueño.
- Dice que tiene mucha sed.

Verbo + *mucho*

- Me duele mucho.

(Ver resumen gramatical, apartado 10)

Frases exclamativas

¡*Qué* + sustantivo + verbo!

- ¡Qué hambre tengo!

¡*Qué* + adjetivo + verbo!

- ¡Qué cansada estoy!

(Ver resumen gramatical, apartado 11)

COMUNICACIÓN

Expresar dolor

- Me duele muchísimo la cabeza.
- Me duelen los brazos y las piernas.

Ofrecer cosas y aceptarlas o rechazarlas

- ¿Quieres una aspirina?
- Sí, gracias. / Es que no tomo nunca.

Hacer sugerencias y aceptarlas o rechazarlas

- ¿Y por qué no vas al médico?
- Sí, si sigo así... / Es que no quiero ir.

GRAMÁTICA

Doler: presente de indicativo

Duele, duelen.

Presente de indicativo
Verbos irregulares: alternancia *e–ie*

	QUERER	SENTIRSE
(yo)	qu**ie**ro	me s**ie**nto
(tú)	qu**ie**res	te s**ie**ntes
(él/ella/usted)	qu**ie**re	se s**ie**nte
(nosotros/nosotras)	queremos	nos sentimos
(vosotros/vosotras)	queréis	os sentís
(ellos/ellas/ustedes)	qu**ie**ren	se s**ie**nten

Otros verbos frecuentes con alternancia *e-ie*: preferir, pensar, empezar, comenzar, recomendar, despertarse.

(Ver resumen gramatical, apartado 3.1.2.2)

1 **Una sala de espera. En parejas.**　在候车室里。两人一组。

a **Alumno A: Mira el dibujo y escribe a lápiz uno de estos nombres al lado de cada una de las personas. Luego responde a las preguntas de tu compañero.**
学生A：看图并用铅笔写下每个人的名字，然后回答同学的问题。

Paco	Julieta	Mirta	Eduardo	Paloma	Rubén
Mario	Mercedes	Teresa	Ricardo	Begoña	Tomás

Alumno B: Pregunta al Alumno A qué le pasa a cada una de estas personas y escribe el nombre correspondiente al lado de cada personaje del dibujo.　学生B：向学生A提问，上面的每个人怎么了，并在每个人的边上写出他们对应的名字。

Paco	Julieta	Mirta	Eduardo	Paloma	Rubén
Mario	Mercedes	Teresa	Ricardo	Begoña	Tomás

- *¿Qué le pasa a (Paco)?*
- *(Tiene mucho calor.)*

b **Comprobad. Luego cambiad de papel y realizad de nuevo la actividad (antes, borrad los nombres que habéis escrito en el dibujo).**　请互相核对，然后互换角色再练习一次（需要将之前写的名字擦掉）。

2 a ¡Qué malo está Paco! (Juego en cadena). En grupos de cuatro. Por turnos, un alumno dice qué le duele a Paco y el compañero de la derecha lo repite y dice que (a Paco) le duele otra parte del cuerpo. El juego termina cuando un alumno no repite todo correctamente o no añade otra frase correcta. Paco情况很不好！（击鼓传花游戏）。四人一组。大家轮流说。一位同学说Paco哪儿疼，其右侧的同学复述前一位所说的，并说Paco身体还有另一处疼痛。当有同学无法将内容全部正确复述或无法再造出新的正确句子时，则游戏结束。

Alumno A: *A Paco le duele la cabeza.*
Alumno B: *A Paco le duele la cabeza y le duelen los pies.*
Alumno C: ...

b ¿Qué grupo ha encadenado más frases?
哪一组说的句子最多?

3 a Tu ritmo de vida. Lee estas frases y asegúrate de que las entiendes.
你的生活节奏。请读懂以下句子。

	Sí	No
1. ¿Crees que duermes menos de lo que necesitas?		
2. ¿Te despiertas fácilmente por la noche?		
3. Cuando te despiertas por la noche, ¿tienes problemas para volver a dormirte?		
4. ¿Tienes a menudo la sensación de estar cansado sin motivo?		
5. ¿Te enfadas fácilmente?		
6. ¿Crees que te preocupas demasiado por las cosas?		
7. ¿Piensas que normalmente cometes demasiados errores?		
8. ¿Consideras que haces muy poco deporte?		
9. ¿Piensas que no descansas lo suficiente después de las comidas?		

b Ahora responde al cuestionario y averigua el resultado. 现在回答调查问卷并查看结果。

PUNTUACIÓN

No = 1 punto
Sí = 0 puntos

INTERPRETACIÓN

0-3 puntos: ¡No continúes con este ritmo de vida!
4-6 puntos: Intenta cambiar algunos aspectos de tu vida.
7-9 puntos: ¡Muy bien! Sigue así.

c Piensa en las respuestas a estas preguntas y coméntalas con tus compañeros.
请思考以下问题的答案并和同学们一起讨论。

- ¿Estás de acuerdo con el resultado que has obtenido y la interpretación?
- ¿Consideras que puedes mejorar algunos aspectos de tu vida? ¿Cuáles? ¿Cómo?

3 Comidas
饮食

OBJETIVOS　学习目标

- **Pedir productos alimenticios en una tienda**
  在商店里购买食品
- **Preguntar el precio de un determinado producto**　询问某件食品的价格
- **Pedir algo en un restaurante**
  在餐馆里点菜
- **Solicitar un servicio en un restaurante**
  在餐馆里请求某项服务
- **Dirigirse a alguien**
  与餐馆服务员对话

1 a **Lee este anuncio. ¿Entiendes los nombres de estos productos?**　请阅读这则广告。你知道这些食品的名称吗？

b **¿Con cuáles de esos alimentos relacionas cada uno de estos nombres de envases y unidades?**
上面的食品中哪些可以与下面的包装和计量单位相对应？

- botella
- (media) docena
- barra
- lata
- cartón
- paquete

Botella de vino, de aceite…

2 a **¿Tienes buena memoria? Observa los productos del dibujo.** 你过目不忘吗？请观察图片中的食品。

b **Ahora tapa el dibujo. ¿Te acuerdas de lo que hay? Escríbelo.** 现在遮住图片，你还记得架子上有什么吗？请将它们写下来。

Hay un paquete de galletas.
Hay unas patatas.
...

Fonética 语音 ¿Cuál es la sílaba más fuerte? 哪个是重读音节？

3 a **Escucha estas palabras y escríbelas en la columna correspondiente.** 请听以下单词并把它们写在对应的表格中。

1|11

a rroz	vi no	ga lle ta	plá ta no	man te qui lla

b **Escucha y comprueba.** 请听录音并核对。

1|12

c **Dilas en voz alta.** 请大声念出这些单词。

4 a **Mira este dibujo.** 请看图片。

b **Ahora juega con tus compañeros.** 现在和同学一起做游戏。

5 **En parejas. Elige uno de estos dibujos y di todo lo que hay. Tu compañero tiene que adivinar qué dibujo es.**
两人一组。从下面图片中选一幅并说出都有什么。另一个同学得猜是哪一幅。

6 **Fíjate.** 请注意。

Pesos y medidas 重量和计量

Sólidos		Líquidos	
100 g	= cien gramos		
1 kg	= un kilo	1 l	= un litro
½ kg	= medio kilo	½ l	= medio litro
¼ de kg	= (un) cuarto de kilo	¼ l	= (un) cuarto de litro
1 ½ o 1,5 kg	= (un) kilo y medio	1 ½ o 1,5 l	= (un) litro y medio
2 kg	= dos kilos	2 l	= dos litros

7
a **Escucha y haz una lista de lo que ha comprado este chico.** 请听录音并列出这位男生所购物品的清单。
1|13

b **Escucha y escribe lo que cuesta cada cosa.** 请重听录音并写出每样东西的价格。
1|14

c **Calcula el total y comprueba con la grabación.** 请算出总价并听录音核对。
1|15

En una tienda de alimentación 在一家食品店内

8 a **Escucha este diálogo con el libro cerrado y ayuda al profesor a escribirlo en la pizarra.**
合上书，请听以下对话录音，并帮助老师将对话写在黑板上。

1|16

Dependiente	¿Qué le pongo?
Clienta	Una docena de huevos.
Dependiente	¿Qué más?
Clienta	Una lata de sardinas y un paquete de azúcar.
Dependiente	¿Algo más?
Clienta	¿A cómo está este queso?
Dependiente	A diez euros con veinte céntimos…
Clienta	Pues póngame un cuarto.
Dependiente	¿Algo más?
Clienta	No, nada más. Gracias.

b **Practícalo con tu compañero.** 请和同学练一练。

9 a **Quieres comprar los productos de la lista. Completa el diálogo.** 你想购买清单上的食品。请完成对话。

Dependiente	Buenos días.
Tú	....
Dependiente	¿Qué le pongo?
Tú	....
Dependiente	Son buenísimos esos plátanos. ¿Algo más?
Tú	....
Dependiente	Aquí tiene. Son nuevas.
Tú	¿..?
Dependiente	Lo siento, pero no me quedan.
Tú	....
Dependiente	¿De litro o de litro y medio?
Tú	....
Dependiente	¿Quiere algo más?
Tú	....
Dependiente	¿Qué marca: Forges o Martorell?
Tú	....
Dependiente	El litro de Forges, 2,85 euros, y el de Martorell, 3,30.
Tú	....
Dependiente	Aquí tiene. Es un poco más caro, pero es mejor. ¿Algo más?
Tú	....
Dependiente	Vamos a ver. Son… 8,14 euros.

b **Ahora escucha y habla con el dependiente.**
请听录音并和售货员对话。

1|17

10 **Ahora vosotros. En grupos de tres.** 现在轮到你们练习了。三人一组。

Alumnos A y B

Trabajáis en dos tiendas diferentes.

Decidid individualmente los precios de los productos que vendéis.

Haced las etiquetas con los nombres y los precios de los productos y ponedlos a la vista del público.

Alumno C

No tienes nada de comida en casa y esta noche va a venir a cenar un amigo tuyo. Además, solo tienes 10 euros.

Escribe una lista de lo que quieres comprar.

Haz la compra.

Comida hispana 西语国家的饮食

11 a **¿Con qué países hispanos asocias estos productos?** 以下饮食与哪些西语国家有关?

café

tortilla

frijoles

chorizo

naranjas

b **¿Y estas bebidas: tequila, mate, vino, ron, cava?** 还有这些饮料：龙舌兰酒、马黛茶、葡萄酒、朗姆酒、卡瓦酒?

c **¿Has tomado alguna vez esos alimentos? En caso afirmativo, explícales a tus compañeros cómo son. Puedes usar el diccionario.** 你品尝过这些食物和酒水吗? 如果品尝过，请向同学描述一下。可以查字典。

d **¿Conoces otras comidas y bebidas hispanas? Coméntalo con tus compañeros.**
你还知道其他西语国家的食物或酒水吗? 请和同学一起讨论。

En un restaurante 在餐馆

12 a **Lee este menú y pregunta qué significa lo que no entiendas.**
请阅读菜单，不懂的地方请问一问。

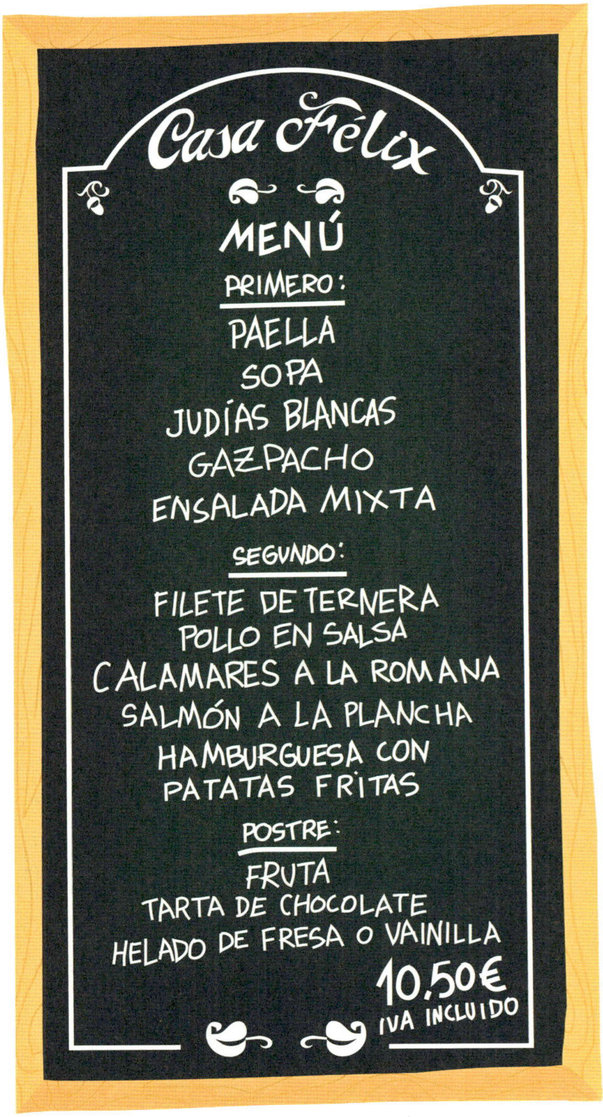

b **Lee y di cuál es el orden de estos cuatro diálogos entre el camarero y los clientes de un restaurante.**
请阅读下面餐馆中侍者与顾客之间的四段对话并排序。

A

● ¿Qué tomarán de postre?
○ Yo, un helado de fresa.
■ Y yo, tarta de chocolate.
● ¿Van a tomar café?
○ Yo no.
■ Yo sí, un café con hielo.

B

■ Oiga, perdone, ¿nos trae un poco más de pan, por favor?
● Muy bien.

C

● ¿Qué van a tomar?
○ Pues yo, de primero, sopa y, de segundo, pollo.
■ Para mí, judías blancas y, de segundo… un filete muy hecho.
● ¿Y para beber?
○ Vino.
■ Yo, agua mineral con gas.

D

○ La cuenta, por favor.

c **Escucha y comprueba.** 请听录音并核对。
1|18

d **Ahora practica esos diálogos con un compañero.**
现在请和同学练一练这些对话。

13 **Fíjate.** 请注意。

a

Nombres contables / no contables 可数名词和不可数名词

¿Me ¿Nos	trae	**un** tenedor,	por favor?
		unas patatas fritas,	
		otra botella de vino,	
		otras dos cervezas,	
		más pan,	
		un poco (más) de pan,	

b **Estás en un restaurante y necesitas estas cosas. ¿Cómo las pides? Escríbelo.**
你在一家餐馆内，要点以下东西。你将如何点菜？请写出来。

Oiga, perdone, ¿me trae un poco más de agua, por favor?

1. Agua
2. Mayonesa
3. Dos botellas de agua mineral con gas
4. Arroz
5. Un cuchillo
6. Vino
7. Un vaso
8. Un té
9. Leche
10. Dos bocadillos de atún
11. Gambas

14 1|19 **Escucha y escribe en el cuadro lo que pide cada persona.** 请听录音并写出每个人所点的东西。

	De primero	De segundo	¿Necesitan algo?	De postre	¿Toman algo más?
Ella					
Él					

15 **a** **En grupos de tres [A, B y C]. Escribid el menú del día de un restaurante.**
三人（A、B和C）一组，一起写出一家餐馆的当日菜单。

b **En grupos de tres [A, B y C].** 三人（A、B和C）一组。

Alumnos A y B
Sois clientes de un restaurante. Mirad el menú. Pedidle al camarero lo que queréis tomar y lo que necesitéis durante la comida.

Alumno C
Eres el camarero de un restaurante. Atiende a los clientes.

c **Ahora cambiad de papel.** 现在互换角色。

Las comidas en España 西班牙的饮食

1

a **Señala en la columna "Antes de leer" lo que creas saber sobre los hábitos de comida de los españoles.**
阅读前请在"Antes de leer"一栏里标出你认为你了解的西班牙饮食习惯。

ANTES DE LEER V	F		DESPUÉS DE LEER V	F
☐	☐	La comida más fuerte es la cena.	☐	☐
☐	☐	El desayuno no es muy importante.	☐	☐
☐	☐	Se cena sobre las siete de la tarde.	☐	☐
☐	☐	Es normal tomar café después del almuerzo.	☐	☐

b **Ahora lee el texto.** 现在请阅读文章。

En España, la primera comida del día, el desayuno, no es muy abundante[1]. La mayoría de la gente suele tomar café con leche, tostadas, algún bollo[2] o galletas. También hay personas que desayunan cereales[3].

La comida más importante, el almuerzo o la comida, se realiza a mediodía, entre la una y las tres de la tarde. Se come un primer plato, a base de[4] verduras, legumbres, arroz... y un segundo plato que suele ser carne o pescado. También se toma postre: fruta o algún dulce.

Es habitual[5] acompañar[6] las comidas con vino y tomar café después del postre.

La última comida del día es la cena, entre las nueve y las diez de la noche. Se toma algo ligero[7], como sopa, verdura, huevos, queso, fruta, etcétera.

También existe[8] la merienda[9], una comida a media tarde, hacia las seis. Los niños suelen comer un bocadillo, fruta, chocolate, o tomar un vaso de leche con galletas.

1. Abundante *adj.* copioso, en gran cantidad.
2. Bollo *m.* pieza esponjosa hecha con masa de harina y agua y cocida al horno; como ingredientes de dicha masa entran frecuentemente leche, manteca, huevos, etc.
3. Cereal *m.* alimento elaborado con estas semillas y que suele estar enriquecido con vitaminas y otras sustancias.
4. A base de = tomando como fundamento o componente principal.
5. Habitual *adj.* que se hace, padece o posee con continuación o por hábito.
6. Acompañar *tr.* estar o ir en compañía de otra u otras personas.
7. Ligero *adj.* dicho de un alimento,que se digiere pronto y fácilmente.
8. Existir *intr.* haber, estar, hallarse.
9. Merienda *f.* comida ligera que se hace por la tarde antes de la cena.

c **Marca la columna "Después de leer" y compara con lo que has señalado antes. ¿Hay algo que te sorprenda?**

阅读后请在"Después de leer"一栏标出答案，并和阅读前的答案做比较。有什么让你吃惊的吗？

d **Habla con la clase sobre las comidas de tu país.** 谈谈中国的饮食。

- ¿Son a la misma hora que en España?
- ¿Se come y se bebe lo mismo?

Recuerda 记住要点

COMUNICACIÓN

Pedir productos alimenticios en una tienda

- ¿Qué le pongo?
- Un paquete de arroz.
- ¿Algo más?
- No, nada más.

Preguntar el precio de un determinado producto

- ¿A cómo están las naranjas?
- A 0,90 euros el kilo.

GRAMÁTICA

Algo, nada

(Ver resumen gramatical, apartado 12)

COMUNICACIÓN

Pedir en un restaurante

- ¿Qué va(n) a tomar?
- Yo, de primero, una ensalada y, de segundo, pollo.
- Para mí, paella y merluza a la romana.

Solicitar un servicio en un restaurante.

- ¿Me trae otra botella de agua, por favor?

Dirigirse a alguien

- Oiga, perdone, ¿nos trae un poco más de pan, por favor?

GRAMÁTICA

Sustantivos contables

Singular	Plural
Un tenedor	Unos/dos tenedores
Otra botella de agua	Otras botellas de agua

Sustantivos no contables

- Más pan
- Un poco de pan
- Un poco más de pan

Presente de indicativo

Verbos irregulares: alternancia *e-i*

Verbo *pedir*

(yo)	pido
(tú)	pides
(él/ella/usted)	pide
(nosotros/nosotras)	pedimos
(vosotros/vosotras)	pedís
(ellos/ellas/ustedes)	piden

Otros verbos frecuentes con alternancia *e-i*

Decir, repetir, servir, seguir.

(Ver resumen gramatical, apartado 3.1.2.2)

Presente de indicativo. Verbos irregulares

1.ª persona del singular con *g*

poner: (yo) pon**g**o

Otros verbos frecuentes con esta irregularidad

Tener, hacer, venir, salir, decir, traer.

Materiales complementarios 补充材料

1 **Dominó de alimentos. En grupos de cuatro. Cada alumno toma siete fichas sin verlas. Empieza a jugar el que tiene la ficha donde se lee "manzana". La pone en el centro de la mesa y, luego, dice el nombre del alimento que hay dibujado en ella ("naranja"). El que tiene la ficha donde se lee "naranja" continúa el juego poniendo esa ficha en la mesa y diciendo el nombre del alimento que hay dibujado en ella.**
Si un alumno no recuerda una palabra, pierde un punto. Gana el que pierde menos puntos.

食品的多米诺骨牌游戏。四人一组。每一位学生取七张牌，但不能看牌。谁手里拿着写有“manzana”（苹果）字样的那张牌就从谁开始。请将牌放在桌面中间，然后说出画在这张牌上的食品的名称（如“橙子”）。持有“naranja”字样的牌的同学继续游戏，将那张牌放在桌面上并继续说出画在牌上的食品的名字。如果有同学单词想不起来，则失一分。失分最少者胜出。

2 a Buscad diez diferencias. En parejas (alumno A y alumno B). Habla con tu compañero para descubrir diez diferencias entre tu dibujo y el suyo, y toma nota de ellas.

请找出十个不同点。两人一组（学生A和学生B）。与你的同学交谈并找出你的图片中与他的图片中的十个不同点，并记录下来。

Alumno A: En mi dibujo hay una barra de pan.

Alumno B: Pues en el mío hay media (barra de pan). Y también hay un trozo de chorizo.

Alumno A: En el mío no (hay un trozo de chorizo), pero hay un trozo de jamón.

Alumno A

¡No mires el dibujo del alumno B!

¡No mires el dibujo del alumno A!

Alumno B

b Comparad los dos dibujos. ¿Habéis encontrado todas las diferencias?

比较这两幅图片。你们找到所有的不同点了吗?

4 Ha sido un día normal
平常的一天

OBJETIVOS 学习目标

- **Hablar de lo que se ha hecho recientemente** 谈论最近所做的事情
- **Disculparse** 致歉
- **Poner excusas** 解释
- **Tranquilizar a alguien** 安慰他人

1 a **Lee el siguiente texto y di dónde puedes encontrarlo.** 请阅读以下课文，并说出在哪儿可以找到它。

Hoy ha sido un día normal. Me he levantado a la hora de todos los días, pero he perdido el autobús, así que he llegado tarde a clase de Historia Contemporánea. Una pena, porque es una asignatura que realmente me interesa. Luego he tenido otras tres clases, muy aburridas todas. Tampoco he recibido hoy el paquete de Marta que estoy esperando. A ver si llega mañana. Por la tarde he estudiado poquísimo porque he ido al cine con Pepe. Hemos visto una película horrible –no quiero ni mencionar su título–, nos hemos tomado unas cañas y he vuelto a casa a las diez. Luego le he escrito a Marta. ¡Qué ganas tengo de verla!

- En un chat
- En un diario
- En una carta comercial
- En una página web
- En una agenda
- En una revista
- En un periódico

b **Escribe seis cosas que ha hecho hoy esa persona.** 请写出他今天已经做了的六件事。

1. Se ha levantado a la hora de todos los días.
2. ....
3. ....
4. ....
5. ....
6. ....

2 a **Fíjate.** 请注意。

Pretérito perfecto 陈述式现在完成时

	Presente de *haber*	Participio
(yo)	he	
(tú)	has	estudiado
(él/ella/usted)	ha	comido
(nosotros/nosotras)	hemos	salido
(vosotros/vosotras)	habéis	
(ellos/ellas/ustedes)	han	

b **Lee de nuevo el texto de la actividad 1 y completa estos cuadros.** 请重新阅读练习1并填写表格。

	-AR	-ER	-IR
INFINITIVO	levantar llegar estudiar tomar	perder tener	recibir ir
PARTICIPIO (regular)	levant**ado**	perd**ido**	recib**ido** ....

INFINITIVO	ver volver escribir
PARTICIPIO (irregular)	visto ....

c **Aquí tienes el participio de otros verbos irregulares:** 另一些不规则动词的过去分词：

- hacer → hecho
- poner → puesto
- abrir → abierto
- descubrir → descubierto
- decir → dicho

3 **Escucha y repite lo que oigas solo si es verdadero para ti. Si es falso, no digas nada.**
请听录音，如果符合你的情况，请重复一遍，如果不符合，就不要出声。

1|20

4 **Son las 8.30 de la mañana y Teresa está saliendo de su casa para ir a la universidad. Observa el dibujo y escribe qué ha hecho y qué no ha hecho. Usa estos verbos.**
现在是上午8:30。Teresa正走出家门去上学。请观察图片并写出她做了什么和没做什么。请用以下单词。

- Desayunar
- Recoger
- Lavarse
- Hacer
- Quitarse
- Abrir
- Ver
- Apagar
- Tomar
- Ducharse
- Bañarse
- Ponerse

Ha desayunado.
No ha recogido la mesa.

5 **a** **El profesor te va a hacer cinco preguntas sobre lo que has hecho hoy. Antes, escribe las respuestas ("sí" o "no").** 老师将就今天你所做的事情提五个问题。请先将答案写下来（"sí" 或 "no"）。

1. .... **2.** .... **3.** .... **4.** .... **5.** ....

Ahora contesta a las preguntas del profesor. 现在请回答老师问题。

b **Escribe cinco preguntas divertidas para un compañero y prepara cinco respuestas a sus posibles preguntas.**
请写出五个有趣的问题来向同学提问，同时对他可能提出的五个问题准备自己的回答。

c **En parejas, por turnos, haceos las preguntas. ¿Hay algo interesante o divertido? Decídselo a la clase.**
两人一组，相互提问。有什么有趣或好玩的事情吗？请告诉同学们。

Según sus respuestas, David se ha duchado tres veces esta mañana. Y también se ha puesto un pijama para salir a la calle.

6 a 1|21 **Escucha esta conversación y haz una lista de las horas que oigas.** 请听对话，并列出你听到的时间。

Hora	¿Qué ha hecho Marisa?

b 1|22 **Escucha y escribe lo que ha hecho Marisa a esas horas.** 请重听录音，并写下Marisa在那些时间做的事。

7 **Irene y Félix son muy diferentes y no se conocen, pero los dos han hecho hoy cuatro cosas iguales en el mismo momento. Habla con tu compañero y descúbrelas.**

Irene和Felix非常不同，且互不相识，但今天两人在同一时间做了四件同样的事情。请和同学讨论并找出这些事情。

Alumno A

¡No mires la parte del alumno B!

- Irene se ha levantado a las 7.30.

MAÑANA

TARDE

NOCHE

Cuando termines, comprueba con tu compañero.

Alumno B

¡No mires la parte del alumno A!

- Pues Félix (se ha levantado) a las 8.

MAÑANA

TARDE

NOCHE

Cuando termines, comprueba con tu compañero.

8 a **Piensa en lo que has hecho hoy y escríbelo.** 请回想一下，今天你做了什么事情并写出来。

b **Cuéntaselo a tu compañero y comprueba si tienes coincidencias con él.**
请将所做的事情告诉你的同学，看看你所做的事情有和他的一样的吗?

c **Comentad vuestras coincidencias a otra pareja.** 请把你俩所做的一样的事情告诉另一组。

- *Los dos nos hemos despertado a las siete.*
- *Pues nosotras, las dos hemos venido a clase en bici.*
- *¡Qué coincidencia! Nosotros también.*

9 a **Fíjate.** 请注意。

Pretérito perfecto 陈述式现在完成时

También se puede usar el pretérito perfecto cuando se dice lo que se ha hecho o lo que ha pasado:

esta semana	hace diez minutos
este mes	hace dos horas
este trimestre	hace un rato
este año	...

- *Esta semana he estudiado mucho.*
- *Hace un rato ha sonado el teléfono.*

Lo utilizamos para expresar acciones pasadas realizadas en períodos de tiempo no terminados.

- *Hoy he desayunado fuera de casa.* (El día de hoy no ha terminado.)
- *Esta semana he trabajado mucho.* (La semana no ha terminado.)

También lo usamos cuando sentimos la acción próxima al presente.

- *Este verano he estado en las Islas Canarias.* (El verano ha terminado pero siento la acción próxima al presente.)

b **En el bolso de algunas personas puedes encontrar de todo. Observa todas estas cosas del bolso de Lucía y escribe lo que ha hecho esta semana. Luego, escribe lo que ha hecho el resto del mes. Recuerda que hoy estamos a 23 de abril, viernes.** 在一些人的包里，你什么都可以找到。请观察 Lucía包里的东西，并写出这星期她做了什么。然后再写出这个月的其他时间她做了什么。记住：今天是四月二十三日，星期五。

ESTA SEMANA	ESTE MES
Ha recibido una carta de Barcelona.	Ha ido a San Sebastián en tren.

10 a **Piensa en cinco cosas que crees que ha hecho tu compañero este año. Luego, escríbelas.**
想五件你认为你的同学在今年做了的事，然后将其写出。

b **Díselas. Él te confirmará si las ha hecho o no. ¿Cuántos aciertos tienes?**
请说出你写好的五件事。他将向你确认这些事情他做了还是没做。你写对了多少?

- Este año has aprendido mucho español.
- Sí, es verdad; he aprendido mucho.

Disculpas y excusas 致歉及解释

11 a Escucha y lee. 请听录音并朗读。

1|23

Roberto	Perdona por llegar tarde, pero es que he salido del trabajo a las siete...
Sofía	¡Bah! No te preocupes.
Roberto	Lo siento, de verdad.
Sofía	Tranquilo, hombre, no tiene importancia.

b Escucha y repite. 请听录音并跟读。

1|24

12 a Lee estas posibles causas de retraso. Busca en el diccionario las palabras que no entiendas.
请阅读以下导致迟到的可能的原因。不认识的单词请查字典。

- tener una pequeña avería en el coche
- perder el tren
- no oír el despertador
- tardar en encontrar aparcamiento
- dormirse
- tardar en encontrar el sitio
- encontrarse con un conocido por el camino
- retrasarse el autobús por un problema de tráfico

b Estas personas han llegado hoy tarde a algún sitio. ¿Qué excusas han puesto? Escríbelas.
这些人物今天到达某地时迟到了。他们做了什么解释？请写出来。

Perdona por llegar tarde, pero es que no he oído el despertador.

13 **En parejas [A-B]. Representad estas dos situaciones.** 两人一组(A – B)，表演以下两个情景。

1

Alumno A

Has quedado con tu novio o con tu novia a las ocho de la tarde y llegas a las ocho y veinte.

Discúlpate y dile por qué has llegado tarde.

1

Alumno B

Acepta las disculpas de tu novia o de tu novio y tranquilízala/-o.

2

Alumno A

Eres la madre de Óscar, que tiene 15 años y todos los sábados vuelve a casa a las diez de la noche. Hoy es sábado y ha vuelto a las dos y media de la mañana.

Acepta las disculpas.

2

Alumno B

Eres Óscar, de 15 años. Todos los sábados vuelves a casa a las diez de la noche, pero este lo has hecho a las dos y media de la mañana.

Invéntate una buena excusa y discúlpate ante tu madre.

Montevideo 蒙得维的亚

1 a ¿Sabes qué es el Mercosur? ¿Qué países lo integran?
你知道南美共同市场（El Mercosur）是什么吗？哪些国家是其成员国？

b Lee este texto incompleto sobre Montevideo, capital administrativa del Mercosur. Puedes usar el diccionario. 蒙得维的亚是南美共同市场的行政首都，请阅读这篇有关蒙得维的亚的短文。可以查字典。

Montevideo[1], la capital de Uruguay, ha sido elegida también capital administrativa[2] del Mercosur. Tiene casi 1,5 millones de habitantes, aproximadamente la mitad[3] de la .... del país. Muchos de ellos son descendientes[4] de .... italianos y españoles.

En esa ciudad industrial[5], comercial[6], turística y administrativa destacan[7] sus industrias de la carne, las más tradicionales y que siguen teniendo una gran importancia .... Su puerto es el primero de Uruguay: en él se hacen la mayor parte de las operaciones[8] de importación y ....

Es una ciudad muy vital[9] que tiene una variada oferta cultural y mucha .... nocturna[10]. Pero allí también se puede disfrutar de la tranquilidad: está abierta al mar, y hay muchas casas bajas y unas 2000 hectáreas[11] de plazas y ....

c Asegúrate de que entiendes estas palabras y utilízalas para completar el texto.
请理解以下单词并将这些单词填入上文。

- población
- económica
- exportación
- inmigrantes
- parques
- vida

1. Montevideo *m.* la capital de Uruguay.
2. Administrativo *adj.* perteneciente o relativo a la administración.
3. Mitad *f.* cada una de las dos partes iguales en que se divide un todo.
4. Descendiente *com.* hijo, nieto o cualquier persona que desciende de otra.
5. Industrial *adj.* perteneciente o relativo a la industria.
6. Comercial *adj.* perteneciente o relativo al comercio o a los comerciantes.
7. Destacar *intr.* sobresalir, descollar.
8. Operación *f.* negociación o contrato sobre valores o mercaderías.
9. Vital *adj.* de suma importancia o trascendencia.
10. Nocturno *adj.* perteneciente o relativo a la noche.
11. Hectárea *f.* medida de superficie equivalente a 100 áreas. (Símb. *ha*).

2 a **Ahora vas a leer un texto de un escritor uruguayo, Eduardo Galeano, sobre Montevideo. Pregúntale al profesor el significado de lo que no entiendas.** 现在，你来阅读一段乌拉圭作家爱德华多·加莱亚诺（Eduardo Galeano）关于蒙得维的亚的短文。不理解的地方，请询问老师。

Montevideo es la ciudad de los cafés. Allí no se pregunta: «¿Dónde vivís?», sino: «¿En qué café parás[1]?». Casi no hay cafés en los barrios de los ricos, pero en el centro, en la ciudad vieja y en los barrios pobres y de clase media, he contado[2] hasta siete cafés en un solo cruce[3] de esquinas. Refugio[4] de solitarios[5] y lugar de encuentro[6], espacio[7] cómplice[8] de comunicación para las confidencias[9] de las parejas o para el estrépito[10] de las «barras»[11] de los vecinos, los compañeros de trabajo o los hinchas[12] de fútbol, el café es también el tradicional escenario[13] de las «peñas»[14] de los artistas y los políticos.

EDUARDO GALEANO: *Nosotros decimos no*, Siglo XXI.

b **¿Cuál es la idea principal del texto?**
短文的中心思想是什么？

c **Di tres palabras del texto que creas que no se utilizan en todos los países de habla hispana.**
请举出文中三个在其他西班牙语国家并不使用的单词。

d **Piensa en los dos textos y diles a tus compañeros algunas cosas que crees que hacen los habitantes de Montevideo en su tiempo libre.**
请思考以上两段短文并告诉同学你认为蒙得维的亚的市民闲暇时会做的一些事情。

Recuerda 记住要点

COMUNICACIÓN

Hablar de lo que se ha hecho recientemente

- ¿A qué hora te has levantado hoy?
- A las ocho.

GRAMÁTICA

Pretérito perfecto

he has ha hemos habéis han	+ participio

- He hablado con Elena.
- Hemos comido muy bien.
- Han recibido una carta.

Terminación del participio

Infinitivo	Participio
-ar	-ado
-er -ir	-ido

Hablar: habl – ado → hablado
Comer: com – ido → comido
Vivir: viv – ido → vivido

Participios irregulares

Hecho, vuelto, puesto, roto, visto, abierto, descubierto, dicho, escrito, etc.

(Ver resumen gramatical, apartado 3.3)

COMUNICACIÓN

Disculparse

- Perdona por llegar tarde.
- Lo siento, de verdad.
- Siento llegar tarde.

Poner excusas

- Es que he perdido el tren.

Tranquilizar a alguien

- Tranquilo, hombre, no tiene importancia.
- Tranquila, mujer, no tiene importancia.
- ¡Bah! No te preocupes.

1. Parar *intr.* cesar en el movimiento o en la acción, no pasar adelante en ella.
2. Contar *tr.* numerar o computar las cosas considerándolas como unidades homogéneas.
3. Cruce *m.* punto donde se cortan mutuamente dos líneas.
4. Refugio *m.* lugar adecuado para refugiarse.
5. Solitario *adj.* sin compañía
6. Encuentro *m.* entrevista entre dos o más personas, con el fin de resolver o preparar algún asunto.
7. Espacio *m.* parte que ocupa cada objeto sensible.
8. Cómplice *adj.* que manifiesta o siente solidaridad o camaradería.
9. Confidencia *f.* confianza estrecha e íntima.
10. Estrépito *m.* ruido considerable.
11. Barra *f.* pieza de metal u otra materia, de forma generalmente prismática o cilíndrica y mucho más larga que gruesa.
12. Hincha *com.* partidario entusiasta de un equipo deportivo.
13. Escenario *m.* lugar en que ocurre o se desarrolla un suceso.
14. Peña *f.* piedra grande sin labrar, según la produce la naturaleza.

1 a **Ordena las palabras y escribe frases expresando cosas que ha hecho Esther esta mañana.**
将下列单词按正确顺序排列并造句。叙述Esther今天上午做了什么。

1. Las ha se cuarto a menos siete levantado
....
....
2. Duchado se el y lavado ha se pelo ha
....
....
3. De poco hecho un ha deporte
....
....
4. Leche en ha desayuno el con tomado café
....
....
5. La visto en noticias ha televisión las
....
....
6. Clase pie a ido a ha
....
....
7. En diez a tardado minutos clase ha llegar
....
....

b **¿Qué frase o frases relacionas con la foto de a)?** 哪几句话与练习a)中的照片有关?

2 a **¡Es mentira! Escribe frases verdaderas y frases falsas sobre lo que has hecho tú hoy.**
说谎！你今天做了什么，请写下来，可以是真实的，也可以是虚假的。

Hoy he enviado varios correos electrónicos.

b **En parejas. Díselas a un compañero con el que no has trabajado en esta lección. Cuando crea que una frase es falsa, dice "¡Es mentira!". Si realmente es falsa, obtiene un punto; si es verdadera, lo obtienes tú.**
两人一组。把这些句子告诉一位你在本课从未合作过的同学。当他认为句子是假的，就说"¡Es mentira!"。如果确实是假的，他得一分；如果是真的，你得一分。

c **Coméntale qué otras frases falsas no ha descubierto. Anótate un punto por cada una de ellas.**
告诉他还有哪些他尚未觉察的虚假的句子。每句你得一分。

d **¿Quién tiene más puntos?** 谁的分数最高?

3 a **Lee el fragmento del diario de Miguel y complétalo con estas palabras.**
请阅读Miguel的一段日记并用下列单词将短文补充完整。

- invitado
- palabras
- hecho
- vuelto
- bicicleta
- noticia
- fiesta
- examen
- trabajar
- escrito

Hoy ha sido un buen día y estoy muy contento. Ha empezado como siempre, me he levantado a las siete, he .... un poco de ejercicio, he desayunado y he ido a clase de Inglés en .... La profesora nos ha dado las notas del .... de la semana pasada y me ha felicitado por mi buena nota. Esa ha sido la primera buena .... Luego, me ha gustado mucho la clase: hemos hecho unas cosas muy graciosas e interesantes, me he divertido mucho y he aprendido bastantes .... nuevas. Las otras clases también han estado muy bien. Por la tarde he ido a la biblioteca, he navegado un rato por internet y he .... unos correos electrónicos. Cuando he .... a casa he recibido la segunda buena noticia: la empresa donde solicité trabajo la semana pasada me va a contratar y ¡voy a empezar a .... el día uno! Me he puesto muy contento y he llamado a Marisa para decírselo. He quedado con ella para celebrarlo y he decidido hacer una .... de celebración el sábado que viene. Después, he hablado con varios amigos y los he ....

b **Cierra el libro y escribe frases expresando lo que ha hecho hoy Miguel.**
请合上书本并造句，叙述Miguel今天做了什么。

c **Compara con un compañero. ¿Quién tiene más frases correctas?**
请和同学对比一下，谁造了更多正确的句子？

5 Experiencias y opiniones 经历与观点

OBJETIVOS 学习目标

- Hablar de experiencias personales
  谈论个人经历
- Hablar de lo que ya se ha hecho
  谈论已做过的事
- Hablar de lo que todavía no se ha hecho
  谈论尚未做过的事
- Expresar opiniones 表达观点
- Expresar acuerdo 表达同意
- Expresar desacuerdo 表达不同意
- Presentar un contraargumento 提出不同意见

1 **Mira las fotos y responde a las preguntas.** 请看照片并回答问题。

Machu Picchu

Salamanca

Londres

Roma

Río de Janeiro

Buenos Aires

El Cairo

Granada

Atenas

- ¿Conoces estos lugares y monumentos?
- ¿Cómo se llaman?
- ¿Sabes en qué países están?

2 **¿Has estado alguna vez en esas ciudades o en esos países? Completa las siguientes frases con tu información.** 你曾经去过那些城市或那些国家吗？用你所掌握的信息完成下列句子。

He estado (una vez) en .... (y ....).

He estado (varias veces) en .... (y ....).

No he estado nunca en .... (ni ....).

3 **¿Verdadero o falso? Lee estas informaciones y pregunta al profesor qué significa lo que no entiendas. Luego escucha la conversación y señala verdadero o falso.** 判断对错。阅读以下信息。不懂的地方请询问老师，然后听对话录音并指出以下这些话的对错。

1|25

	V	F
1. Ha estado en los cinco continentes.	☐	☐
2. No ha montado nunca en camello.	☐	☐
3. Ha comido carne de serpiente.	☐	☐
4. No le gustó la carne de serpiente.	☐	☐
5. Ha ido de safari.	☐	☐

Fonética 语音

4 a **Escucha las siguientes frases.** 请听以下句子。

1|26

b **Escucha de nuevo y marca si son afirmativas o interrogativas.**
请再听一遍并标出哪些句子是肯定句哪些是疑问句。

1|27

	Afirmativas	Interrogativas
1.		
2.		
3.		
4.		
5.		
6.		
7.		
8.		

5 **Habla con tus compañeros y escribe el nombre de uno de ellos en cada caso.**
请和同学讨论，并写出与问题情况相符的同学的名字。

- ¿Has estado alguna vez en Latinoamérica?
- Sí, (he estado)... / No, (no he estado) nunca. ¿Y tú?
- Pues yo (he estado)... / Yo tampoco.

¿Quién...

... ha estado en Latinoamérica?
... se ha enamorado locamente alguna vez?
... ha escrito un poema de amor alguna vez?
... ha trabajado de camarero/-a?
... ha perdido alguna vez una cosa de valor?
... se ha encontrado alguna vez una cosa de valor?
... ha comido turrón?
... ha cantado alguna vez en público?
... ha visto alguna película española?
... ha hecho teatro alguna vez?
... ha conocido a alguien interesante por internet?

6a **Los señores Cadosa son colombianos y están de vacaciones en Madrid. Lee su plan del día.**
Cadosa一家是哥伦比亚人，他们正在马德里度假。请阅读他们当日的计划。

- Ir al Museo del Prado.
- Ir al Centro de Arte Reina Sofía.
- Ver la Plaza Mayor.
- Visitar la Puerta del Sol.
- Pasear por el parque del Retiro.
- Visitar el Palacio Real.
- Ver la Cibeles y el Palacio de Comunicaciones.
- Comer en el restaurante Botín.
- Probar el cocido madrileño.
- Ir al Rastro.

b **Mira su agenda de nuevo. Escribe las cosas que han hecho ya y las que no han hecho todavía.**
请重新阅读他们的日程表。写出他们已经做的和尚未做的事情。

Ya han ido al Museo del Prado.
Todavía no han ido al Centro de Arte Reina Sofía.

- Ir al Museo del Prado. ✓
- Ir al Centro de Arte Reina Sofía.
- Ver la Plaza Mayor. ✓
- Visitar la Puerta del Sol.
- Pasear por el parque del Retiro.
- Visitar el Palacio Real. ✓
- Ver la Cibeles y el Palacio de Comunicaciones.
- Comer en el restaurante Botín.
- Probar el cocido madrileño.
- Ir al Rastro.

7a **¿Quién conoce mejor la ciudad donde estáis? Decide con tus compañeros qué consideráis necesario para conocer bien la ciudad donde estáis. Luego, escríbelo en el cuadro.** 谁更了解你们所在的城市呢？请和同学讨论，为了更深入地了解你们所在的城市，你们该做些什么。然后请填写表格。

	Ya	Aún/Todavía no
Ir a		
Estar en		
Visitar		
...		

b **Señala tus respuestas.** 请说出你的答案。

c **Pregúntale a tu compañero si ha hecho ya esas cosas y marca sus respuestas.**
请问问你的同学是否已做过那些事并记录他的回答。

- ¿Has ido ya a…?
- Sí (, ya he ido).
  No (, todavía no he ido).

d **Comparad las respuestas de los dos. ¿Quién conoce mejor esa ciudad?**
请对比一下你们两人的答案。谁更了解所在的城市？

8 a **Observa estas fotos.** 请看这些照片。

1

2

3

4

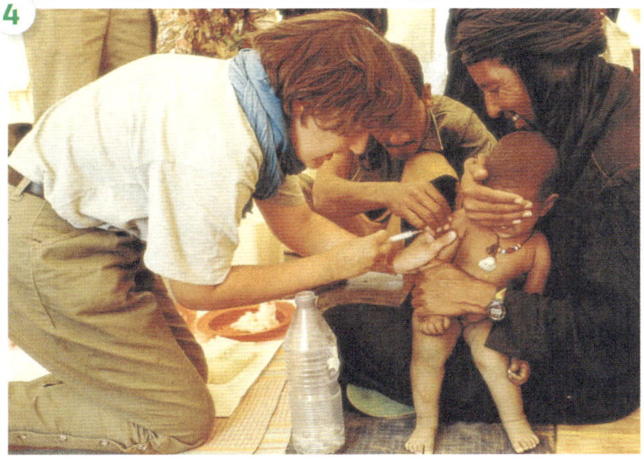

5

6

7

8

b **Imagina que eres una de esas personas. Piensa en algunas cosas importantes que has hecho en tu vida y escríbelas. Puedes usar el diccionario.** 请将自己想象成上述人物中的某一位。思考一些你一生中已经做过的重要事情并将其写出。可以查字典。

c **Enséñale al profesor lo que has escrito.** 请将你所写的内容给老师看看。

d **Díselo a tus compañeros. ¿Saben quién eres?** 请告诉同学。他们知道你是上面图中的哪一位吗?

Opiniones 观点

9 a Lee las opiniones de estos cuatro estudiantes de español y decide dónde van las frases del cuadro.
请阅读以下四位学西班牙语的学生的观点，并将这些观点与框中观点对应起来。

- Hay que hacer ejercicios de pronunciación y entonación en clase.
- No me importa cometer algunos errores.
- Es muy importante aprender bien la gramática.
- No sé si estoy hablando bien o mal.

Cuando estudio una lengua, quiero hablar, comunicarme con las personas que hablan esa lengua. Mi objetivo es comprender lo que oigo y que la gente comprenda lo que digo, (1) ..... Por esa razón pienso que es necesario hablar mucho en clase.

Lucy

Creo que es muy importante aprender a pronunciar y entonar frases correctamente. Muchas veces me siento muy frustrado porque quiero decir palabras que conozco, pero las pronuncio mal y la gente no me entiende. En mi opinión, (2) .....

Chris

Si no estudias gramática, aprendes más lentamente y olvidas las cosas fácilmente, por eso (3) ..... ¡Ah!, y fuera de clase, en la calle, puedes aprender vocabulario, pero normalmente no aprendes gramática.

Michael

A veces, cuando hablamos, el profesor no nos corrige los errores, y eso no me gusta porque (4) ..... .

Akira

b Ahora responde a estas preguntas. 现在，请回答问题。

¿Cuál de los cuatro estudiantes…

… **piensa** que el profesor debe corregirle siempre?
… **cree** que la gramática es fundamental?
… **piensa** que es importante hablar mucho en clase?
… **cree** que hay que hacer ejercicios de fonética en clase?

c Lee de nuevo y di cuáles de esas personas estudian español en un país de habla hispana. ¿Por qué lo sabes? 请重新阅读上述观点并说出他们当中哪些是在西语国家学习西班牙语。你是如何知道的?

Creo que… porque…

10 Y tú, ¿qué opinas? ¿Estás de acuerdo con ellos? Coméntalo con tu compañero.
你呢，有什么意见? 你同意他们的观点吗? 请和同学一起讨论。

- *Yo estoy de acuerdo con Lucy. Yo creo que… Y tú, ¿estás de acuerdo con ella?*
- *Sí, yo también creo que…*
  Sí, estoy de acuerdo, pero (también es importante hablar bien).
  Yo no estoy de acuerdo con ella. Yo creo que (es importante no cometer errores).

11 a **Escribe frases dando tu opinión sobre:** 请根据以下话题写出你的观点。

- Lo más importante para aprender una lengua extranjera.
- Lo más difícil de la lengua española.
- Lo más fácil de la lengua española.
- Lo más parecido de la lengua española a tu lengua.
- Lo más diferente de la lengua española a tu lengua.

Para mí,
Yo creo que | *lo más importante para aprender una lengua extranjera es practicar mucho.*

b **Ahora coméntalas con tus compañeros. ¿Están de acuerdo contigo?**
请和同学们一起讨论。他们同意你的观点吗?

- Para mí, lo más importante para aprender una lengua extranjera es practicar mucho. ¿Y para vosotros?
- Para mí, también.
- Para mí, no. Para mí, lo más importante es estudiar mucha gramática.
- Yo no estoy de acuerdo contigo. La gramática sí es importante, pero yo creo que practicar mucho es más importante para aprender bien.

12 a **Lee estas preguntas y prepara tus respuestas.** 请阅读以下问题并准备你的答案。

¿Qué haces tú para...

... aprender vocabulario?
... aprender gramática?
... comunicarte cuando no sabes una palabra?
... averiguar cómo se pronuncia una palabra?

b **Díselas a la clase.** 请告诉同学。

Para aprender vocabulario, yo escribo frases con las palabras nuevas.

¿Han dicho tus compañeros algo interesante que no haces tú en esas situaciones?
在这些情况下，你的同学们讲了一些你没用过的有趣的学习方法吗?

El cante flamenco 弗拉门戈民歌

1 a **Pregunta al profesor qué significan estas palabras.** 请问问老师以下单词的意思。

- cariño[1]
- vergüenza[2]
- corazón
- hiciste
- cortado[3]

b **Elige dos palabras y memorízalas. Luego, cierra el libro y escucha la canción. Ponte de pie cuando oigas una de ellas y siéntate cuando oigas la otra.** 请选择其中两个单词并将其记住。然后，合上课本开始听歌。当听到其中一个单词时就起立，听到另一单词时就坐下。

1|28

❶ Cariño *m.* inclinación de amor o buen afecto que se siente hacia alguien o algo.

❷ Vergüenza *f.* turbación del ánimo, que suele encender el color del rostro, ocasionada por alguna falta cometida, o por alguna acción deshonrosa y humillante, propia o ajena.

❸ Cortado *p.p.* participio pasivo de cortar

2 **Ahora lee el fragmento de la letra de esta canción y busca:**
现在请阅读下面这段歌词并寻找：

- Una palabra que significa *mentiroso*.
- Lo contrario de *has querido*.

DIME

Dime
si has mentido❶ alguna vez
y dime si cuando lo hiciste
sentiste❷ vergüenza de ser embustero❸.

Dime
dime
dime
si has odiado❹ alguna vez
a quien hiciste creer
un cariño de verdad.

Dime
si siente tu corazón
como en sí mismo el dolor de tu hermano.

Dime
dime
dime
si has cortado alguna flor
sin que temblaran❺ tus manos.
Dime

LOLE Y MANUEL, "Dime",
Pasaje del agua.

3 **Escucha otra vez la canción y lee de nuevo la letra.** 请重听这首歌并重新阅读歌词。

1|29

4 **Piensa en estas cuestiones y coméntalas con la clase.** 请思考以下问题并和同学们一起讨论。

- ¿Qué tipo de música es? ¿Qué sabes de ella?
- ¿De qué parte de España es típica?
- ¿Has escuchado otras canciones de este estilo?
- ¿Puedes decir el nombre de algún intérprete de este tipo de música?

Recuerda 记住要点

COMUNICACIÓN

Hablar de experiencias personales

- ¿Has estado alguna vez en Moscú?
- Sí, (he estado) dos veces.
  No, (no he estado) nunca.

Hablar de lo que ya se ha hecho

- ¿Has ido ya al Museo del Prado?
- Sí, ya he ido.

Hablar de lo que todavía no se ha hecho

- Todavía/aún no he estado en España.

GRAMÁTICA

Pretérito perfecto

(Ver resumen gramatical, apartado 3.3)

Ya–aún / todavía no

(Ver resumen gramatical, apartado 17)

COMUNICACIÓN

Expresar opiniones

- Yo creo que los verbos españoles son bastante difíciles.
- Para mí, es muy importante hablar en clase.

Expresar acuerdo

- Yo creo que es muy importante repasar en casa lo que estudiamos en clase.
- Sí, estoy de acuerdo contigo.
- Para mí también es muy importante.

Expresar desacuerdo

- Para mí, lo más importante es hablar perfectamente, no cometer errores.
- Para mí, no.
- Yo no estoy de acuerdo contigo. Yo creo que hay cosas más importantes, por ejemplo, expresar lo que quieres expresar.

Presentar un contraargumento

- Para mí, es muy importante aprender a conjugar todos los verbos.
- Sí, estoy de acuerdo, pero creo que hay cosas más importantes, como aprender vocabulario.

GRAMÁTICA

Con + pronombres personales

conmigo
contigo
con usted/él/ella
nosotros/nosotras
vosotros/vosotras
ustedes/ellos/ellas

- Pues yo no estoy de acuerdo contigo.

(Ver resumen gramatical, apartado 4.5)

❶ Mentir *intr.* decir o manifestar lo contrario de lo que se sabe, cree o piensa.

❷ Sentir *tr.* experimentar sensaciones producidas por causas externas o internas.

❸ Embustero *adj.* que dice embustes.

❹ Odiar *tr.* tener odio.

❺ Temblar *intr.* agitarse con sacudidas de poca amplitud, rápidas y frecuentes.

Materiales complementarios 补充材料

1 a **¡Un personaje peculiar! Asegúrate de que entiendes todo y relaciona las dos mitades.**
与众不同的人物！请理解以下内容并把下列两栏对应起来。

1. Ha estado varias veces en los cinco continentes
2. Ha aprendido once lenguas
3. Nunca ha tenido un jefe,
4. No ha tomado nunca una aspirina,
5. No se ha emborrachado nunca,
6. Ha dormido al aire libre
7. Nunca ha usado un ordenador,
8. Ha volado alguna vez

A. muchas noches de luna llena.
B. no toma bebidas alcohólicas.
C. y ha vivido en nueve países.
D. no le gusta la informática.
E. y nunca ha ido a una clase de idiomas.
F. siempre ha trabajado por su cuenta.
G. con alas artificiales.
H. solamente consume remedios naturales.

b **¿Coincides tú con él en algunas cosas?** 你与他在某些方面是一样的吗?

2 a **¡Cread otro personaje peculiar! En grupos de tres. Cread un personaje peculiar: haced una lista de experiencias que ha tenido y de experiencias que nunca ha tenido.** 请再塑造一位与众不同的人物！三人一组，塑造一位与众不同的人物。请列一张清单，写下他曾经历的和未曾经历的事情。

b **Colocad la lista en una pared de la clase y leed las de los otros grupos.**
请把清单贴在班级的墙上并阅读其他小组的清单。

c **Comentad a la clase qué personaje os parece más peculiar y por qué.**
请和同学们一起讨论哪位人物你们觉得最与众不同，为什么?

3 a ¿Ya o aún/todavía no? Marisol va a irse de vacaciones dentro de una semana a un país muy exótico. Ha empezado los preparativos del viaje y ha hecho la mitad de las cosas de la lista. Escribe cinco cosas que crees que ha hecho ya y cinco que aún o todavía no ha hecho. 已完成还是尚未完成？Marisol一周内将启程前往一个充满异国情调的国家度假。她已经开始为旅行做准备，并且完成了清单上一半的任务。请写出你认为的五件她已经做了和五件她尚未做的事情。

- Sacar los billetes de avión.
- Recoger el visado en la embajada.
- Reservar hoteles.
- Informar a amigos de ese país del día y hora de llegada.
- Comprar regalos para esos amigos.
- Conseguir cremas protectoras y repelentes contra los mosquitos.
- Cambiar dinero.
- Leer unos libros sobre ese país, su historia y su cultura.
- Ver un DVD sobre ese país.
- Vacunarse.

Ya	Aún/Todavía no

b Dile a tu compañero las frases que crees que ha escrito. Anótate un punto por cada acierto.
请告诉你的同学那些你认为他已经写好的句子。每猜对一次得一分。

- Ya ha recogido el visado en la embajada.
- Sí, ya / No, aún/todavía no | ha recogido el visado en la embajada.

c ¿Quién tiene más aciertos? 谁猜中的次数更多呢？

Repaso 1
复习课 1

LECCIONES 课文

- 1 UN NUEVO CURSO 新学期
- 2 ¿QUÉ TE PASA? 你怎么了？
- 3 COMIDAS 饮食
- 4 HA SIDO UN DÍA NORMAL 平常的一天
- 5 EXPERIENCIAS Y OPINIONES 经历与观点

La serpiente de vocabulario 蛇形词汇表

1a **Busca palabras en la serpiente y anota cada una de ellas en la columna correspondiente.**
请在蛇身上寻找单词并填写在对应的表格中。

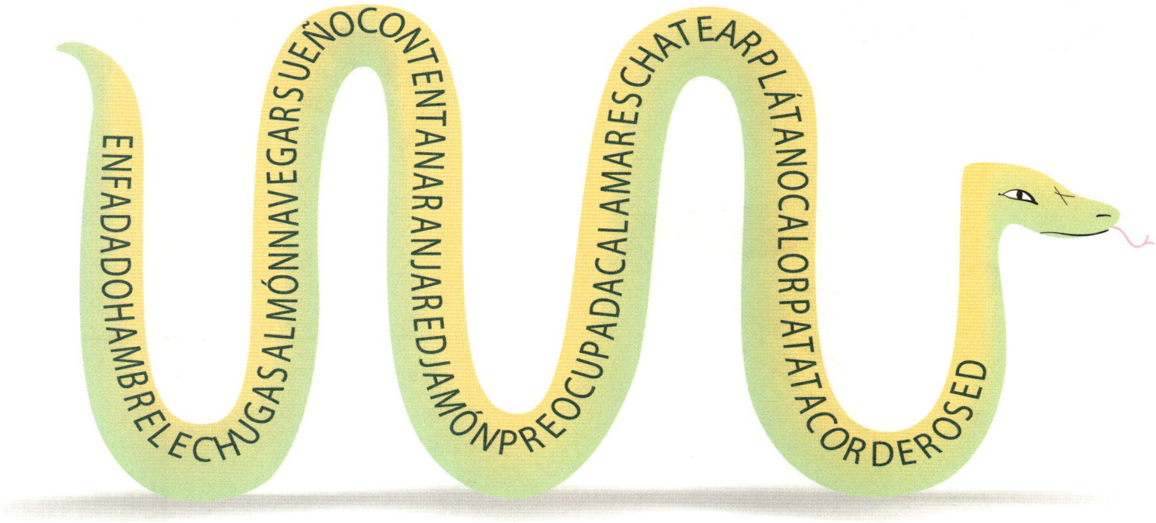

Sentimientos y estados de ánimo	Sensaciones físicas	Fruta	Verdura	Carne	Pescado	Internet
enfadado	*hambre*					

b **Añade otras palabras en cada columna.** 请在表格的每一列中添加其他单词。

2a **Busca cinco palabras o expresiones difíciles en las lecciones 1-5 y escríbelas. Si no recuerdas cómo se dicen en tu lengua, míralas en el diccionario y escribe su traducción.** 请在1–5课中找五个有难度的单词或短语。如果你不记得用中文怎么说，请查字典并翻译成中文。

(Quizá, …)

b **En grupos de tres, por turnos. Un alumno dice una de esas palabras o expresiones y los otros dos tienen que imaginar y representar un pequeño diálogo incluyéndola. Si no lo hacen correctamente, el primer estudiante obtiene un punto. Gana el que consigue más puntos.** 三人一组，轮流发言。一位同学先说出那些单词或短语中的一个，另外两位想象并编一小段对话。如他们做得不正确，第一位同学得一分。得分最多者胜出。

(● ¿Vas a ir a la piscina mañana?)
(○ Sí, quizá, pero no estoy segura.)

3 a Mira estas fotos de Lanzarote y responde a las preguntas. 请看兰萨罗特岛的照片并回答问题。

Valle de las Palmeras

Playa del Papagayo

Parque nacional de Timanfaya

Jameos del Agua

- ¿Sabes dónde está Lanzarote?
- ¿Has estado alguna vez allí? ¿Te gustó?

b Ahora escucha esta conversación telefónica entre Chema (de vacaciones en Lanzarote) y Rosa (en Madrid) y marca la columna correspondiente. 现在请听Chema（正在兰萨罗特岛度假）和Rosa（在马德里）之间的电话交谈并在相应栏内做标记。

1|30

	Ya lo ha hecho.	Aún / Todavía no lo ha hecho.	No se sabe.
Estar en la playa del Papagayo.			
Visitar el parque nacional de Timanfaya.			
Estar en los Jameos del Agua.			
Ir al mercado de Teguise.			
Ver a Angelines.			
Ir al restaurante recomendado.			
Bañarse en el mar.			
Comprarse la cámara.			

¿Bien o mal? 是对是错？

4 **Lee las instrucciones del juego y pregúntale al profesor lo que no entiendas.** 请阅读以下游戏说明。不理解的地方请询问老师。

1. En grupos de tres o cuatro. Juega con un dado y una ficha de color diferente a la de tus compañeros. 三到四人一组。一个骰子，以及每人一张不同颜色的卡片。
2. Por turnos. Tira el dado y avanza el número de casillas que indique. 轮流掷骰子，并根据掷出的数字在格子中前进。
3. Si caes en una casilla con una o varias frases, decide si están bien o mal y, en este caso, corrígelas. 如果前进到的格子内有句子的话，请判断句子的对错。如果错了，请纠正。

SALIDA	**11** No ha venido a clase porque está enfermo.	**12** ___	**23** La semana que viene voy estudiar mucho.	**24** ¿Nos trae un poco más de pan, por favor?
1 Dice que su hija está muy inteligente.	**10** ¿Cuánto tardas en llegar a casa?	**13** ¿No son tus padres en casa?	**22** Ayer fui al cine en bicicleta.	**25** ___
2 Hoy están muchos coches en la calle.	**9** ___	**14** Trabaja muchísimo; diez horas al día.	**21** A mí me gustaría aprender muchas cosas este año.	**26** ¿Por qué no te acuestas y descansas un poco?
3 ___	**8** Tu hermano mayor está médico, ¿no?	**15** ___	**20** ___	**27** ¿Por qué eres tan contento hoy?
4 Mi pueblo es famoso para el vino.	**7** ¿Nunca no comes carne?	**16** A Luis no se gustan mis zapatos.	**19** ___	**28** ___
5 ___	**6** Por la mañana voy a clase y por la tarde trabajo.	**17** Creo es alemana, pero no estoy seguro.	**18** Perdona por llegar tarde.	**29** Me duele muchísimo las piernas hoy.

4. Si tus compañeros están de acuerdo con lo que dices, quédate en esa casilla. 如果同学们同意你所说的，请留在格子内。
   - Si no están de acuerdo contigo, preguntad al profesor quién tiene razón. 如果不同意，请询问老师谁说的正确。
   - Si estás equivocado, vuelve a la casilla donde estabas. 如果你错了，请退回到你之前所在的格子。
5. Si caes en el principio de una flecha, ve a la casilla en la que termina. 如果前进到有箭头符号的格子里，请再前进到箭头所指的格子。

35 ¿Qué hay hacer para aprender bien español?	**36** • Me encanta esquiar. ∘ A mí sí.	**47** Pues yo termino de trabajar a las seis en la tarde.	**48** • ¿Qué van a tomar de postre? ∘ Yo, una naranja. ▪ Para mí, un flan.	**LLEGADA**
34 ...pero los fines de semana nos acostamos muy tarde.	**37** Soy seguro de no voy a salir mañana.	**46** ____	**49** ¿Sabes dónde está el teatro Romea?	**58** ¿Qué es que más te gusta de la clase?
33 ____	**38** • ¿Conoces París? ∘ Sí, he estado muchas veces allí.	**45** Aún no he ido a la playa este año.	**50** ____	**57** ____
32 Yo sé tocar dos instrumentos: la guitarra y el piano.	**39** ____	**44** ____	**51** ¿Todavía no conoces mi amigo Diego?	**56** ¿Qué es tu cantante favorito?
31 ____	**40** ____	**43** Hoy ha venido mucha gente a clase, ¿no?	**52** ____	**55** Pues yo no estoy de acuerdo contigo.
30 Esta semana he escrito cinco cartas.	**41** • ¿Saliste ayer por la tarde? ∘ No, me quedé en casa.	**42** Para hablar mejor sé que tengo que practicar mucho.	**53** • No me gusta ese cuadro. ∘ A mí tampoco.	**54** Yo juego malo al baloncesto. Soy bastante malo.

5a **Lee el artículo y elige el título adecuado.** 请阅读文章并为它选出适当的标题。

A. COMEMOS MÁS QUE ANTES　**B.** COMEMOS COMO ANTES　**C.** COMEMOS PEOR QUE ANTES

La dieta española, como la de otros muchos países, está cambiando. Los alimentos tradicionales están siendo sustituidos por otros, normalmente de origen norteamericano, que son peores para la salud porque tienen muchas grasas animales.

Actualmente tomamos menos legumbres, verduras, ensaladas, arroz y aceite de oliva que antes. Por el contrario, el consumo de hamburguesas, perritos calientes, sándwiches y patatas fritas es ahora mayor.

También cocinamos menos que antes y comemos más fuera de casa, a menudo alimentos con mucha grasa. Las consecuencias de estos nuevos hábitos alimenticios son claramente negativas: el número de enfermedades relacionadas con la mala alimentación es cada vez mayor.

El Mundo del Siglo Veintiuno. (Adaptado).

b **Busca dos alimentos tradicionales de España que aparecen en el texto.**
请找出文章中出现的两种西班牙传统食物。

- ¿Los has tomado alguna vez?
- ¿Te gustan?

c **Comenta ahora el artículo con tus compañeros.** 现在请和同学一起讨论这篇文章。

- ¿En tu país pasa lo mismo que en España?

  - *Creo que la comida… porque…*
  - *Pues yo creo que…*

6 a **Escribid un pequeño texto sobre la dieta de otro país, sin decir cuál es. Podéis consultar también el texto de la página 40.** 请写一篇关于另一个国家饮食的短文，但不说出国家名称。可以参考第40页上的文章。

En ese país se come…

b **Pasad el texto a otra pareja para que adivine de qué país se trata, comentadlo y corregid los posibles errores.** 请将写好的短文给另一组，让他们猜测是哪个国家，讨论并修改可能存在的错误。

c **Pegad los textos por la clase para que vuestros compañeros puedan leerlos y, entre todos, decidid qué país sigue una dieta mejor. No olvidéis justificar vuestra elección.** 请将短文贴在墙上供班上同学阅读。大家共同决定哪个国家的饮食最好。别忘了要给出你们选择的理由。

6 Ropa y complementos
服装与配饰

OBJETIVOS 学习目标

- Decir qué ropa lleva otra persona 讲述他人着装
- Hacer comparaciones 做比较
- Comprar un artículo en una tienda de ropa 在服装店购物
- Expresar deseos 表达愿望
- Pedir permiso 请假
- Dar permiso 准假

1 a Lee las palabras del recuadro y busca en un diccionario cinco que no conozcas.
请阅读方框中的单词并在字典中查找五个你不认识的单词。

• blusa	• traje	• pijama	• cazadora	• vestido	• vaqueros
• abrigo	• chaqueta	• medias	• jersey	• zapatos	• camisa
• braga	• camiseta	• botas	• corbata	• calcetines	• pantalones
• calzoncillos	• sujetador	• falda	• bañador	• biquini	• sombrero
• pañuelo	• guantes	• bufanda	• gorra		

b Pregunta a tus compañeros el significado de las que te faltan. 请问一问同学其余单词的意思。

c Mira el dibujo y subraya en el recuadro anterior los nombres de las prendas que veas.
请看图片并在上面方框内划出你所看到的服装。

Fonética 语音

¿La sílaba más fuerte? 重读音节

2 a **Copia todas las palabras de la actividad 1.** 请抄写练习1中的所有单词。

b **Escucha y subraya la sílaba más fuerte.** 请听录音并在重读音节下划线。

1|31

c **Escucha y repite.** 请重听录音并跟读。

1|32

3 **Siéntate de espaldas a tu compañero y no le mires. Intenta recordar o adivinar cómo va vestido y díselo. Él te dirá si es verdad o no.**
背对你的同学坐下，不要看他。尝试回忆或猜测他的衣着并告诉他。他将告诉你真假。

- Llevas (una blusa blanca, unos vaqueros azules, unas botas negras…)
- (No, las botas no son negras.)
- (Marrones.)
- (Sí.)
- ...

4 **Elige a un compañero y anota todo lo que lleva (puesto). Luego, díselo a la clase. ¿Saben quién es?**
请选择一位同学并记下他的所有着装，然后告诉其他同学。他们知道说的是谁吗？

5 **Escucha y lee.** 请听录音并朗读。

1|33

- Perdone, ¿cuánto cuesta esa blusa?
- Cuarenta y siete euros.
- ¿Y la blanca?
- Sesenta y dos. Es más cara que la otra, pero es mejor.

6 **Fíjate.** 请注意。

Comparativos
比较级

Superioridad	***Más*** + adjetivo + ***que***
Igualdad	***Tan*** + adjetivo + ***como***
Inferioridad	***Menos*** + adjetivo + ***que***

- El vestido es **más** bonito **que** la falda, ¿verdad?
- Los vaqueros son **tan** caros ***como*** el jersey.

Comparativos irregulares
不规则比较级

Más bueno → **mejor**
Más malo → **peor**
Más grande → **mayor**
Más pequeño → **menor**

7 **Ahora observa de nuevo el dibujo de la actividad 1c y escribe la palabra que corresponda.**
现在请重新看练习1c的图片并写出相对应的单词。

1. Es más cara que el vestido.
La chaqueta

2. Es más corta que el vestido.
....

3. Es tan caro como el traje.
....

4. No son tan caros como la corbata.
....

5. Son tan caros como el jersey.
....

6. No es tan cara como la camiseta.
....

8 a Observa el dibujo. Luego, busca los adjetivos necesarios para comparar las prendas.
请看图片。然后寻找必要的形容词来比较这些服装。

• Ancho-a/s	• Bonito-a/s	• Alto-a/s	• Moderno-a/s
• Estrecho-a/s	• Feo-a/s	• Bajo-a/s	
• Cómodo-a/s	• Caro-a/s	• Largo-a/s	
• Incómodo-a/s	• Barato-a/s	• Corto-a/s	

b Prepara frases sin mencionar de qué prenda se trata y díselas a tu compañero. ¿Sabe de qué prenda estás hablando? 请准备些句子并告诉你的同学，但不要说出是什么服装。他听得出来你在说哪件服装吗？

- *Son más anchos que los pantalones grises.*
- *Los pantalones negros.*
- *Sí.*

En una tienda 在一家商店里

9 **Escucha y lee.** 请听录音并朗读。

1|34

Dependiente	Buenas tardes. ¿Qué desea?
Clienta	¡Hola! Quiero un vestido para mí.
Dependiente	¿Cómo lo quiere?
Clienta	Pues rojo y… no sé… Sí, de algodón.
Dependiente	¿Qué talla tiene?
Clienta	La treinta y ocho.
Dependiente	Mire, tenemos estos modelos. ¿Le gusta alguno?
Clienta	Sí. ¿Puedo probarme este?
Dependiente	Sí, claro. El probador está al fondo, a la izquierda.
	(…)
Dependiente	¿Qué tal le queda?
Clienta	Muy bien. ¿Cuánto cuesta?
Dependiente	Sesenta y ocho euros.
Clienta	De acuerdo. Me lo llevo.
Dependiente	Muy bien. Pase por caja, por favor.

10 **Fíjate.** 请注意。

a

Pronombres de objeto directo 直接宾语代词

	Masculino	Femenino
Singular	lo	la
Plural	los	las

- ¿Le gusta este abrigo?
- No. **Lo** quiero más largo.

- ¿Le gusta esta falda?
- No. **La** quiero más corta.

b **Elige una prenda de la actividad 1 y practica con un compañero el diálogo de la actividad 9.**
选择练习1中的一件衣服并和同学演练练习9的对话。

11 **Escucha este diálogo entre un cliente y el dependiente de una tienda. Escribe:**
请听一段顾客与一家商店售货员的对话。请写出：

1|35

1. ¿Qué quiere? ....
....
2. ¿Cómo la quiere? ....
....
3. ¿Cuánto cuesta? ....
....
4. ¿Para quién es?
....
5. ¿De qué talla?
....
6. ¿Cómo le queda?
....
7. ¿La compra?
....

12 **a** **Ahora vosotros.** 现在轮到你们练习了。

Alumno A
Eres el dependiente de una tienda de ropa.

Alumno B
Estás en una tienda de ropa y quieres comprar algo para un amigo, pero no sabes qué.
No puedes gastar más de treinta euros.
Tu amigo tiene la misma talla que tú.

b **Cambiad de papel.** 请互换角色。

Un chiste 一则幽默漫画

1 a **Mira este chiste.** 请看一看下面的幽默漫画。

b **Busca en el diccionario el significado de *colocar* y *quitar*.** 请在字典中查找colocar和quitar的意思。

c **Ahora pregunta a tu profesor qué significan *loco* y *loquita*.** 请问问老师loco和loquita的意思。

¿Entiendes ahora el chiste?
现在你理解这则漫画了吗?

❶ Loco *adj.* que ha perdido la razón.

❷ Colocar *tr.* poner a alguien o algo en su debido lugar.

❸ Quitar *tr.* tomar algo separándolo y apartándolo de otras cosas, o del lugar o sitio en que estaba.

2 a En parejas, escribid un diálogo en las burbujas. 两人一组。请在空白框中写出一段对话。

b Decidles a vuestros compañeros lo que habéis escrito. ¿Coincide con lo creado por alguna pareja? 请告诉同学你们都写了什么。你们所写的与某一组所写的一样吗?

c ¿Te gusta mucho el diálogo escrito por alguna pareja? ¿Te han enseñado algo tus compañeros en esta actividad? Si lo deseas, puedes tomar nota de ello. 你很喜欢某一组写的对话吗? 你的同学在这个活动中教会了你什么? 如你愿意，你可以将它记录下来。

Me gusta mucho el diálogo escrito por Miyuki y Max, y he aprendido la frase "Estoy harto de comprar".

Recuerda 记住要点

COMUNICACIÓN

Hacer comparaciones

- Eres más alto que yo.
- Luisa es tan graciosa como Isabel.

GRAMÁTICA

Comparaciones con adjetivos

- *más* + adjetivo + *que*
- *tan* + adjetivo + *como*
- *no* + verbo + *tan* + adjetivo + *como*
- *menos* + adjetivo + *que*

(Ver resumen gramatical, apartado 13)

COMUNICACIÓN

Comprar ropa

- Buenos días. ¿Qué desea?
- Un jersey.
- ¿De qué color lo quiere?
- Negro.
- ¿Es para usted?
- Sí.
- ¿Qué talla tiene?
- La 40. ¿Puedo probarme este?
- Sí, claro. El probador está al fondo, a la izquierda.

Expresar deseos

- Quiero una cazadora de tela.
- ¿De qué color la quiere?
- Azul marino.

GRAMÁTICA

Pronombres de objeto directo

Lo, la, los, las.

(Ver resumen gramatical, apartado 4.2)

Pedir permiso

- ¿Puedo probarme esta blusa?

Dar permiso

- Sí, claro. El probador está al final, a la derecha.

1a Bingo de ropa. En grupos de cinco. Un alumno dice las palabras de la lista en el orden que desee y cada compañero marca en su cartón los dibujos correspondientes a las palabras que escucha. El primero que marca todos los dibujos dice "¡Bingo!".

服装Bingo游戏。五人一组。一位同学用他希望的顺序说出清单上的单词，其他各位同学则将所听到的单词在下面自己的画板中对应的图片上标出。第一位标完所有图片的同学请说"¡Bingo!"。

- falda
- blusa
- camisa
- vestido
- sujetador
- calzoncillos
- calcetines
- braga
- chaqueta
- camiseta
- traje
- abrigo
- zapatos
- vaqueros
- pantalones de vestir
- botas
- corbata
- cazadora
- medias
- jersey

Cartón del Alumno A

Cartón del Alumno B

Cartón del Alumno C

Cartón del Alumno D

b **Si has cantado bingo, enséñales el cartón a tus compañeros y di el nombre de cada una de las prendas que hay en él. Si cometes algún error, continuad el juego.**
如果你已喊过“¡Bingo!”，请向你的同学展示画板并说出画板上的每一件服装。如错了，则继续游戏。

2 **De compras. Sigue las instrucciones de tu recuadro.** 购物。请按照你框内的指示行动。

Alumno A

¡No mires la parte del alumno B!

1. Ordena las palabras y escribe y puntúa las frases.

le qué queda tal

¿Qué tal le queda?

qué días desea buenos

....

dos y euros ochenta

....

por acuerdo caja de favor por pase

....

cuarenta le talla esta de tenemos gusta la

....

la cómo quiere

....

está derecha a probador al claro el sí final la

....

2. Compara y corrige con otro alumno A. Luego, decidid el posible orden de esas frases en un diálogo en una tienda.

3. Habla con un alumno B para completar el diálogo en una tienda con las frases que te faltan y que él tiene.

4. Practica con tu compañero para comprar otra prenda. Luego, cambiad de papel y comprad otra.

Alumno B

¡No mires la parte del alumno A!

1. Ordena las palabras y escribe y puntúa las frases.

una buenos camisa días quiero

Buenos días. Quiero una camisa.

cara la es pero un me poco llevo

....

preciosa sí probármela es puedo

....

cuánto bien muy cuesta

....

bastante cuarenta ancha de pues cómoda talla negra la y

....

2. Compara y corrige con otro alumno B. Luego, decidid el posible orden de esas frases en un diálogo en una tienda.

3. Habla con un alumno A para completar el diálogo en una tienda con las frases que te faltan y que él tiene.

4. Practica con tu compañero para comprar otra prenda. Luego, cambiad de papel y comprad otra.

7 ¡Feliz cumpleaños! 生日快乐！

OBJETIVOS 学习目标

- Expresar lo que se está haciendo
  表达正在做的事情
- Expresar que no se recuerda 表达记忆不清
- Felicitar a alguien el día de su cumpleaños
  向某人表达生日祝福
- Responder a felicitaciones 回复祝福
- Ofrecer regalos 赠送礼品
- Valorar cosas 评价物品
- Expresar admiración 表达欣喜
- Ofrecer comida o bebida y aceptarla o rechazarla
  邀请品尝食物或饮料及接受或拒绝邀请
- Preguntar y decir la fecha del cumpleaños
  询问和表达生日日期

1 **¿Verdadero o falso? Observa el dibujo. Luego, lee las frases y señala lo que está haciendo cada persona.**
判断对错。请观察图片。然后阅读句子并指出每个人正在做什么。

	V	F
1. La chica de la falda amarilla está bebiendo vino.	☐	☐
2. El señor del bigote está bailando.	☐	☐
3. La señora del vestido verde está abriendo la puerta.	☐	☐
4. El chico de la camisa blanca está sentándose.	☐	☐
5. La chica de los pantalones rojos está hablando con otra chica.	☐	☐
6. El chico de la cazadora marrón está comiendo algo.	☐	☐
7. La señora del vestido rojo está viendo un CD.	☐	☐
8. El chico de los pantalones marrones está escribiendo.	☐	☐
9. El señor de las gafas está quitándose la chaqueta.	☐	☐

2 **a** **Fíjate.** 请注意。

Estar + gerundio Estar + 副动词

Para referirnos a una acción que se realiza en el momento en el que estamos hablando o del que estamos hablando.

***Estar* + gerundio**

Estoy Estás	bail**ando**
Está Estamos	beb**iendo**
Estáis Están	sal**iendo**

Gerundio: verbos regulares

-AR	-ER	-IR
-ando	**-iendo**	**-iendo**

- trabaj**ando**
- com**iendo**
- escrib**iendo**

b **Lee de nuevo las frases de la actividad 1 y completa este cuadro.** 请重新阅读练习1的句子并填写下面的表格。

	-AR	-ER	-IR	Verbos reflexivos
Infinitivo	bailar hablar	comer beber ver	escribir abrir	sentarse quitarse
Gerundio	bailando	comiendo	escribiendo	sentándose ....

c **Observa cómo se forma el gerundio irregular de algunos verbos.** 请观察一些动词的不规则副动词形式。

Cambio vocálico *e* → *i*

元音字母e变为i

decir → diciendo
pedir → pidiendo
repetir → repitiendo
vestirse → vistiéndose

Cambio vocálico *o* → *u*

元音字母o变为u

dormir → durmiendo
morir → muriendo

Vocal + *er*/*ir* → *y* en algunos verbos

元音字母后面加er或ir的单词，某些情况下要变为y

leer → leyendo
oír → oyendo

3 a **Observa otra vez el dibujo de la actividad 1 y prepara cinco frases de "¿Verdadero o falso?" para tu compañero.** 请重新观察练习1的图片并准备五句话让你的同学判断对错。

La chica de la camiseta azul está bailando.

b **Ahora díselas. ¿Sabe si son verdaderas o falsas sin mirar el dibujo?** 现在把这五句话说给他听。如不看图片，他知道哪句是对的哪句是错的？

4 **¿Tenéis buena memoria? En parejas. Tapad la ilustración de la actividad 1 y preguntad qué están haciendo estas personas:** 你们的记忆力好吗？ 两人一组。遮住练习1的图片并互相提问这些人在做什么。

La chica de la falda naranja	El señor de las gafas	La chica de la falda amarilla	El chico de la camisa blanca	La señora del vestido verde

- *¿Qué está haciendo la chica de la falda naranja?*
- *Está hablando con otra chica.*
  No me acuerdo (bien/muy bien).
- *Sí.*
  (Me parece que) No. (Creo que) Está...

5 a **Escucha esta conversación. ¿Cuántos verbos dicen en gerundio?** 请听对话。里面有多少动词是副动词形式？

1|36

b **Escucha y completa el cuadro.** 请重听录音并完成表格填写。

1|37

	¿Dónde está?	¿Qué está haciendo?
La abuela		
Marta		
Carlitos		
Sonia		

Una clase sin profesor 没有老师的一堂课

6 a En parejas. 两人一组。

Alumno A

Mira el dibujo y escribe un nombre al lado de cada una de las personas. Luego, responde a las preguntas de tu compañero.

• Antonio	• Marisol	• David
• Laura	• Alicia	• Miguel
• Olga	• Cristina	• Julio
• Javier	• Marisa	• Nuria
• Luis		

Alumno B

Pregunta al alumno A qué está haciendo cada una de las siguientes personas y escribe el nombre correspondiente al lado de cada personaje del dibujo.

• Antonio	• Marisol	• David
• Laura	• Alicia	• Miguel
• Olga	• Cristina	• Julio
• Javier	• Marisa	• Nuria
• Luis		

b Ahora podéis cambiar de papel y realizar de nuevo la actividad. 现在你们可以互换角色，再做一次练习。

7 a **Imagina que estás haciendo una cosa. Piensa, también, dónde la estás haciendo y escríbelo en un papel.** 想象你正在做一件事。思考一下，你正在哪里做这件事然后写在纸上。

Estoy nadando en el mar.

b **Ahora haz mimo. Tus compañeros tienen que adivinar qué estás haciendo y dónde. Tú solo puedes decir "sí" o "no".** 现在开始表演。你的同学得猜出你正在做什么和在哪里做。而你只能说"sí"或"no"。

- ¿Estás nadando?
- Sí.
- ¿Estás nadando en un río?
- No.
- ¿En una piscina?
- No.
- ¿Estás nadando en el mar?
- Sí.

Fonética 语音

Entonación 语调

8 a **Escucha y marca la frase que oigas.** 请听录音并标出你所听到的句子。

1|38

1. A: Quiere una infusión. B: ¿Quiere una infusión? C: ¡Quiere una infusión!	**6.** A: Va todos los días al cine. B: ¿Va todos los días al cine? C: ¡Va todos los días al cine!
2. A: Solo tiene 10 000 habitantes. B: ¿Solo tiene 10 000 habitantes? C: ¡Solo tiene 10 000 habitantes!	**7.** A: Están durmiendo. B: ¿Están durmiendo? C: ¡Están durmiendo!
3. A: Le gusta el vino. B: ¿Le gusta el vino? C: ¡Le gusta el vino!	**8.** A: Está de vacaciones. B: ¿Está de vacaciones? C: ¡Está de vacaciones!
4. A: Porque no quieres. B: ¿Por qué no quieres? C: ¡Porque no quieres!	**9.** A: Porque no trabajas. B: ¿Por qué no trabajas? C: ¡Porque no trabajas!
5. A: Está leyendo la sección de deportes. B: ¿Está leyendo la sección de deportes? C: ¡Está leyendo la sección de deportes!	**10.** A: No estás haciendo nada. B: ¿No estás haciendo nada? C: ¡No estás haciendo nada!

b **Escucha y repite esas frases.** 请听以上句子的录音并跟读。

1|39

c **En parejas. Elegid una frase del apartado a) e incluidla en un diálogo entre dos personas. Luego, escribid el diálogo.** 两人一组。在练习a)中选择一句话并将它编入一段两人的对话中，然后写下这段对话。

d **Ahora representadlo. Vuestros compañeros tienen que decir qué frase es exactamente.** 现在表演这段对话。同学必须确切地说出是哪句话。

En una fiesta 在一个派对上

9 a **Escucha y lee.** 请听录音并朗读。

1|40

Paco ¡Hola! ¡Felicidades!
Lola ¡Hola! Gracias, Paco.
Paco ¡Feliz cumpleaños! Toma, esto es para ti.
Lola Humm… Muchas gracias. A ver, a ver qué es… ¡Unos pendientes! ¡Qué bonitos!
Paco ¿Te gustan?
Lola Me encantan. Ahora te presento a la gente, pero antes vamos a comer algo.
Paco ¡Buena idea!
Lola Coge, coge.
Paco Sí, gracias… Humm… ¡qué buenos están estos canapés!

Lola ¿Quieres un poco de vino?
Paco Sí, pero solo un poco.
(…)
Lola Coge un trozo de tarta, que está muy buena.
Paco No, de verdad, gracias. Es que ya no puedo más.

b **Responde.** 请回答。

- ¿Cuántas veces ofrecen cosas?
- ¿Cuántas veces las aceptan?
- ¿Cuántas las rechazan?

10 **Escucha y repite.** 请听录音并跟读。

1|41

- ¡Felicidades!
- ¡Feliz cumpleaños!
- Toma, esto es para ti.
- ¡Unos pendientes! ¡Qué bonitos!
- ¡Qué buenos están estos canapés!
- ¿Quieres un poco de vino?
- Coge, coge un poco de tarta, que está muy buena.
- No, de verdad, gracias. Es que ya no puedo más.

11 a **En parejas.** 两人一组。

Alumno A
Tu compañero está en tu casa. Ofrécele alguna de estas cosas.

Alumno B
Estás en casa de tu compañero. Él te va a ofrecer cosas.
Tú puedes aceptarlas o rechazarlas.
Si rechazas algo, dile por qué.

- ¿Quieres un zumo de naranja?
- Coge un poco de jamón, que está muy bueno.

b **Ahora cambiad de papel.** 现在请互换角色。

El día del cumpleaños 生日当天

12 a **Lee el diálogo e intenta adivinar el día del cumpleaños de Kristina.** 请阅读对话并试着猜出Kristina的生日。

ENERO

LU	MA	MI	JU	VI	SA	DO
						1
2	3	4	5	6	7	8
9	10	11	12	13	14	15
16	17	18	19	20	21	22
23	24	25	26	27	28	29
30	31					

FEBRERO

LU	MA	MI	JU	VI	SA	DO
		1	2	3	4	5
6	7	8	9	10	11	12
13	14	15	16	17	18	19
20	21	22	23	24	25	26
27	28					

MARZO

LU	MA	MI	JU	VI	SA	DO
		1	2	3	4	5
6	7	8	9	10	11	12
13	14	15	16	17	18	19
20	21	22	23	24	25	26
27	28	29	30	31		

ABRIL

LU	MA	MI	JU	VI	SA	DO
					1	2
3	4	5	6	7	8	9
10	11	12	13	14	15	16
17	18	19	20	21	22	23
24	25	26	27	28	29	30

MAYO

LU	MA	MI	JU	VI	SA	DO
1	2	3	4	5	6	7
8	9	10	11	12	13	14
15	16	17	18	19	20	21
22	23	24	25	26	27	28
29	30	31				

JUNIO

LU	MA	MI	JU	VI	SA	DO
			1	2	3	4
5	6	7	8	9	10	11
12	13	14	15	16	17	18
19	20	21	22	23	24	25
26	27	28	29	30		

JULIO

LU	MA	MI	JU	VI	SA	DO
					1	2
3	4	5	6	7	8	9
10	11	12	13	14	15	16
17	18	19	20	21	22	23
24	25	26	27	28	29	30
31						

AGOSTO

LU	MA	MI	JU	VI	SA	DO
	1	2	3	4	5	6
7	8	9	10	11	12	13
14	15	16	17	18	19	20
21	22	23	24	25	26	27
28	29	30	31			

SEPTIEMBRE

LU	MA	MI	JU	VI	SA	DO
				1	2	3
4	5	6	7	8	9	10
11	12	13	14	15	16	17
18	19	20	21	22	23	24
25	26	27	28	29	30	

OCTUBRE

LU	MA	MI	JU	VI	SA	DO
						1
2	3	4	5	6	7	8
9	10	11	12	13	14	15
16	17	18	19	20	21	22
23	24	25	26	27	28	29
30	31					

NOVIEMBRE

LU	MA	MI	JU	VI	SA	DO
		1	2	3	4	5
6	7	8	9	10	11	12
13	14	15	16	17	18	19
20	21	22	23	24	25	26
27	28	29	30			

DICIEMBRE

LU	MA	MI	JU	VI	SA	DO
				1	2	3
4	5	6	7	8	9	10
11	12	13	14	15	16	17
18	19	20	21	22	23	24
25	26	27	28	29	30	31

Ahmed *¿Es en mayo?*
Kristina *No, después.*
Paul *¿En octubre?*
Kristina *No, antes.*
Ahmed *¿En septiembre?*
Kristina *Sí.*
Helga *¿El 22 de septiembre?*
Kristina *Antes.*
Valeria *¿El día 12?*
Kristina *Casi, casi, pero no es ese día.*
Yao *¿Más tarde?*
Kristina *Sí.*
Yao *Es el...*

b **Intenta adivinar, con tus compañeros, qué día es el cumpleaños del profesor o la profesora.**
请与同学一起试着猜出老师的生日。

13 **En parejas. Ahora adivina qué día cumple los años tu compañero. Luego, él adivinará el tuyo. ¿Quién necesita hacer menos preguntas para conseguirlo?** 两人一组。现在请猜一猜同学的生日。然后他来猜你的。谁提的问题更少？

14 **Pregunta a tus compañeros qué día es su cumpleaños y haz una lista con los nombres y las fechas. ¡No te olvides de felicitarles el día de su cumpleaños!** 请问一问同学们的生日都是哪一天，然后做一张清单写上他们的姓名和生日。你可一定别忘了祝他们生日快乐！

- *¿Qué día es tu cumpleaños?*
- *El veintiséis de junio. ¿Y el tuyo?*
- *(El mío es) El cinco de marzo.*

15 En grupos de cuatro [A, B, C y D]. 四人一组(A、B、C和D)。

Alumno A

Es tu cumpleaños y has invitado a varios amigos y amigas a una fiesta en tu casa. Piensa en la comida y bebida que vas a preparar.

Ofrece a tus invitados lo que has preparado.

Alumno B

Un amigo tuyo (A) te ha invitado a una fiesta de cumpleaños en su casa. Decide qué le vas a regalar.

Felicita a tu amigo y entrégale el regalo.

Alumno C

Un amigo tuyo (A) te ha invitado a una fiesta de cumpleaños en su casa. Decide qué le vas a regalar.

Felicita a tu amigo y entrégale el regalo.

Alumno D

Un amigo tuyo (A) te ha invitado a una fiesta de cumpleaños en su casa. Decide qué le vas a regalar.

Felicita a tu amigo y entrégale el regalo.

El Día de los Muertos 亡灵节

1 a **Estas fotos corresponden a unos actos que se realizan cada año en México. Obsérvalas y di si te hacen pensar en algo alegre o triste.** 右边的照片反映了每年在墨西哥进行的一些仪式。请看照片并说出这些仪式使你想到欢喜的事还是悲伤的事。

b **Lee y comprueba. Puedes usar el diccionario.** 请阅读并确认。可以查字典。

Los días, uno y dos de noviembre se celebra[1] en México la Fiesta de los Muertos[2], una de las más importantes del año. Curiosamente[3], no son unos días tristes, sino muy alegres. Ello es debido[4] a la especial[5] relación[6] que el mexicano tiene con la muerte, una relación natural[7] en la que la idea de la muerte no causa[8] el miedo que produce en otros países. En muchos lugares de México, esos días los muertos reciben la bienvenida al mundo de los vivos y muchos familiares van a los cementerios[9] a comer y a llevar a los muertos las cosas que más les gustaban cuando estaban vivos. Hay personas que incluso organizan conciertos ante la tumba. Y en las casas se hacen altares[10] en torno al[11] retrato[12] del difunto[13].

La flor típica de esa fiesta es la caléndula[14], que según los mexicanos provoca[15] la alegría de los muertos. No son pocas las personas que las utilizan para hacer un camino desde la tumba hasta sus casas. También son típicas las *calacas*[16], cráneos[17] de azúcar o chocolate, muy decorados[18], que se regalan y llevan el nombre de la persona a la que van destinados. Esos días podemos ver, además, figuras[19] de papel, cartón, azúcar, etcétera, que representan[20] a los muertos realizando actividades de la vida cotidiana[21]: hablan por teléfono, viajan, venden cosas…

c **Lee de nuevo y subraya la opción apropiada.** 请重新阅读短文并划出恰当的单词。

- Los dos primeros días de noviembre, muchos mexicanos están muy **contentos/preocupados**.
- En México, la muerte produce **más/menos** miedo que en otras partes del mundo.
- Esos días, **poca/mucha** gente toma los platos favoritos de sus muertos.
- Muchos mexicanos creen que existe una flor que ayuda a los muertos a estar **contentos/tristes**.
- Las *calacas* se pueden **beber/comer**.

1 Celebrar *tr.* conmemorar, festejar una fecha, un acontecimiento.
2 Muerto *adj.* que está sin vida.
3 Curiosamente *adv. m.* con curiosidad.
4 Debido a = gracias a
5 Especial *adj.* singular o particular, que se diferencia de lo común o general.
6 Relación *f.* conexión, correspondencia de algo con otra cosa.
7 Natural *adj.* perteneciente o relativo a la naturaleza o conforme a la cualidad o propiedad de las cosas.
8 Causar *tr.* dicho de una causa: Producir su efecto.
9 Cementerio *m.* terreno, generalmente cercado, destinado a enterrar cadáveres.
10 Altar *m.* montículo, piedra o construcción elevada donde se celebran ritos religiosos como sacrificios, ofrendas, etc.
11 En torno a = alrededor de.
12 Retrato *m.* pintura o efigie principalmente de una persona.
13 Difunto *m.* cadáver.
14 Caléndula *f.* maravilla (‖ planta compuesta).
15 Provocar *tr.* incitar, inducir a alguien a que ejecute algo.
16 Calaca *f.* méx.Cráneo (‖ caja del encéfalo).
17 Cráneo *m.* caja ósea en que está contenido el encéfalo.
18 Decorado *m.* decoración (‖ conjunto de elementos que adornan).
19 Figura *f.* forma exterior de un cuerpo por la cual se diferencia de otro.
20 Representar *tr.* hacer presente algo con palabras o figuras que la imaginación retiene.
21 Cotidiano *adj.* diario.

d **¿Hay algo que te sorprenda? Díselo a la clase.**
有什么让你感到吃惊的吗？请告诉同学。

e **Y en tu país, ¿cómo se celebra el Día de los Muertos? Coméntalo con tus compañeros.**
在中国，人们如何庆祝亡灵节的？请和同学一起讨论。

Recuerda 记住要点

COMUNICACIÓN

Decir qué se está haciendo

- ¿Qué haces?
- Estoy esperando a Gustavo.

GRAMÁTICA

Estar + gerundio

(Ver resumen gramatical, apartados 3.6 y 14)

Verbo *estar*
Descripción de situaciones
(*estar* + gerundio)

- Luis está viendo la televisión y Julia está leyendo.

COMUNICACIÓN

Ofrecer regalos

- Toma, esto es para ti.

GRAMÁTICA

Para + pronombres personales

(Ver resumen gramatical, apartado 4.5)

COMUNICACIÓN

Expresar admiración

- ¡Qué bonita es!
- ¡Qué originales!

GRAMÁTICA

Frases exclamativas
¡*Qué* + adjetivo (+ verbo)!

(Ver resumen gramatical, apartado 11)

COMUNICACIÓN

Preguntar y decir la fecha del cumpleaños

- ¿Qué día es tu cumpleaños?
- El treinta y uno de octubre.

GRAMÁTICA

Verbo *ser*
Valoración de objetos

- (Este reloj) Es precioso.

Localización en el tiempo

- Mi cumpleaños es el dos de enero.

(Ver resumen gramatical, apartado 6.1)

COMUNICACIÓN

Ofrecer comida o bebida y aceptarla o rechazarla

- ¿Quieres un poco de vino?
- Sí, gracias. (Pero muy poco). / No, gracias. / No, de verdad, gracias. Es que ya no puedo más.

GRAMÁTICA

Verbo *estar*
Valoración de alimentos consumidos

- ¡Qué buena está esta tarta!

(Ver resumen gramatical, apartado 6.2)

¿Bien o mal?: Las tres en raya 是对是错？连三子游戏

1 **En grupos de tres. Por turnos, cada alumno elige una casilla, dice si la frase que hay en ella está bien o mal y, en este caso, la corrige. Si sus compañeros están de acuerdo con él, escribe su nombre en la casilla (si hay alguna duda, consultan al profesor). Gana quien obtiene tres casillas seguidas.** 三人一组。大家轮流进行。每位学生选择一格，然后说出格子内的句子正确与否，如不对，则改正。如其他同学都同意该同学，就将他的名字写在格子里。（如有疑问，请询问老师）。连赢三格的同学胜出。

El chico el bigote está diciendo algo.	A ver, a ver qué hay en este sobre...	No, no, gracias. Es que ya puedo más. He comido mucho.	Ángel está dormiendo, ¿verdad?
¿Quieres un poco queso?	Mi cumpleaños es en cuatro de mayo.	Teresa está se poniendo la chaqueta.	Toma, este regalo es por ti.
Pues yo estoy lavándome las manos para empezar a hacer la comida.	La chica de los pantalones negros está haciendo nada.	Toma, toma un poco más, que te gusta mucho.	¡Qué buena está esta tortilla!
Me parece que Marta está jugando con un amigo en el jardín.	¡Qué simpático eres!	Ahora estoy leiendo un libro muy, muy interesante.	Creo que Jorge está bañándose en la piscina.

2 a **Buscad ocho diferencias. En parejas (Alumno A y Alumno B). Habla con tu compañero para descubrir ocho diferencias entre tu dibujo y el suyo, y tomad nota de ellas.**
请找出八处不同点。两人一组（学生A和学生B）。请和同学讨论，找出你们图中的八处不同点并记录下来。

Alumno A: *En el banco de la izquierda, un señor está durmiendo.*
Alumno B: *En mi dibujo, también. Y en ese banco hay también una chica que está leyendo un periódico.*
Alumno A: *En el mío, está leyendo un libro.*

Alumno A
¡No mires el dibujo del alumno B!

¡No mires el dibujo del alumno A!
Alumno B

b **Comparad los dos dibujos. ¿Habéis encontrado todas las diferencias?**
请比较这两幅图片。你们找到了所有的不同点了吗?

8 Contar un viaje 叙述一次旅游

OBJETIVOS 学习目标

- **Hablar del pasado** 谈论过去发生的事
- **Contar un viaje** 叙述旅行经历

1 Mira estas fotos y responde a las preguntas. 请看照片并回答问题。

Las Ramblas

El Barrio Gótico

La Sagrada Familia

El parque Güell

La catedral

La Fundación Miró

- ¿Te gustan?
- ¿Sabes de qué ciudad son?
- ¿Has estado alguna vez allí?
- ¿Por qué es famosa?

2 **Lee esta postal enviada desde Barcelona y di los lugares de la actividad 1 que ha visitado Cristina.**
请阅读这张来自巴塞罗那的明信片并说出练习1中Cristina观光过的地方。

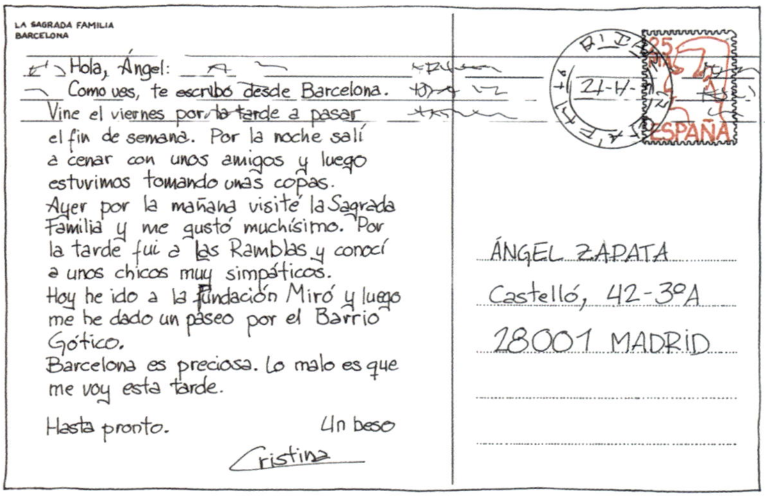
LA SAGRADA FAMILIA
BARCELONA

Hola, Ángel:
Como ves, te escribo desde Barcelona.
Vine el viernes por la tarde a pasar el fin de semana. Por la noche salí a cenar con unos amigos y luego estuvimos tomando unas copas.
Ayer por la mañana visité la Sagrada Familia y me gustó muchísimo. Por la tarde fui a las Ramblas y conocí a unos chicos muy simpáticos.
Hoy he ido a la Fundación Miró y luego me he dado un paseo por el Barrio Gótico.
Barcelona es preciosa. Lo malo es que me voy esta tarde.
Hasta pronto. Un beso
Cristina

ESPAÑA

ÁNGEL ZAPATA
Castelló, 42-3ºA
28001 MADRID

3 a **En el texto de la postal aparecen verbos en pretérito indefinido. Léela de nuevo y escribe las formas, de los siguientes verbos, que corresponden a ese tiempo.**
在明信片中出现了简单过去时的动词。请再阅读一遍明信片并写出下列动词的简单过去时形式。

Venir → *vine*	Gustar →	Estar →	Conocer →
Salir →	Visitar →	Ir →	

- ¿Cuáles son irregulares?

b **Fíjate.** 请注意。

Pretérito indefinido 陈述式简单过去时

Verbos regulares

	-AR	-ER	-IR
	VISITAR	CONOCER	SALIR
(yo)	visité	conocí	salí
(tú)	visitaste	conociste	saliste
(él/ella/usted)	visitó	conoció	salió
(nosotros/nosotras)	visitamos	conocimos	salimos
(vosotros/vosotras)	visitasteis	conocisteis	salisteis
(ellos/ellas/ustedes)	visitaron	conocieron	salieron

Verbos irregulares

	IR/SER	ESTAR	VENIR	HACER
(yo)	fui	estuve	vine	hice
(tú)	fuiste	estuviste	viniste	hiciste
(él/ella/usted)	fue	estuvo	vino	hizo
(nosotros/nosotras)	fuimos	estuvimos	vinimos	hicimos
(vosotros/vosotras)	fuisteis	estuvisteis	vinisteis	hicisteis
(ellos/ellas/ustedes)	fueron	estuvieron	vinieron	hicieron

Fonética 语音

4 a Escucha y subraya la sílaba más fuerte de estas formas verbales en pretérito indefinido.
请听录音并划出这些简单过去时变位动词的重读音节。

2|1

visité	salí	fui	hice	estuve
conociste	visitaste	estuviste		
visitó	salió	fue	vino	estuvo
conocimos	visitamos	estuvimos		
salisteis	vinisteis	estuvisteis		
visitaron	conocieron	estuvieron		vinieron

b Ahora subraya la sílaba más fuerte de las formas que aparecen en 3b.
请划出练习3b中变位动词的重读音节。

5 a Lee estas referencias temporales (con ellas usamos el pretérito indefinido).
请阅读以下时间标志词（这些时间标志词均要求使用简单过去时）。

Ayer
Hace dos semanas
En Navidad
Anteayer
El otro día
El mes pasado
En 2009
El año pasado
En julio
Hace tres meses
La semana pasada
El 15 de junio de 1977

b Ordénalas y colócalas en esta "línea del tiempo" (de la más próxima a la más alejada del presente).
请将上述时间参考点按时间顺序排列并标在这条"时间线"上。（从离现在最近的时间点到最远的时间点）。

6 a En grupos de cuatro. Piensa en algo importante que hiciste en alguno de los momentos citados en la actividad anterior y escríbelo.
四人一组。回忆在上一个练习中提到的某个时间点你所做过的某件重要的事情，并将它写下来。

El año pasado conocí a mi novio.

b Coméntalo con tus compañeros. ¿Hizo alguien algo interesante, divertido, sorprendente o extraño?
请和同学一起讨论。有人做过有意思的、有趣的、令人惊讶或一反常规的事情吗?

7 Escucha y repite lo que oigas solo si es verdadero. Si es falso, no digas nada.
请听录音，如果和你的情况相符，请重复一遍，如果不相符，就不要出声。

2|2

8 **¿Qué palabras o qué expresión te sugiere cada uno de estos dibujos? Escríbelas.**
下面的画分别使你想到哪些单词或短语？请写出来。

- Hacer una reserva por internet
- Pensión completa
- Ir de *camping*
- Hacer autoestop
- Alojarse en un hotel
- Media pensión
- Ir de excursión
- Coger/Tomar el avión
- Alojamiento y desayuno
- Hacer la maleta

1

2

3

4

5

6

7

8

9

10

9 a **Escribe en la columna correspondiente cuándo hiciste estas cosas por última vez.**
请在对应的栏里写出最近一次你做这些事情的时间。

	Tú	Tu compañero
1. Ir de *camping*.		
2. Hacer la maleta.		
3. Coger el avión.		
4. Hacer autoestop.		
5. Pasar un fin de semana en el campo.		
6. Alojarse en un hotel.		
7. Ir de excursión.		
8. Viajar en barco.		
9. Reservar una habitación por internet.		
10. Alojarse en régimen de media pensión.		

b **Ahora pregúntale a tu compañero y escribe sus respuestas en la otra columna.**
现在问一问同学，并在另一栏里写出他的回答。

- ¿Cuándo fuiste de *camping* por última vez?
- El verano pasado. / En agosto. / Hace tres semanas. / ... ¿Y tú?
- Yo, (hace dos años).

c **Compara sus respuestas con las tuyas. Luego, habla con otros compañeros y averigua cuál es la pareja de la clase que coincide en más cosas.**
请对比一下你们的回答。然后把结果告诉其他同学，并查出班级里哪一组同学所做的同样的事情最多。

Pues (Diana) y yo (fuimos de *camping* el año pasado) y...

10 2|3 **¿Verdadero o falso? Escucha esta conversación y marca la opción correcta.**
判断对错。请听对话并标出正确的答案。

	V	F
1. Llegó a Toledo a las diez de la noche.	☐	☐
2. Comprobó su correo electrónico y entró en internet.	☐	☐
3. Por la mañana estuvo en la catedral.	☐	☐
4. Por la noche fue a una discoteca.	☐	☐
5. No bailó nada en la discoteca.	☐	☐
6. Volvió a Madrid el domingo por la mañana.	☐	☐

11 **En parejas.** 两人一组。

Alumno A

1. Usa las pautas para preguntarle al alumno B lo que no sabes sobre el viaje que hizo Maite y escribe las respuestas. Usa la información de los dibujos para responder a sus preguntas.

¿Adónde fue?

¿Cómo?

¿Con quién?

¿Actividades/domingo? ¿Gustar/comida?

2. Comprueba si coincide lo que has escrito con los dibujos de tu compañero.

Alumno B

1. Responde a las preguntas del alumno A con la información de los dibujos. Usa las pautas para preguntarle lo que no sabes y escribe las respuestas.

A Santiago de Chile.

¿Y qué día fue?

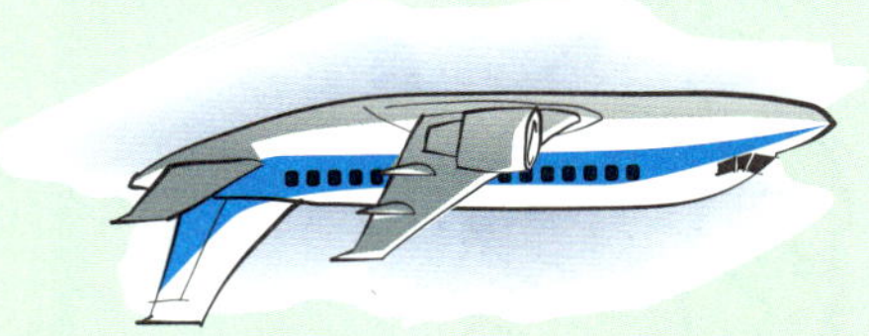

¿Alojamiento?

¿Actividades/sábado? ¿Gustar/teatro?

2. Comprueba si coincide lo que has escrito con los dibujos de tu compañero.

12 **Piensa en el mejor viaje de tu vida (o en uno de los mejores). Luego, cuéntaselo a tus compañeros. Puedes fijarte en la actividad anterior.**

请回忆一下你迄今最美好的旅行（或最美好的旅行之一），然后讲给你的同学们听。可以参考前面的练习。

El mejor viaje de mi vida fue (en mayo del año pasado. Fui con mis amigos a...)

13 a **Imagina que estás pasando el fin de semana en un lugar que te gusta mucho. Escribe una postal a un compañero de clase, pero ¡no la firmes!**
设想你正在你特别向往的一个地方度周末。请给班里的一位同学写一张明信片，不过千万别署名！

¡Hola!...
Como ves, estoy en…
Ayer fui…, estuve…

b **Dásela a tu profesor para que la exponga en la clase. Cada destinatario deberá adivinar quién le ha escrito.** 请将明信片交给老师，他将向同学展示。每位收件人都要猜猜谁是写信人。

Las islas Galápagos 加拉帕戈斯群岛

1 a Averigua qué significan las palabras que no entiendas. 请查一查你不认识的单词。

- volcánico
- medioambiente
- fauna
- evolución
- flora
- científico
- especies (animales y vegetales)
- galápago

b Las palabras anteriores aparecen en el artículo sobre las islas Galápagos. Utilízalas para expresar la información que crees que encontrarás en él. 上述这些单词出现在一篇有关加拉帕戈斯群岛的文章中。使用这些单词来表达你认为文中将会出现的信息。

c Lee el texto y comprueba. 请阅读短文并确认。

Las islas Galápagos están situadas[1] en el océano Pacífico, a unos 1000 kilómetros al oeste de Ecuador, país al que pertenecen[2]. Son de origen volcánico; su fauna y su flora tienen mucho interés científico, y una buena parte de sus especies animales son únicas en el mundo.

Allí viven muchos animales que han desarrollado[3] características[4] especiales para adaptarse[5] al medioambiente. Así, existen diferencias entre animales de la misma especie de las Galápagos y del continente americano, e incluso entre animales de las distintas islas.

Eso lo observó[6] y lo analizó[7] el famoso naturalista[8] inglés Charles Darwin cuando visitó las islas en 1835. Varios años más tarde publicó ***El origen de las especies***, obra en la que expone[9] sus teorías[10] de la evolución de las especies; en ella explica que los animales y las plantas evolucionan[11] cuando se adaptan al ambiente en que se desarrollan.

Desde 1959 son parque nacional de Ecuador. Aquel año se creó también la Estación de Investigación Charles Darwin, donde trabajan científicos de diversos países. En 1979, la UNESCO las declaró[12] Patrimonio Natural de la Humanidad.

En la actualidad, el turismo está regulado por leyes muy estrictas[13] que tienen como objetivo la protección[14] de la flora y la fauna. Una de ellas establece que todas las personas que visiten el parque nacional deben ir acompañadas por un guía.

Entre sus muchos animales característicos podemos destacar[15] los leones marinos, la iguana[16] marina y la tortuga gigante. Esta última, llamada también galápago[17], vive unos 150 años y llega a pesar 300 kilos. Una peculiaridad[18] de los animales de las Galápagos es que no tienen miedo al hombre; por eso es posible tocarlos y nadar o caminar entre ellos.

1. Situarse *prnl.* ubicarse,colocarse
2. Pertenecer *intr.* ser una cosa propiedad de una persona.
3. Desarrollar *tr.* hacer aumentar o crecer.
4. Característica *f.* cualidad por la que se distingue a una persona o cosa de otras de su especie.
5. Adaptarse (a) *prnl.* llegar a sentirse bien en un sitio o en una situación distinta de la habitual.
6. Observar *tr.* mirar o examinar con atención.
7. Analizar *tr.* separar las partes de un todo hasta llegar a conocer sus principios o elementos.
8. Naturalista *m.f.* persona que se dedica al estudio de las ciencias naturales.
9. Exponer *tr.* presentar,mostrar o poner a la vista.
10. Teoría *f.* conocimiento basado en lo que se supone o se piensa, no en la experiencia o la práctica.
11. Evolucionar *intr.* cambiar o transformarse paso a paso.
12. Declarar *tr.* explicar,afirmar o decir públicamente.
13. Estricto *adj.* que se ajusta por completo a la necesidad o a la ley.
14. Protección *f.* acción y resultado de proteger.
15. Destacar *tr.* señalar o llamar la atención sobre una cosa.
16. Iguana *f.* reptil de gran tamaño con una cresta a lo largo de la espalda.
17. Galápago *m.* un tipo de torguga que suele vivir cerca del agua.
18. Peculiaridad *f.* cualidad por la que se distingue a una persona o cosa de otras de su especie.

d **¿Qué informaciones te han parecido más interesantes? Habla de ellas con tus compañeros.**

文中哪些信息你觉得最有意思？请和你的同学们谈论一下。

Recuerda 记住要点

COMUNICACIÓN

Hablar del pasado

- ¿Qué hiciste el sábado?
- Estuve en Salamanca.
- ¿Con quién fuiste?
- Con Alicia.
- ¿Qué viste?
- La Plaza Mayor, la Casa de las Conchas, la catedral...
- ¿Te gustó?
- Sí, mucho.

GRAMÁTICA

Pretérito indefinido

Verbos regulares

(Ver resumen gramatical, apartado 3.2.1)

Verbos irregulares

IR/SER

fui
fuiste
fue
fuimos
fuisteis
fueron

(Ver resumen gramatical, apartado 3.2.2.1)

ESTAR	VENIR	HACER
estuve	vine	hice
estuviste	viniste	hiciste
estuvo	vino	hizo
estuvimos	vinimos	hicimos
estuvisteis	vinisteis	hicisteis
estuvieron	vinieron	hicieron

(Ver resumen gramatical, apartado 3.2.2.2)

Preposiciones

En

- En mayo.
- En Navidades.
- En 2011.

De

- El 14 de abril de 2012.

1 **En parejas (Alumno A y Alumno B). Lee el texto incompleto que te corresponda sobre el viaje de Ana y una amiga, y asegúrate de que entiendes todo. Luego, hazle a tu compañero las preguntas necesarias para completarlo.** 两人一组（学生A和学生B）。请阅读与你对应的一篇有关Ana和她女友旅行的短文，确定你已全部理解。然后向你的同学提出必要的问题来完成这篇文章。

Alumno A

¡No mires el texto del alumno B!

El año pasado hice un viaje con una amiga a .... y tengo un recuerdo buenísimo: la ciudad nos gustó mucho y pasamos un fin de semana muy bueno allí. Fuimos el viernes por la noche en .... y el viaje fue muy rápido, duró menos de dos horas. Nos alojamos en un .... para estar cerca de los lugares de interés.

La mañana del sábado la pasamos en .... Nos encantaron las obras de Goya y Velázquez, y también nos gustó mucho el .... que han construido hace poco. Comimos tarde en un restaurante típico bastante antiguo y por la noche fuimos a .... Después estuvimos de copas con una gente muy simpática y nos acostamos tarde, a ....

El domingo por la mañana estuvimos en el parque del Retiro. Dimos un paseo muy agradable, vimos gente haciendo teatro en ...., músicos tocando… y luego tuvimos que recoger las maletas en el hostal para ir a .... y volver a nuestro pueblo.

¿Adónde hizo Ana un viaje con una amiga el año pasado?

Alumno B

¡No mires el texto del alumno A!

El año pasado hice un viaje con una amiga a Madrid y tengo un recuerdo buenísimo: la ciudad nos gustó mucho y pasamos .... muy bueno allí. Fuimos el viernes por la noche en tren y el viaje fue muy rápido, duró .... Nos alojamos en un hostal muy céntrico para estar cerca de ....

La mañana del sábado la pasamos en el Museo del Prado. Nos encantaron ...., y también nos gustó mucho el edificio nuevo que han construido hace poco. Comimos tarde en un .... y por la noche fuimos a un concierto. Después estuvimos de copas con .... y nos acostamos tarde, a las cinco de la mañana.

El domingo por la mañana estuvimos en .... Dimos un paseo muy agradable, vimos gente haciendo teatro en la calle, músicos tocando… y luego tuvimos que recoger .... en el hostal para ir a la estación de tren y volver a nuestro pueblo.

2 a **Juego de memoria. Cierra el libro y escribe frases expresando lo que hicieron Ana y su amiga aquel fin de semana.** 记忆游戏。请合上书本并写出一些句子来描述Ana和她女友在那个周末所做的事情。

b **Compara con un compañero. ¿Quién tiene más frases correctas?**
请和同学对比一下所写的句子。谁写的正确句子更多?

3 a **Un viaje imaginario. Imagínate que el fin de semana pasado hiciste un viaje a un lugar que te gustó mucho y lo pasaste muy bien. Luego, completa la ficha.** 想象一次旅行。想象一下，上个周末你去了一个你很向往的地方，而且玩得很惬意。然后，填写表格。

Destino	Medio de transporte	¿Con quién?	Alojamiento	Actividades	¿Qué te gustó más?

b **En grupos de cuatro. Cuéntales el viaje a tus compañeros y escucha los relatos de sus viajes. Luego, decidid cuál os parece el mejor viaje.**
四人一组。请将这次旅行说给同学听并听一听他们的旅行叙述，然后评出哪个是你们认为最好的旅行。

c **El alumno que "hizo" el mejor viaje de cada grupo se lo cuenta a la clase. Luego, todos los alumnos votan para elegir el mejor viaje de la clase.** 每一组的优胜同学将他的旅行经历告诉班上同学。然后由全班同学投票选出班级最佳旅行。

9 Famosos
名人轶事

OBJETIVOS 学习目标

- Contar la vida de una persona
  叙述一个人的生平
- Expresar certeza y evidencia
  表达确定性
- Expresar falta de certeza y evidencia
  表达不确定性

1 a ¿Te acuerdas de algunos de los principales monumentos de Barcelona? ¿Sabes algo de la Sagrada Familia?
你记得巴塞罗那的一些主要标志性建筑吗？你对圣家族教堂有所了解吗？

b Aquí tienes la biografía del autor de la Sagrada Familia; léela. 下面是圣家族教堂设计者的传记；请阅读。

Antonio Gaudí nació cerca de Reus (Tarragona) en el año 1852. A los quince años publicó algunos dibujos en una revista escolar. En 1873 empezó los estudios de arquitectura en Barcelona y los terminó en 1878. Aquel mismo año, don Eusebio Güell, mecenas que más tarde le estimuló en su labor artística, descubrió algunos trabajos suyos en la Exposición Universal de París.

Era una persona muy religiosa y en 1883 aceptó continuar las obras del templo de la Sagrada Familia, comenzadas dos años antes. En el año 1900 empezó el proyecto del parque Güell, y en 1904, el de la Casa Milà. Posteriormente rechazó otros encargos profesionales para dedicarse enteramente a la construcción del citado templo. El día 7 de junio de 1926 fue atropellado por un tranvía y murió tres días más tarde, sin haber terminado su obra más importante: la Sagrada Familia.

c Ahora escribe cuatro preguntas sobre la vida de Gaudí y formúlaselas a tu compañero.
现在请写出有关高迪(Gaudí)生平的四个问题并向你的同学提问。

2 a Lee el texto de nuevo y subraya las formas del pretérito indefinido.
请重新阅读短文并在简单过去时变位动词下划线。

b Elige seis de esas formas y escribe tres frases verdaderas y tres frases falsas sobre lo que quieras.
请选择六个简单过去时变位动词，并根据你自己所想的，写出三句与事实相符的句子和三句与事实不符的句子。

Goya nació en Portugal. (FALSA)

3 a **Fíjate.** 请注意。

Expresar certeza y evidencia
表达确定性

- *Goya nació en Portugal.*
- Es falso. **Estoy segura de que** nació en España.
- *Sí, es verdad.*

Expresar falta de certeza y evidencia
表达不确定性

- *Goya nació en Portugal.*
- **No estoy segura**, pero **creo que** es falso.
- *Sí, es falso. Fue un pintor muy famoso que nació en España.*

b **Ahora dile a tu compañero las frases que has escrito en la actividad 2b. ¿Sabe si son verdaderas o falsas?**
现在把你在练习2b所写的句子告诉同学。他知道哪些句子是真的，哪些是假的吗？

4 **Relaciona cada palabra o expresión con un dibujo. Puedes usar el diccionario o preguntar a tus compañeros o al profesor qué significa lo que no entiendas.** 请将单词或短语与下面的图片对应起来。不懂的地方可以查字典或询问同学和老师。

- Casarse
- Nacer
- Divorciarse
- Tener un hijo
- Conocer
- Entrar en la universidad
- Morirse
- Jubilarse
- Empezar a trabajar
- Volver a casarse
- Licenciarse

A

1922/Buenos Aires

B

1940/Madrid

C

1943

D

1945

E

1946

F

1948

G

1951

H

1959

I

1965

J

1987

K

2011/Madrid

A → *nacer*

5 a **Fíjate.** 请注意。

Pretérito indefinido 陈述式简单过去时

Para contar la vida de una persona.

Nació en Sevilla en 1933.
En 1952 **empezó** Medicina y **terminó** en 1958.
Se casó muy joven en 1955.
Vivió muchos años en Bilbao y **murió** en esa ciudad en 2011.

b **Ahora observa los dibujos de la actividad 4 y escribe la biografía de Ernesto Echevarría.**
现在请观察练习4中的图片并写出埃内斯托·埃切维里亚（Ernesto Echevarría）的生平。

Ernesto Echevarría nació en Buenos Aires en 1922. En 1940 entró en la Universidad de Madrid, donde estudió Ciencias Económicas…

6 a **Escucha esta entrevista de un programa de radio y haz una lista de los años que oigas.**
请听一个电台采访节目并将听到的年份列表写出。

2|4

b **Escucha la entrevista de nuevo y escribe qué hizo la persona entrevistada en cada año.**
请重听采访录音并写出被采访人过去每年都做了什么。

2|5

7 **En parejas.** 两人一组。

Alumno A

¡No mires la información del alumno B!

1. Lee esta ficha con información sobre la vida de Pepe Ferrer.

	DATOS PERSONALES
	Nombre: Pepe Ferrer.
¿Año?	**Nacimiento:** Valencia (..........).
¿Terminó los estudios?	Estudios: Bachillerato (Valencia, 1959-1965). **Psicología** (Madrid, 1965-1967).
¿Con quién? ¿Dónde?	Estado civil: **Casado** (Madrid, 1970).
	Muerte: **Accidente de tráfico** (1972).
	OTROS DATOS DE INTERÉS
	• Padre músico.
¿Qué drogas?	• Dos semanas en prisión por **consumo de drogas** (1971).
	DATOS PROFESIONALES
	1968: Primer concierto (Vigo).
	1969: Primer disco (*Aquí mismo*).
¿Con otros cantantes?	1970: **Actuación en el Festival de Ibiza.**
¿Qué papel hizo?	**Intervención en la película *Águilas rosas*,** de Juan Aguado.
	1971: Segundo disco (*¿Qué más?*).
¿Por qué países?	1972: **Gira europea.** Gran éxito.

2. Usa las pautas que hay a la izquierda de la ficha para pedir a tu compañero información sobre lo que está en negrita y escribe las respuestas. Luego, responde a sus preguntas.

3. Comprueba lo que has escrito con el artículo de tu compañero.

Alumno B

¡No mires la información del alumno A!

1. Lee este artículo sobre la vida de Pepe Ferrer.

HISTORIA DEL ROCK ESPAÑOL

Pepe Ferrer es uno de los músicos más interesantes de la historia del rock español.

¿Año? Nació en Valencia en el año 1948. Cuando **terminó el Bachillerato**, se trasladó a Madrid.

¿Qué estudios? En 1965 entró en la Universidad, pero dos años más tarde abandonó los **estudios**.

¿Dónde? En 1968 dio su primer concierto y un año más tarde sacó su primer disco (*Aquí mismo*). En 1970 **se casó** con la actriz Emma Muro y actuó en el Festival de Ibiza junto a Paco Riba, Jaime Tita, Frank Tappa y Félix Claxon.

¿Director? Posteriormente **intervino en la película** *Aguilas rosas*, donde hizo el papel de hermano de la protagonista.

¿Cuánto tiempo? En 1971 sacó su segundo disco (*¿Qué más?*) y **estuvo en prisión** por consumir marihuana en público.

¿Qué tal la gira? En 1972 **hizo una gira** por Italia, Francia, Holanda, Alemania y el Reino Unido. En noviembre de ese mismo año murió en un accidente de tráfico cerca de Barcelona.

2. Responde a las preguntas de tu compañero. Luego, usa las pautas que están a la izquierda de tu artículo para pedir información a tu compañero sobre lo que está en negrita. Escribe las respuestas.

3. Comprueba lo que has escrito con la ficha de tu compañero.

8 **Dos grupos [A y B].** 请组成两组(A 组和B组)。

a **Lee individualmente la biografía que te corresponda y pregunta a los miembros de tu grupo o al profesor qué significan las palabras que no conozcas.**
请独自阅读你所属小组该看的传记。如有你不认识的单词，请询问你组的组员或老师。

Grupo A

Este escritor y periodista latinoamericano nació en 1928 y vivió los ocho primeros años de su vida con sus abuelos. En 1947 empezó la carrera de Derecho para contentar a sus padres y empleó los años de sus estudios para leer mucha literatura de todas las épocas, sobre todo novelistas rusos e ingleses del siglo XIX, a quienes siempre ha admirado.

Trabajó de periodista en su país y en la agencia de noticias cubana Prensa Latina, de la que fue uno de sus fundadores. En 1955 publicó su primera novela, y en 1967, su obra más famosa, *Cien años de soledad*. En 1982 ganó el Premio Nobel de Literatura. También ha escrito guiones de cine y desde 1985 ha colaborado en la dirección de la Escuela Internacional de Cine de La Habana (Cuba), con el objetivo principal de formar cineastas latinoamericanos.

Es una persona muy imaginativa que trata la realidad de su país, Colombia, de manera fantástica, mágica y humorística. Además, siempre ha tenido un compromiso con los más pobres.

Grupo B

Nació en Málaga en 1881. A los catorce años se fue a vivir a Barcelona con su familia. En 1901 se trasladó a Madrid, donde fundó una revista. Se casó dos veces y tuvo varios hijos.

Era una persona muy humana y muy interesada por los problemas sociales y políticos. La guerra civil española fue motivo de una obra suya muy importante. En 1966 ganó el Premio Lenin de la Paz. Cuatro años más tarde cedió novecientas obras suyas a la ciudad de Barcelona.

De una gran capacidad de trabajo, realizó muchas obras en diferentes campos artísticos: cerámica, pintura y escultura. En 1972, la Universidad de París lo nombró doctor honoris causa. Cuando cumplió noventa años, Francia, país en el que vivió desde 1904, le hizo un gran homenaje nacional. Murió en 1973 y es uno de los españoles más famosos de todos los tiempos.

b **Decide con los miembros de tu grupo a qué famoso corresponde la biografía que has leído.**
与你小组的成员确认刚刚阅读的传记是哪位名人的传记。

c **Contad entre todos los miembros de tu grupo la vida de esa persona sin mirar el texto.**
在不看短文的前提下和你组成员一起叙述这位名人的生平。

d **En parejas (un alumno de cada grupo). Cuéntale a tu compañero la biografía de tu grupo. ¿Sabe de qué famoso estás hablando?** 你同另一组的一位同学组成一对（每组的任一同学）。你向他叙述你所属小组的名人传记。他听得出来你在叙述哪位名人吗?

9 **Habla con tu compañero del mejor año de tu vida. Dile cuál fue, por qué y qué otras cosas hiciste ese año.** 请和你的同学讲讲你生命中最好的年份。告诉他是哪一年、为什么以及那年你还做了其他什么事情。

10 **En grupos de cuatro. Repartíos los siguientes papeles:** 四人一组。扮演以下角色。

Alumno A

Eres María Morales, famosa actriz norteamericana de origen mexicano que acaba de llegar a Madrid para presentar su última película.

Alumno B

Eres el marido de María Morales y acompañas a tu mujer en su viaje a Madrid.

Alumnos C y D

Sois periodistas y vais a entrevistar a María Morales, famosa actriz norteamericana, y a su marido en la sala de prensa del aeropuerto de Barajas.

a **Alumnos A y B: Reconstruid la vida de María Morales a partir de los datos biográficos. Pensad también en sus futuros proyectos.** 学生A和B：在以下传记资料的基础上重组María Morales的生平。同时思考其未来的计划。

Alumnos C y D: Leed estos datos biográficos y escribid las preguntas que vais a hacer en la rueda de prensa. No olvidéis preguntarles por sus futuros proyectos. 学生C和D：阅读以下传记资料并写出在新闻发布会上你们将要提的问题。别忘了询问其未来的计划。

DATOS PERSONALES

Nombre: María Morales.

Familia: Padre mexicano y madre norteamericana. Dos hermanos. Casada dos veces. Un hijo.

DATOS PROFESIONALES

Estudios: Arte. Universidad Autónoma de México.

Doce películas.

Trabajó con prestigiosos directores.

Óscar a la mejor actriz por su interpretación en *Café y chocolate*.

Colaboración en dos obras de teatro.

Videoclip *Salvemos la Amazonia*.

Participación en varios proyectos sociales.

b **Haced la entrevista. Podéis grabarla.** 进行采访。可以录音。

Simón Bolívar 西蒙·玻利瓦尔

1 a **Comenta con tus compañeros las respuestas a estas preguntas.** 请和同学一起讨论以下问题的答案。

- ¿Has pensado alguna vez que podrían existir los Estados Unidos de América del Sur, una confederación de todas las naciones hispanoamericanas?
- ¿Crees que a lo largo de la historia ha habido personas que han intentado conseguir esa unión de naciones?

b **Lee y comprueba. Puedes usar el diccionario.** 请阅读短文并核对。可以查字典。

Simón Bolívar, "el libertador[1]", es el personaje más importante en la historia de la independencia[2] de los países latinoamericanos.

Nació en Caracas en 1783, estudió en Venezuela y Europa, y posteriormente[3] ingresó[4] en el ejército. Su ideal[5] fue la liberación[6] de las colonias españolas y unirlas[7] en una gran nación. Después de obtener varias victorias[8] ante los españoles, liberó los territorios[9] que actualmente corresponden[10] a Colombia, Ecuador, Panamá y Venezuela. Con ellos formó la República de la Gran Colombia y fue nombrado[11] su presidente.
En 1824 colaboró en la liberación de Perú y un año más tarde también fue nombrado presidente de Bolivia.

Pero su proyecto[12] de unión de las repúblicas hispanoamericanas tuvo unas dificultades que no pudieron ser superadas[13]. Las diferencias ideológicas, los problemas locales y la crisis económica fueron algunas de ellas. Las consecuencias[14] no tardaron en llegar: en 1827 tuvo que renunciar[15] a la presidencia de Perú, y en 1828 fue proclamado[16] dictador[17] para intentar evitar la división[18] de la Gran Colombia, hecho que se produjo poco después.

© Aita seudónimo de Rita Matilde de la Peñuela

c **Lee de nuevo y responde a estas preguntas:** 请重新阅读短文并回答问题。

- ¿Por qué se llama "el libertador" a Simón Bolívar?
- ¿Qué países formaron la República de la Gran Colombia?
- ¿Cuál fue el ideal de Bolívar?
- ¿Puedes mencionar alguno de los problemas que hicieron fracasar su proyecto?

1. Libertador *m.* quien pone a los humildes y oprimidos en libertad.
2. Independencia *f.* situación de una nación o territorio que es independiente.
3. Posteriormente *adv.* que se dice,se hace u ocurre después de una cosa.
4. Ingresar *intr.* entrar a formar parte de un conjunto.
5. Ideal *m.* conjunto de ideas políticas,morales o religiosas.
6. Liberación *f.* acción y resultado de liberar.
7. Unir *tr.* juntar dos o más cosas.
8. Victoria *f.* superioridad o ventaja que se consigue sobre el contrario en una lucha o competición
9. Territorio *m.* extensión de tierra de una nación.
10. Corresponder a *intr.* permanecer o tocar.
11. Nombrar *tr.* elegir o señalar para un cargo o una función.
12. Proyecto *m.* intención y plan de hacer una cosa.
13. Superar *tr.* vencer un obstáculo o una dificultad, sobrepasar, exceeder.
14. Consecuencia *f.* hecho o acontecimiento que sigue o resulta de otro.
15. Renunciar *tr.* abandonar una cosa o una actividad.
16. Proclamar *tr.* publicar con voz alta una cosa;hacer público el comienzo de un gobierno determinado.
17. Dictador *m.* persona que gobierna con un poder total.
18. División *f.* separación en partes,reparto entre varias personas.

d **¿Qué informaciones del artículo te parecen más interesantes? Coméntalas con tus compañeros.**
文中哪些信息你觉得有意思？请和同学们讨论。

Recuerda 记住要点

COMUNICACIÓN

Contar la vida de una persona

- Simón Bolívar nació en Caracas en el año 1783.
- Estudió en Venezuela y Europa.
- En 1824 colaboró en la liberación de Perú.

Expresar certeza y evidencia

- Cervantes nació en México.
- Es falso. Estoy seguro de que nació en España, cerca de Madrid.
- Sí, es verdad.

Expresar falta de certeza y evidencia

- Picasso vivió toda su vida en España.
- No estoy segura, pero creo que es falso.
- Sí, es falso. Vivió muchos años en Francia.

GRAMÁTICA

Pretérito indefinido

Verbos regulares

(Ver resumen gramatical, apartado 3.2.1)

Verbos irregulares

TENER
tuve
tuviste
tuvo
tuvimos
tuvisteis
tuvieron

(Ver resumen gramatical, apartado 3.2.2.2)

Cambio de *o* en *u* en las terceras personas: *dormir*, *morir*, etc.

DORMIR
dormí
dormiste
durmió
dormimos
dormisteis
durmieron

(Ver resumen gramatical, apartado 3.2.2.3)

Materiales complementarios 补充材料

1 a “¡Es mentira!” ¿Cuáles de estas informaciones son falsas? Coméntalo con la clase.

“说谎！”以下信息哪些是虚假的？请告诉同学。

1

Ernesto “Che” Guevara
Nació en Argentina y vivió muchos años en Cuba.

2

Albert Einstein
Descubrió la penicilina.

3

Leonardo da Vinci
Pintó *La Gioconda*.

4

Ludwig van Beethoven
Inventó un aparato reproductor de música.

5

Miguel de Cervantes
Escribió *El Quijote* en el siglo XX.

6

Frida Kahlo
Fue una pintora ecuatoriana.

© Guillermo Kahlo

7

Greta Garbo
Fue una actriz de cine inglesa.

8

Teresa de Calcuta
Ganó el Premio Nobel de la Paz.

9

Nelson Mandela
Estuvo preso 27 años por sus ideas y luego fue presidente de Sudáfrica.

© South Africa The Good News / www.sagoodnews.co.za

b Ahora escribe frases verdaderas y falsas sobre tu vida. 现在请写出有关你生平的真实的和虚假的句子。

Me casé hace dos años.

c En parejas. Díselas a un compañero con el que no has trabajado en esta lección. Cuando cree que una frase es falsa, dice “¡Es mentira!”. Si realmente es falsa, obtiene un punto; si es verdadera, lo obtienes tú.

两人一组。把这些句子告诉一位你在本课从未合作过的同学。当他认为句子是假的，就说“¡Es mentira!”。如果确为虚假的，就得一分；如果是真的，你得一分。

d Coméntale qué otras frases falsas no ha descubierto. Anótate un punto por cada una de ellas.

告诉他还有哪些他尚未觉察的虚假的句子。每说一句你得一分。

e ¿Quién tiene más puntos? 谁的分数最高？

2 a Un concurso. Relaciona las preguntas con las respuestas. 一场比赛。请将问题与答案对应起来。

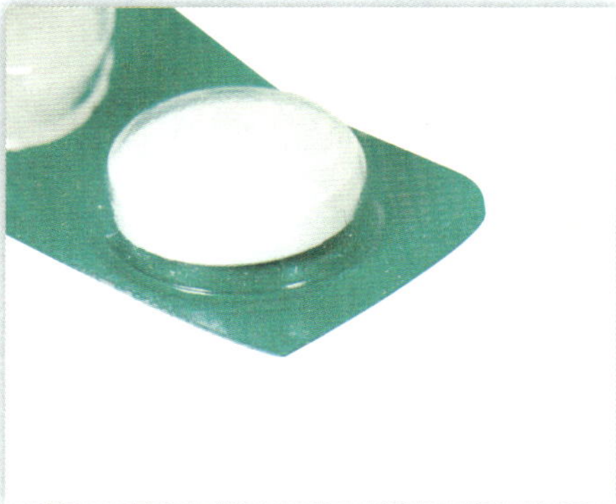

1. ¿Quién construyó el primer automóvil con motor de gasolina?
2. ¿Quién creó el primer sistema de telefonía móvil en 1979?
3. ¿En qué año pisó el ser humano la Luna por primera vez?
4. ¿Qué inventó el químico alemán Félix Hoffman?
5. ¿En qué año terminó la Segunda Guerra Mundial?
6. ¿Quién fue el pintor español más famoso del siglo xx?
7. ¿En qué año descubrió América Cristóbal Colón?

A. La aspirina.
B. En 1492.
C. Karl Benz.
D. En 1969.
E. La compañía sueca Ericsson.
F. Pablo Picasso.
G. En 1945.

b En grupos de cuatro. Vais a preparar un cuestionario sobre personajes y hechos pasados importantes. Escribid ocho preguntas. Podéis consultar el diccionario y pensar en: 四人一组。你们将准备一份有关名人和过去的重要事件的问卷。写出八个问题。可以查字典并思考以下话题：

- vidas de personajes famosos
- descubrimientos e inventos
- creaciones artísticas
- acontecimientos políticos o históricos

c Trabajad con otro grupo de cuatro. Si habéis buscado alguna palabra en el diccionario, enseñádsela a vuestros compañeros. 请与另一个四人组合作。如果你们已经在字典中查找了某个单词，请告诉另一组的同学。

d Por turnos, haced vuestras preguntas a ese grupo y responded a las suyas. ¿Qué grupo tiene más respuestas correctas? 轮流向对方四人组提出你们的问题并回答他们的提问。哪一组的答案对得多？

10 Permiso y favores 准许与帮忙

OBJETIVOS 学习目标

- **Pedir permiso** 请求准许
- **Dar o denegar permiso** 给予批准或不批准
- **Pedir un favor y responder afirmativa o negativamente** 请求帮忙及肯定与否定回答
- **Pedir ayuda** 请求帮助
- **Preguntar si está permitido hacer algo en un sitio** 询问在某地是否允许做某事
- **Pedir cosas y responder afirmativa o negativamente** 索要东西及肯定与否定回答
- **Pedir cosas prestadas y responder afirmativa o negativamente** 求借东西及肯定与否定回答

1 a Observa y lee. 请看图片并阅读对话。

b Responde a las preguntas. 请回答问题。

- ¿En qué diálogos se pide permiso para hacer algo?
- ¿En cuáles se pide un favor a otra persona?

2 Fíjate. 请注意。

Imperativo afirmativo 肯定命令式

Cuando concedemos permiso, podemos usar el imperativo.

Verbos con imperativo regular: 规则动词

	-AR	-ER	-IR
	PASAR	COGER	ABRIR
Tú	pasa	coge	abre
Usted	pase	coja	abra

Hay verbos que en imperativo tienen la misma irregularidad que en presente de indicativo:

	CERRAR	ENCENDER	VOLVER	PEDIR
Tú	cierra	enciende	vuelve	pide
Usted	cierre	encienda	vuelva	pida

Otros verbos con imperativo irregular: 其他一些不规则动词

	PONER	VENIR	IR	HACER	DECIR	TENER	SALIR
Tú	**pon**	**ven**	**ve**	**haz**	**di**	**ten**	**sal**
Usted	**ponga**	**venga**	**vaya**	**haga**	**diga**	**tenga**	**salga**

Imperativo afirmativo + pronombres de objeto directo *lo, la, los, las* 肯定命令式后可直接加宾格代词

- ¿Puedo coger el lápiz?
- Sí, sí. **Cógelo**.

- ¿Puedo abrir la puerta?
- Sí, claro. **Ábrela**.

- ¿Puedo cerrar las ventanas?
- Sí, sí. **Ciérralas**.

- ¿Puedo hacer los ejercicios ahora?
- Sí, claro. **Hazlos**.

3 a Lee las frases del 1 al 6. 请阅读句子1–6。

1. ¿Puedo encender la luz? Es que no se ve casi nada.
2. Tengo que hablar con unos amigos. ¿Puedo hacer un par de llamadas?
3. Perdona, ¿puedo coger un cigarrillo?
4. Ángel, ¿puedo tirar estos periódicos a la basura?
5. ¿Puedes traerme el diccionario de inglés?
6. Casi no se oye, ¿verdad? ¿Puedo subir el volumen?

A. Es que no sé dónde está.
B. A ver… sí, sí, tíralos.
C. Sí, claro. Súbelo.
D. Sí, claro. Hazlas, hazlas.
E. Lo siento, pero es que solo me queda uno.
F. Sí, sí. Enciéndela.

b Relaciona las preguntas con las respuestas. 请将问题与答案对应起来。

c Escucha y comprueba. 请听录音并核对。 2|6

4 **Escucha y repite.** 请听录音并跟读。

2|7

PERMISO 许可

1. • ¿Puedo cerrar la puerta?
   ○ Sí, sí. Ciérrala.
2. • ¿Puedo pasar?
   ○ Sí. Pasa, pasa.
3. • Begoña, ¿puedo coger el periódico para ver una cosa?
   ○ Sí, sí. Cógelo.
4. • ¿Puedo abrir la ventana?
   ○ Perdona, pero es que estoy un poco resfriada.
5. • Papá, ¿puedo utilizar tu coche mañana por la mañana?
   ○ Lo siento, pero lo voy a utilizar yo.

FAVORES 帮助

1. • María, ¿puedes ayudarme a terminar esto?
   ○ Sí, sí. Claro.
2. • ¿Puedes traer las servilletas, por favor?
   ○ Vale.
3. • ¿Puedes pasarme el agua, por favor?
   ○ Sí, claro.
4. • Pepe, ¿puedes ayudarme a hacer una traducción mañana?
   ○ Bueno, no sé...
5. • Perdona, ¿puedes ayudarme a hacer los deberes? Es que tengo bastantes dudas.
   ○ Lo siento, pero ahora no puedo. Tengo que irme ya.

5 **a** **Escucha los diálogos y marca la columna correspondiente.** 请听对话并在对应的栏中标出答案。

2|8

	Pide permiso	Pide un favor
1.		×
2.		
3.		
4.		
5.		
6.		

b **Escucha de nuevo y señala si las respuestas son afirmativas o negativas.**
请重听录音并指出回答是肯定的还是否定的。

2|9

6 **Ahora vosotros. En parejas.** 现在轮到你们练习了。两人一组。

Alumno A

Te vas de vacaciones y le pides unos favores a tu mejor amigo/-a:

- Llevarte al aeropuerto
- Dar de comer al perro
- Sacarlo a pasear
- Regar las plantas
- Ir a recogerte al aeropuerto

Si te pide permiso para hacer algunas cosas, decide si se lo concedes o no. Dile en cada caso por qué.

Alumno B

Tu mejor amigo/-a se va de vacaciones la semana que viene y te va a pedir unos favores. Tú se los vas a hacer, claro. Luego le pides permiso para hacer otras cosas:

- Usar su ordenador
- Llevar amigos a su casa
- Utilizar su bicicleta
- Organizar una fiesta en su casa

Explícale por qué.

7 a **Observa y lee.** 请看图片并阅读。

b **Mira estas señales y carteles, y di dónde puedes encontrarlos.** 请看这些标识和标牌并说出哪里可以找到它们。

c **Escribe qué se puede o no se puede hacer en cada caso. Puedes usar el diccionario si lo necesitas.**
请写出在每个情景中什么可以做，什么不能做。如需要可以查字典。

1. *Se puede pagar con tarjeta de crédito.*

Normas en clase 课堂规则

8 a **Habla con tu compañero y haced una lista de cosas que se pueden hacer y otra de cosas que no se pueden hacer en la clase de español.** 请同学一起讨论，并列出一张在西班牙语课上什么事情能做、什么不能做的清单。

b **Ahora decídselo a la clase. ¿Qué cosas están en todas las listas? Escribidlas en un cartel grande y ponedlo en una pared de la clase.** 现在请告诉班里的同学。哪些出现在了所有的列表里？请写在一张大张贴纸上并贴在教室的墙上。

EN CLASE DE ESPAÑOL	
Se puede...	**No se puede...**
... hablar español.	... dormir.

9 **En grupos de cuatro. Piensa en un lugar público y en lo que se puede y no se puede hacer allí. Tus compañeros te van a hacer preguntas para descubrir qué sitio es. Tú solo puedes contestar "sí" o "no".** 四人一组。想一个公共场所，在那里什么可以做，什么不能做。你的同学将向你提问来弄清那是什么地方。你只能回答"sí"或"no"。

- ¿Se puede fumar?
- No.

10 **Escucha y lee.** 请听录音并朗读。

2|10

- ¿Me das tu dirección?
- Avenida de...
- ¿Tienes un bolígrafo?
- No. Lo siento. ¡Ah!, mira, este chico tiene uno.
- Oye, perdona, ¿me dejas el bolígrafo un momento?
- Sí, toma.
- Gracias.

11 a **¿Qué dices para pedir estas cosas? Escríbelo en la columna correspondiente.**
要下列东西时你怎么说？将其写在对应的栏里。

• un chicle	• tu móvil	• 50 euros	• tu ordenador portátil
• tu cámara (fotográfica)	• un vaso de agua	• un cigarro	• una aspirina
• un poco de sal	• tu cazadora	• fuego	• el periódico

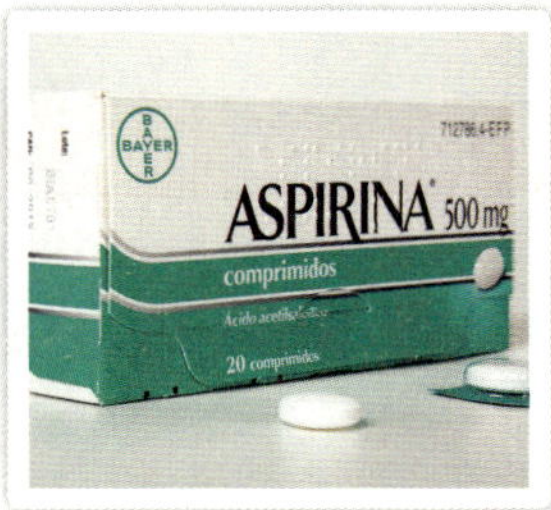

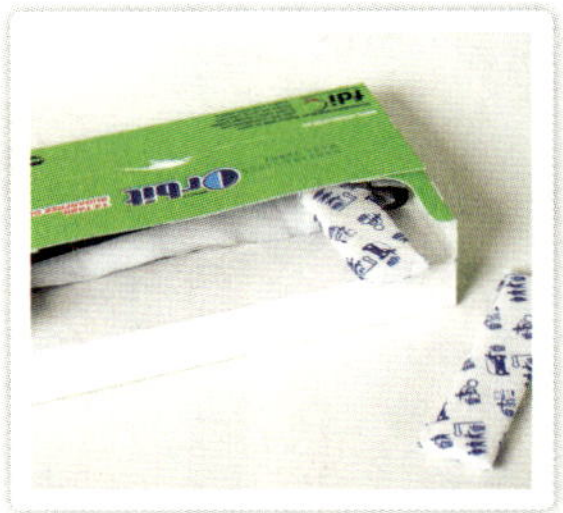

¿Me das...?	¿Me dejas...?
un chicle	tu móvil

b **En parejas. Piensa qué cuatro cosas quieres pedirle a tu compañero y pídeselas. Si él te pide algo, decide si se lo das o se lo dejas; en caso negativo, dile por qué.** 两人一组。请思考你想向同学要的四样东西。如果他向你要什么，请决定是给还是不给。在否定的情况下，请说出理由。

- *¿Me das un chicle?*
- *Sí, toma.*
  Es que no me quedan. Lo siento.

12 **Ahora vosotros.** 现在轮到你们练习了。

a) Es lunes. Esta mañana te has levantado tarde, has salido de casa corriendo y te has olvidado algunas cosas que traes normalmente a clase. Haz una lista de cinco cosas que no has traído.

No he traído el cuaderno.

b) Durante la mañana necesitas algunas de esas cosas. Pídeselas a tus compañeros. Si alguno de ellos te pide algo, dáselo o déjaselo; en caso negativo, no olvides decirle por qué.

- *¿Me das una hoja, por favor? Es que me he olvidado el cuaderno en casa.*
- *Sí, toma dos.*

Lenguaje de clase 课堂用语

13 a **Lee estas frases.** 请阅读下面的句子。

¿Puedo irme diez minutos antes? Es que tengo que...

¿Parecido y similar significan lo mismo?

No escribáis ahora, ya lo escribiréis después. Ahora escuchad.

¿Se puede decir "tengo ganas de tomar algo"?

¿Qué tenemos que hacer para mañana?

¿Podemos copiarlo ahora?

Para mañana vais a hacer una redacción sobre...

¿Ya está?

Ahora vamos a escuchar una grabación.

No me acuerdo.

¿Qué significa *estar harto*?

b **En parejas. Decidid quién las dice normalmente en clase (¿el alumno, el profesor o ambos?) y en qué momento de la clase. Luego, comentadlas con vuestros compañeros.** 两人一组。请说出通常谁在课堂上说这些话（学生？老师？还是两者兼有？），以及什么时候说这些话。然后和同学们讨论。

c **Piensa en otras frases que dice tu profesor a menudo y díselas a la clase.**
请再想一下，你的老师还经常说哪些话，告诉同学。

d **Comenta con tus compañeros las frases que dices frecuentemente en clase y fuera de clase. Explícaselas si no saben lo que significan.** 请和同学一起讨论你在课上和课下经常说的话。如他们不知道意思则给予解释。

La *ñ*, una letra muy española Ñ，一个只属于西班牙语的字母

1 a **Lee este texto y pregúntale al profesor qué significa lo que no entiendas.** 请阅读文章。不理解的地方请询问老师。

La *ñ* es la letra más característica de la lengua española. Se utiliza para escribir en nuestro idioma desde el siglo IX y fue creada para sustituir la grafía[1] *nn*. Como también hacen hoy los estudiantes para tomar apuntes[2], los antiguos copistas inventaron[3] signos de abreviación[4] para ahorrar tiempo en su trabajo. En lugar de escribir las dos enes, los frailes[5] de los monasterios[6] que elaboraban[7] los libros empezaron a poner una pequeña tilde[8] (~) sobre la *n* y, de esa forma, nació una nueva letra, la *ñ*. Posteriormente, fue tomada prestada por otras lenguas como, por ejemplo, el quechua o el tagalo.

Su reconocimiento[9] internacional ha llegado a los dominios de internet, de los que estuvo excluida[10] por el protagonismo[11] de la lengua inglesa y por la tecnología anglosajona[12].

Actualmente aparece junto a la letra *l* en los teclados[13] de ordenador *Qwerty* para el idioma castellano y no existe ningún equivalente[14] en el alfabeto[15] romano. Es una de las mejores representaciones[16] gráficas[17] de la lengua y cultura hispana y, por eso, su tilde forma parte del logotipo[18] del Instituto Cervantes, la mayor institución[19] mundial dedicada[20] a la enseñanza[21] del español y a dar a conocer las culturas de los países hispanohablantes.

1. Grafía *f.* letra o conjunto de letras que representan un sonido.
2. Apuntes(tomar) *m.pl.* notas.
3. Inventar *tr.* crear
4. Abreviación *f.* abreviatura
5. Fraile *m.* persona de sexo masculino que pertenece a una orden religiosa.
6. Monasterio *m.* edificio o casa en la que vive una comunidad de religiosos bajo unas reglas.
7. Elaborar *tr.* preparar un producto;dar forma o crear una idea,teoría o proyecto.
8. Tilde *m.f.* signo o rasgo escrito que se pone sobre ciertos caracteres.
9. Reconocimiento *m.* acción y resultado de reconocer
10. Excluir *tr.* echar fuera de un lugar o de un grupo;apartar o rechazar.
11. Protagonismo *m.* condición de protagonista;tendencia a estar en el primer plano de una actividad.
12. Anglosajón *adj.* de los pueblos de procedencia y lengua inglesa o que tiene relación con ellos.
13. Teclado *m.* conjunto ordenado de teclas.
14. Equivalente (a) *m.adj.* que es igual o equivale a otra cosa.
15. Alfabeto *m.* serie ordenada de las letras de un idioma.
16. Representación *f.* imagen o símbolo de una cosa;imitación perfecta.
17. Gráfico *adj.* de la escritura o la imprenta o que tiene relación con ellas.
18. Logotipo *m.* dibujo o símbolo que distingue a una empresa, institución o sociedad y a las cosas que tienen relación con ella.
19. Institución *f.* acción de instituir;proceso de ser instituido.
20. Dedicarse *prnl.* entregarse a una actividad determinada.
21. Enseñanza *f.* comunicación de conocimientos,habilidades, ideas,experiencias.

b **Responde a las preguntas.** 请回答问题。

1. ¿Cuándo se empezó a utilizar la *ñ*?
2. ¿Cómo se escribía anteriormente su sonido?
3. ¿Quiénes la crearon?
4. ¿Para qué la crearon?
5. ¿Existe actualmente en otros idiomas? ¿Por qué?
6. ¿Se ha podido usar siempre la *ñ* con los ordenadores?
7. ¿Por qué se menciona el Instituto Cervantes en el texto?

© Instituto Cervantes, derivative work: Mr. Ajedrez

c **Escribe durante un minuto el mayor número posible de palabras que tengan la letra *ñ*.**
请在一分钟时间内尽可能多地写出带字母ñ的单词。

español

d **Compara con tu compañero. ¿Quién tiene más palabras escritas correctamente?**
请和同学对比一下，谁写的正确单词更多？

e **Piensa en las respuestas a estas preguntas y coméntalas con la clase.**
请思考以下问题的答案并和同学一起讨论。

- ¿Tenéis palabras con el sonido *ñ* en tu lengua? ¿Con qué letra o letras se escribe?
- ¿Existe alguna letra representativa de tu lengua? ¿Cuál es?

Recuerda 记住要点

COMUNICACIÓN

Pedir permiso y dar o denegar permiso

- ¡Qué calor tengo! ¿Puedo abrir la ventana?

Informal: ○ Sí, claro. Ábrela, ábrela.
Formal: ○ Sí, claro. Ábrala, ábrala.
○ (Lo siento, pero) Es que yo tengo frío.

Pedir un favor y responder afirmativa o negativamente

- ¿Puede(s) traerme el diccionario, por favor?
○ Sí, claro.
○ (Lo siento, pero) Es que no sé dónde está.
○ (Perdone/-a, pero) Es que ahora no puedo.

Pedir ayuda

- Perdona, ¿puedes ayudarme a hacer esto?

Preguntar si está permitido hacer algo en un sitio

- ¿Se puede fumar aquí?

Pedir cosas y responder afirmativa o negativamente

Informal	Formal
● ¿Me das fuego?	● ¿Me da fuego?
○ Sí, toma.	○ Sí, tome.
○ (Es que) No fumo. Lo siento.	○ (Es que) No tengo. Lo siento.

Pedir cosas prestadas y responder afirmativa o negativamente

Informal	Formal
● ¿Me dejas tu libro?	● ¿Me deja su libro?
○ Sí, toma. / Sí, cógelo.	○ Sí, tome. / Sí, cójalo.
○ Es que lo necesito. Lo siento.	○ Es que lo necesito. Lo siento.

GRAMÁTICA

Imperativo afirmativo

(Ver resumen gramatical, apartado 3.5)

Imperativo afirmativo + pronombres de objeto directo

- Ciérrala.

(Ver resumen gramatical, apartados 3.5 y 4)

Materiales complementarios　补充材料

1 **Dominó del imperativo.**　命令式多米诺骨牌游戏。

En grupos de cuatro. Cada alumno toma ocho fichas sin verlas. Empieza a jugar el que tiene la ficha donde se lee "vaya". La pone en el centro de la mesa y, luego, dice la forma del imperativo ("di") que corresponde al infinitivo y al pronombre personal que hay escritos en ella ("decir, tú"). El que tiene la ficha donde se lee "di" continúa el juego poniendo esa ficha en la mesa y diciendo la forma del imperativo que corresponde al infinitivo y al pronombre personal escritos en ella. Si un alumno no recuerda una forma del imperativo, pierde un punto. Gana el que pierde menos puntos.　四人一组。每位学生抽取八张纸牌。从手里有"vaya"这张牌的学生开始，把牌放在桌子的中间，然后说出"decir, tú"的命令式，随后拿着写有"di"这张牌的学生接着放牌并说对应的命令式。如果有一位学生不记得对应动词的命令式，就失去一分。失分最少者胜出。

Permiso y favores: Juego de diálogos
准许和帮忙：对话游戏

2 a **En grupos de cuatro (pareja A y pareja B). Cada pareja juega con una ficha de color diferente a la de la otra pareja y empieza en la casilla que le corresponda.**
四人一组（每组分A对和B对）。每对持不同颜色的牌并从对应的格子开始游戏。

b **Por turnos. Cada pareja avanza una casilla y representa un diálogo incluyendo la palabra o palabras que hay en ella. Si no lo hace correctamente, pierde un turno. Gana la que llega antes al otro extremo.**
轮流玩。每对前进一格就要用格子中的单词或单词群编一个对话。如对话有误，则输一轮。哪一对先走到终点，那一对便胜出。

Pareja A: Traerme →
- *¿Puedes* ***traerme*** *el periódico, por favor?*
- *Sí, claro.*

Pareja B: Hazla →
- *¿Puedo hacer una llamada desde tu teléfono? Es que es urgente.*
- *Sí, sí.* **Hazla**.

A ↓		**Me dejas**	**Enciéndela**	**Ábralas**
Traerme		**Súbelo**		**Tómalo**
Ciérrala		**Lo siento**		**Lo necesito**
Me das		**Llevarme**		**Recogerme**
Ponla		**Cójala**		**Hazla**
Se puede	**Tírelo**	**Concentrarme**		↑ **B**

Repaso 2
复习课 2

LECCIONES 课文

1 a Escribe el contrario de cada una de estas palabras. 请写出以下单词的反义词。

cómodo ancho nacer ponerse casarse

mejor llevar llegar corto pedir

b Ahora escribe una frase con las que te parezcan más difíciles. 请用你觉得最难的单词造句。

c Intercámbialas con un compañero y corrige las suyas. 请和同学交换、相互批改句子。

2 a Piensa en los tiempos verbales que has estudiado en las lecciones 6-10 y anota las formas verbales con las que tengas más dificultades. 请回忆6–10课所学过的动词时态，并写出你感觉最难的动词变位。

b En parejas. Díselas, por turnos, a tu compañero para que haga una frase o un minidiálogo con cada una de ellas. Si lo hace correctamente, obtiene un punto. Gana el que consigue más puntos.
两人一组。把这些动词变位告诉同学并让他用这些单词造句或编写一小段对话。如他所造的句子正确，则得一分。谁得分最多谁胜出。

3 a Piensa en alguna excursión que hiciste y te gustó mucho (si no te acuerdas de ninguna, imagínate una). Luego rellena la ficha.
请回忆一次你经历过的让你格外喜欢的郊游（如一个都想不起来那么请编写一个）。然后完成表格。

Destino:	
Medio de transporte:	
Duración del viaje:	
Monumentos/lugares visitados:	
Compras/recuerdos:	
Otras actividades:	
Lo que más te gustó:	

b En grupos de tres. Hazles preguntas a tus compañeros sobre sus excursiones para decidir cuál de ellas te gustaría hacer. 三人一组。请问一问同学们的郊游经历，并选出让你跃跃欲试的那一个。

4 a Observa la imagen y escribe frases con informaciones verdaderas o falsas sobre lo que están haciendo esas personas. 请看图片，并根据这些人正在做的事情写一些包含真实或虚假信息的句子。

El niño rubio está...

b Díselas a tu compañero para que confirme si son verdaderas o falsas.
请把所造的句子告诉同学，他来确认它们是真实的还是虚假的。

c Imagínate que eres una de las personas de la imagen, pero no le digas quién a tu compañero; él debe adivinarlo. 设想你是图片中的某个人物，但不要告诉你的同学是哪一个。让他猜测一下。

- *¿Estás leyendo el periódico?*
- *No.*
- *¿Estás...?*

5 a Escucha un programa de radio y responde a las preguntas. 请听一段电台节目并回答问题。

2|11

- ¿Qué tipo de programa de radio es: un noticiario, una entrevista o un concurso?
- ¿De qué personaje famoso hablan?

b Ahora escucha y escribe las cuatro preguntas que oigas. 现在请重听录音并写下你听到的四个问题。

2|12

c Escucha de nuevo y escribe las respuestas que oigas. 请再听一遍录音并写出你听到的答案。

2|13

6 a En parejas. Escribid una biografía de vuestro profesor con la información que tengáis de él. Podéis añadir otros datos que creáis que son verdad. 两人一组。用所掌握的信息给你们老师写传记。可以添加其他你们认为是真实的资料。

b Dádsela al profesor para que os diga qué cosas de las que habéis escrito son verdaderas y cuáles son falsas. Aprovechad para preguntarle todo lo que queráis saber sobre su vida. 请将写好的传记交给老师，并请他告诉你们所写的信息当中哪些是真的哪些是假的。利用这个机会向老师询问任何你们想了解的有关他生平的信息。

c Reconstruid su biografía entre todos. 大家一起重新编写老师的传记。

BLA, BLA, BLA... 叽哩呱啦

7 En grupos de cuatro. Juega con un dado y una ficha de color diferente a la de tus compañeros.
四人一组。一个骰子，以及每人一张不同颜色的卡片。

Instrucciones 规则

1. Por turnos. Tira el dado y avanza el número de casillas que indique. 轮流掷骰子，并根据掷出的数字在格子中前进。
2. Habla del tema de la casilla en la que caigas. Puedes decir todo lo que quieras. 请根据所在格子的内容说一段话，你可以畅所欲言。
3. Si no dices nada, retrocede a la casilla donde estabas antes de tirar. 如果你什么都没说，请退回到没掷骰之前的位置。
4. ¡Atención a las casillas verdes y rojas! 请注意绿色格子和红色格子。

SALIDA	9 Cinco cosas que hiciste anteayer.	10 Un juego que te gusta.	19 ¿Qué acabas de hacer?	20 Algo que no se puede hacer en clase.
1 Una profesión que no te gusta.	8 Pide una cosa a un compañero.	11 Lo que piensas del dinero.	18 Un regalo que te gustó mucho.	21 DOS TURNOS SIN JUGAR
2 Cuatro cosas que has hecho hoy.	7 UN TURNO SIN JUGAR	12 Tus planes para el próximo fin de semana.	17 Explica una palabra difícil a tus compañeros.	22 Cinco palabras que empiezan por *c*.
3 Una palabra en español que te gusta mucho.	6 Una de las últimas palabras que has aprendido.	13 Tu comida preferida.	16 Un lugar ideal para pasar las vacaciones.	23 Un concierto que te gustó mucho.
4 TIRA OTRA VEZ	5 Algo que hiciste el año pasado.	14 TIRA DOS VECES	15 Dos cosas que todavía no has hecho hoy.	24 Un país que no conoces y te gustaría visitar. ¿Por qué?

30 Dos palabras que terminan en *n*.	**31** Una ciudad donde no te gustaría vivir.	**42** **TIRA OTRA VEZ**	**43** Una película que te gustó mucho.	**LLEGADA**
29 Algo que hay que hacer en clase.	**32** Pide un favor a un compañero.	**41** Deletrea una palabra muy larga.	**44** Tus planes para el próximo verano.	**53** Tu último viaje.
28 **TIRA OTRA VEZ**	**33** La ropa que te gusta.	**40** Tu opinión sobre la lengua española.	**45** El mejor día de tu vida.	**52** El profesor ideal.
27 Una fecha importante para ti.	**34** Una palabra difícil de recordar.	**39** Un famoso de tu país.	**46** Seis cosas que puedes comprar en un supermercado.	**51** Tu opinión sobre este juego.
26 El último fin de semana.	**35** **DOS TURNOS SIN JUGAR**	**38** Tus mejores vacaciones.	**47** Pide una cosa prestada a un compañero.	**50** Un libro que te gustó.
25 Di los meses del año.	**36** ¿Qué prefieres: el campo o la ciudad?	**37** Algo que tienes que hacer y no te gusta.	**48** Una palabra difícil de pronunciar.	**49** **UN TURNO SIN JUGAR**

8 a En grupos de cuatro. Lee la biografía de este personaje famoso y averigua con tus compañeros el significado de las palabras que no conozcas. 四人一组。请阅读以下名人的传记，并和同学一起查一查不认识的单词。

LA BIOGRAFÍA DE...

Nació en Londres en 1889. Hijo de actores de ***music-hall***, su padre murió totalmente alcoholizado en 1894. Ese mismo año actuó por primera vez en el teatro. Como su familia era muy pobre, su hermano y él tenían que actuar en la calle para ganar algo de dinero. Después, cuando su madre se volvió loca, fue internada en un manicomio y ellos entraron en un orfanato.

En 1910 empezó a trabajar en una compañía de niños bailarines. Más tarde entró en la compañía donde trabajaba su hermano, con la que fue a Estados Unidos.

En 1913 trabajó por primera vez en el cine: tuvo que sustituir a un actor. A partir de ese momento colaboró con varias productoras americanas e intervino en muchas películas como actor y director.

Hizo muchas veces el mismo papel, que era muy cómico. En la primera ceremonia de los Óscar (1928) ganó un premio especial por sus muchas y variadas cualidades. Cuarenta y cuatro años más tarde obtuvo otro Óscar.

Se casó cuatro veces y murió en 1977 en un país europeo.

b Decide con ellos a qué famoso corresponde la biografía; si no lo sabéis, pedidle alguna pista al profesor.
请和同学探讨这是哪位名人的传记。如果你们不知道，请老师给一些线索。

c Comenta con la clase las informaciones que más te sorprendan.
请和同学一起讨论文中最让你吃惊的信息。

9 a **Escribe en casa la biografía de un famoso al que conozcan tus compañeros, pero no menciones su nombre. Puedes buscar información en internet, consultar enciclopedias, el diccionario, etc.** 在家中撰写一位大家都知道的名人的传记，别提他的名字。可以在互联网上查找信息，或查阅百科全书、字典等等。

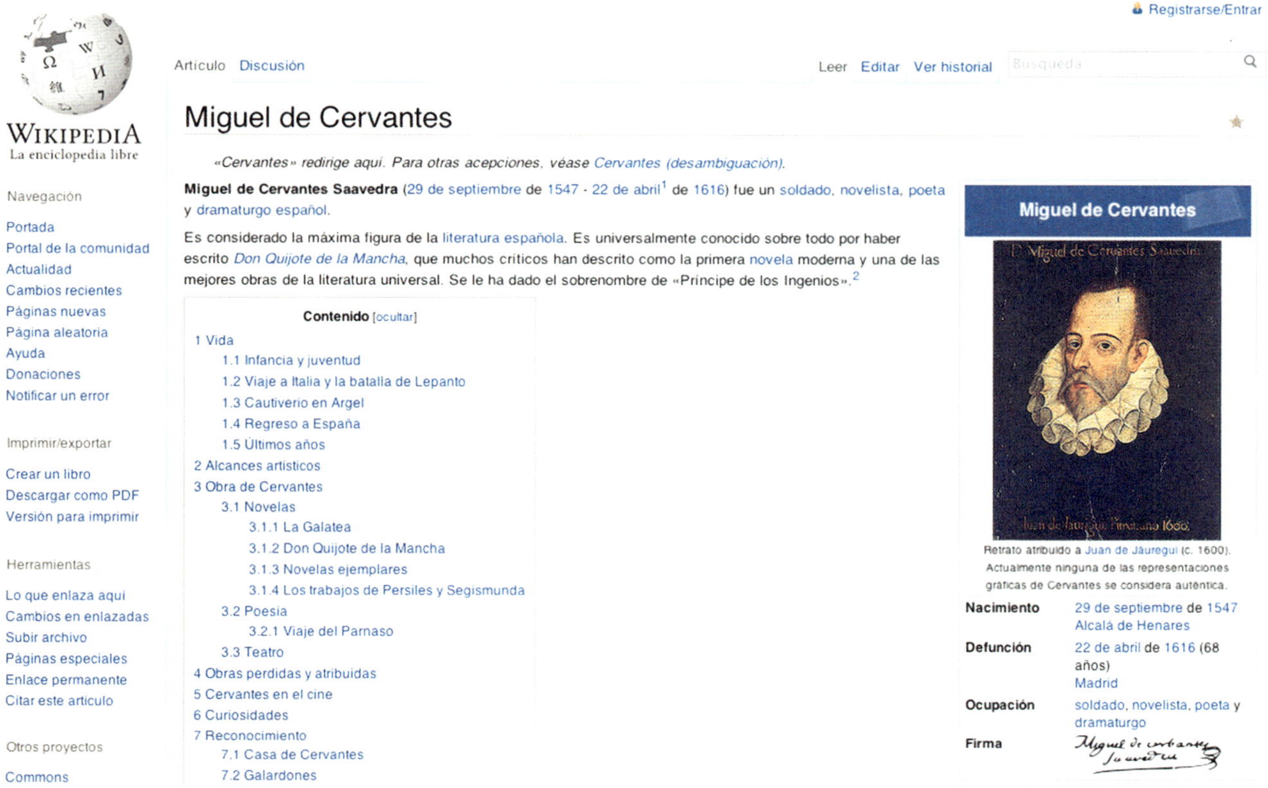

Registrarse/Entrar

WIKIPEDIA
La enciclopedia libre

Artículo Discusión　　Leer Editar Ver historial　Búsqueda

Miguel de Cervantes

«Cervantes» redirige aquí. Para otras acepciones, véase Cervantes (desambiguación).

Miguel de Cervantes Saavedra (29 de septiembre de 1547 - 22 de abril[1] de 1616) fue un soldado, novelista, poeta y dramaturgo español.

Es considerado la máxima figura de la literatura española. Es universalmente conocido sobre todo por haber escrito *Don Quijote de la Mancha*, que muchos críticos han descrito como la primera novela moderna y una de las mejores obras de la literatura universal. Se le ha dado el sobrenombre de «Príncipe de los Ingenios».[2]

Contenido [ocultar]

1 Vida
1.1 Infancia y juventud
1.2 Viaje a Italia y la batalla de Lepanto
1.3 Cautiverio en Argel
1.4 Regreso a España
1.5 Últimos años
2 Alcances artísticos
3 Obra de Cervantes
3.1 Novelas
3.1.1 La Galatea
3.1.2 Don Quijote de la Mancha
3.1.3 Novelas ejemplares
3.1.4 Los trabajos de Persiles y Segismunda
3.2 Poesía
3.2.1 Viaje del Parnaso
3.3 Teatro
4 Obras perdidas y atribuidas
5 Cervantes en el cine
6 Curiosidades
7 Reconocimiento
7.1 Casa de Cervantes
7.2 Galardones

Navegación
Portada
Portal de la comunidad
Actualidad
Cambios recientes
Páginas nuevas
Página aleatoria
Ayuda
Donaciones
Notificar un error

Imprimir/exportar
Crear un libro
Descargar como PDF
Versión para imprimir

Herramientas
Lo que enlaza aquí
Cambios en enlazadas
Subir archivo
Páginas especiales
Enlace permanente
Citar este artículo

Otros proyectos
Commons

Miguel de Cervantes

Retrato atribuido a Juan de Jáuregui (c. 1600). Actualmente ninguna de las representaciones gráficas de Cervantes se considera auténtica.

Nacimiento	29 de septiembre de 1547 Alcalá de Henares
Defunción	22 de abril de 1616 (68 años) Madrid
Ocupación	soldado, novelista, poeta y dramaturgo
Firma	

b **Entrégasela al profesor, que se la dará a otro estudiante para que adivine quién es el personaje. Si lo necesita, dale alguna pista.**
请将传记交给老师，他将把它交给另一位同学让他猜这个人是谁。如果他需要，可以给他一点提示。

c **Colócala en una pared del aula para que la puedan ver los demás compañeros.**
请将传记贴在教室墙上以便所有同学都能看到。

11 ¿Cómo quedamos?
我们怎么约？

OBJETIVOS 学习目标

- **Iniciar una conversación telefónica**
  开始电话交谈
- **Preguntar por una persona y responder**
  电话询问某人及回答
- **Hablar de espectáculos: horarios y lugares** 谈论演出：时间与地点
- **Proponer o invitar** 提议及邀请
- **Aceptar una propuesta o invitación**
  接受建议与邀请
- **Rechazar una propuesta o invitación**
  拒绝建议与邀请
- **Concertar citas** 商定约会

1 a Observa los dibujos y completa los diálogos con las frases del recuadro. Pregunta al profesor qué significa lo que no entiendas. 请看图片并用方框内的句子完成对话。不理解的地方请询问老师。

- ¿De parte de quién?
- No, no está. Volverá después de comer.
- Sí, soy yo.
- Ahora se pone.
- Se ha equivocado.
- En este momento no puede ponerse.
- ¿Quieres dejar un recado?

1

2

3

4

5

6

7

b Escucha y comprueba. 请听录音并核对。

2|14

Fonética 语音

Entonación 语调

2 **Escucha y repite.** 请听录音并跟读。

2|15

- ¿Está Isabel?
  - Sí, soy yo.
  - No, no está.
  - ¿De parte de quién?
  - Un momento, ahora se pone.
  - No, no es aquí. Se ha equivocado.
  - Sí, pero ahora no puede ponerse. ¿Quieres dejar un recado?

3 **¿Qué dices por teléfono en cada una de estas situaciones? Fíjate en la actividad 1 y escríbelo.**
在下列的电话情景中你会怎么说？参照练习1并将其写出。

1. • ¿Diga?
   ○ ¿Está Pablo? ....

   Pregunta por Pablo.

2. • ¿Está Félix?
   ○ ....

   Di que eres tú.

3. • ¿Está Juana, por favor?
   ○ ....

   Juana no vive contigo.

4. • ¿Está Jaime?
   ○ ....

   Sí, está en el baño.

5. • ¿El señor Acosta, por favor?
   ○ ....

   Pregunta quién le llama.

6. • ¿Sí?
   ○ ....

   Pregunta por Ángeles.

7. • ¿Puedo hablar con Alicia, por favor?
   ○ ....

   Di que está ocupada. Ofrece la posibilidad de dejar un recado.

8. • ¿Está Mario, por favor?
   ○ ....

   Di que le vas a avisar.

4 **Escucha estos diálogos y marca en el cuadro lo que pasa en cada caso.**

2|16

请听对话并在表格中标出每种情况都发生了什么。

	Comunica.	No contesta.	No está en casa.	No puede ponerse.	Es esa persona.	Se ha equivocado.
1.						
2.						
3.						
4.						
5.						
6.						
7.						

5 **En parejas (A–B). Tapa las instrucciones de tu compañero y lee solo las que te correspondan. Luego, habla por teléfono con tu compañero.**

两人一组（A和B）。遮住同学的指令，只阅读你的。然后与你的同学进行电话交谈。

Alumno A

1. Contesta al teléfono, infórmate de quién llama y reacciona (como quieras) a lo que te diga tu compañero.
2. Llama por teléfono a casa de tu compañero y pregunta por la persona que quieras.

Alumno B

1. Llama por teléfono a casa de tu compañero y pregunta por Cecilia, su hermana.
2. Contesta al teléfono, infórmate de quién llama y reacciona (como quieras) a lo que te diga tu compañero.

6 **¿Verdadero o falso? Observa estos anuncios y entradas, y márcalo.**
判断对错。请观察这些广告和入场券，并标出答案。

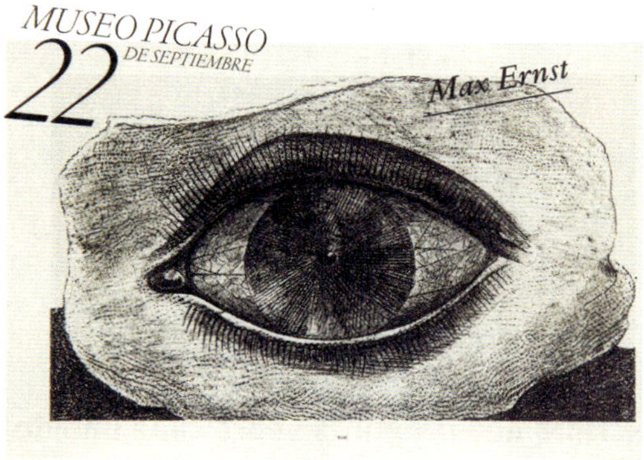

	V	F
1. En los cines Verdi ponen la película *La cita*.	☐	☐
2. El concierto del brasileño Jayme Marques es el día 31 a las once de la noche.	☐	☐
3. En el Museo Nacional del Prado hay una exposición de Max Ernst.	☐	☐
4. Los martes se puede tomar una copa en el club Contraclub.	☐	☐
5. El restaurante El Estragón es solo para vegetarianos.	☐	☐
6. Gabriela Acher es la actriz principal de una obra de teatro que hay en el teatro Fernán Gómez.	☐	☐

7 **Lee las siguientes preguntas y busca las respuestas en los anuncios y entradas de la actividad anterior.**
请阅读问题并在前一个练习中的广告和入场券里寻找答案。

A. ¿Qué película ponen en los cines Verdi?

B. ¿Qué exposición hay en el Museo Picasso?

C. ¿Qué tipo de comida se puede tomar en El Estragón?

D. ¿Dónde es el concierto de Jayme Marques?

E. ¿Cuánto cuesta una entrada de cine?

F. ¿Qué obra se puede ver en el teatro Fernán Gómez?

G. ¿Qué espectáculos hay en el club Contraclub?

8 a **En parejas. Pensad en algunos espectáculos de actualidad y escribid una pregunta sobre cada uno de ellos.**
两人一组。想一些当下正在进行的演出并就每一场演出写出一个问题。

¿En qué cine ponen la película…?

b **Haced las preguntas a otra pareja. ¿Saben las respuestas?** 请向另一组提问。他们知道答案吗?

Invitaciones 邀请

9 a **Escucha estos dos diálogos con el libro cerrado y ayuda al profesor a escribirlos en la pizarra.**
合上书，听两段对话并帮助老师把它们写在黑板上。

2|17

1
- ¿Vamos a tomar algo?
- Vale. De acuerdo.

2
- ¿Quieres venir al cine conmigo?
- Lo siento, pero no puedo. Es que tengo que estudiar.

b **Ahora practícalos con tu compañero.**
现在请和你同学一起练一练这些对话。

10 a **Lee los nombres de actividades. Señala dos de ellas que te gustaría hacer y dos que no quieres hacer.** 请阅读这些活动的说法，指出其中两个你想做的和两个你不想做的。

Ver una película de terror.

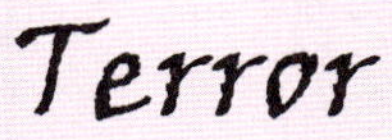

Ir a un concierto de *jazz*.

Jugar al tenis.

Ir a ver un partido de fútbol.

Ir a un concierto de *rock*.

Ver una obra de teatro.

Dar una vuelta.

Ir a tomar unas tapas.

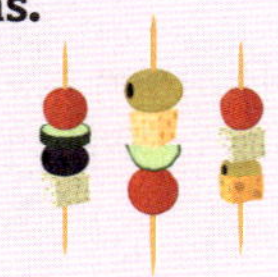

b **Invita a dos compañeros a lo que te gustaría hacer. Si te invitan a ti, puedes aceptar o rechazar la invitación; en este último caso, pon una excusa.** 邀请两位同学参与你想做的事。如果他们邀请你，你可以接受或拒绝邀请。如果拒绝，请说出理由。

Citas 约会

11 a **Lee estas frases y pregunta al profesor qué significa lo que no entiendas. Luego, intenta ordenar el diálogo.** 请朗读句子。不懂的地方请询问老师。然后试着排序。

- [ ] Vale. De acuerdo. ¿Y qué podemos hacer? ¿Hay algo interesante?
- [ ] Pues mira, hay una exposición de Miquel Barceló en el Reina Sofía.
- [ ] Es que no me va bien tan pronto. ¿Qué te parece a las seis?
- [ ] ¡Ah! Muy bien. Me encanta Miquel Barceló. ¿Cómo quedamos?
- [1] Oye, ¿nos vemos mañana por la tarde?
- [7] Vale. Entonces quedamos a las seis.
- [ ] No sé... podemos quedar a las cinco en la puerta.

b **Escucha y comprueba.** 请听录音并核对。 2|18

Fonética 语音 — Entonación 语调

12 **Escucha y repite.** 请听录音并跟读。 2|19

- ¿Nos vemos mañana por la tarde?
- ¿Qué podemos hacer?
- ¿Hay algo interesante?
- ¿Cómo quedamos?
- No me va bien tan pronto.
- ¿Qué te parece a las seis?

13 **Fíjate.** 请注意。

Propuestas, invitaciones y citas 建议、邀请和约会

Proponer o invitar 提议或邀请

- ¿Vamos al cine esta noche?
- ¿Quieres ir al cine esta noche?

Aceptar o rechazar una propuesta o invitación 接受或拒绝建议或邀请

- Vale / De acuerdo / Muy bien.
- Lo siento, pero no puedo. Es que tengo que estudiar / un compromiso.

Concertar citas 商定约会

- ¿Quedamos / ¿Nos vemos | mañana por la noche?
- ¿Cómo quedamos?
- Podemos quedar a las ocho delante del cine.
- No me va bien a esa hora.
- ¿Qué te parece a las nueve?
- Muy bien / Vale / De acuerdo.

14 **Escucha estas conversaciones entre amigos y completa el cuadro.** 请听朋友间的对话并填写表格。

2|20

	¿Quedan?	¿Qué día?	¿A qué hora?	¿Dónde?	¿Para qué?
1.			a las seis		no se sabe
2.		el miércoles			
3.					
4.					
5.	sí			en el bar de enfrente	

15 a **Consulta la cartelera de un periódico local y completa tres días de tu agenda con las actividades que quieres hacer.** 请查询一份本地报纸的广告栏并在记事本里写下三天内你想开展的活动。

b **Elige un espectáculo que te gustaría ver. Luego, llama por teléfono a uno o varios de tus compañeros para quedar con alguno que quiera y pueda acompañarte.** 请选择一场你想观看的演出。然后电话邀请一个或几个同学，并和他们中愿意且能陪你去的人相约。

16 a Lee estas invitaciones y estas respuestas. Luego, empáréjalas. 请阅读以下邀请和回答。然后将它们对应起来。

B

A

C

D

E

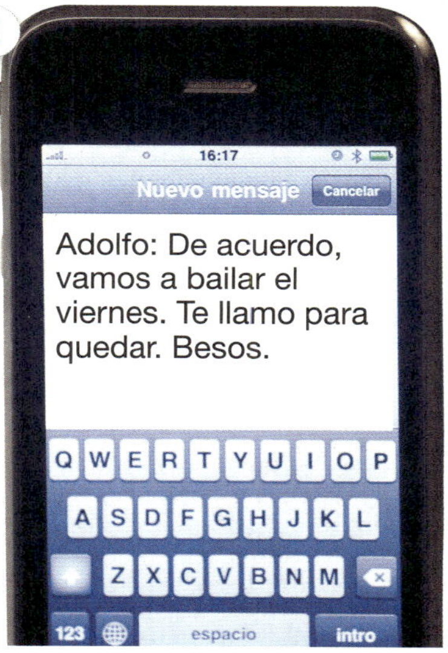

F

b Ahora escribe una invitación, pero no la firmes. Luego, dásela al profesor.
现在写一封邀请函，但不要署名。然后交给老师。

c Lee la invitación que te ha dado el profesor y escribe una respuesta. Luego, busca al autor de la invitación y dale la respuesta. 请阅读老师给你的邀请函并写答复。然后，寻找邀请函的作者并给予其答复。

Películas de España y América Latina
西班牙和拉丁美洲的电影

1 **Mira este cartel y escribe:** 请看这张海报并写出：

El título de la película.

....

....

Cómo lo traducirías❶ en tu lengua.

....

....

El nombre de la actriz principal.

....

....

El nombre del director.

....

....

El número de cines que la ponen.

....

....

2 **Ahora piensa en una película que has visto recientemente. Di a tu compañero quiénes son el actor y la actriz principales, el director y en qué cine la ponen. ¿Sabe qué película es?**

现在回想你最近看过的一部电影。告诉你的同学男女主角和导演谁是，在哪家电影院上映。他知道是哪部影片吗？

❶ Traducir *tr.* expresar en un idoma lo que se ha dicho o escrito en otro.

3 a **Lee estos títulos de películas. Pregunta al profesor las palabras que no entiendas.** 请看下列电影名。不认识的单词请询问老师。

Abre los ojos

Hola, ¿estás sola?

EL CIELO GIRA

Mar adentro

Te doy mis ojos

VOLVER

Una hora más en Canarias

TODO SOBRE MI MADRE

Barrio

Taxi para tres

Nueve reinas

¡Ay, Carmela!

LA VENDEDORA DE ROSAS

Fresa y chocolate

EL SUR

Las cartas de Alou

Flores de otro mundo

La familia

Un lugar en el mundo

EL HIJO DE LA NOVIA

b **Elige uno de esos títulos y haz mimo para que tus compañeros adivinen cuál es. ¡Recuerda que no puedes hablar!** 请在这些片名中挑选一个并模仿，让同学们猜是哪一部。请注意，你模仿时不能说话！

Recuerda 记住要点

COMUNICACIÓN

Iniciar una conversación telefónica

Preguntar por una persona y responder

- ¿Diga? / ¿Dígame? / ¿Sí?
- ¿Está Ignacio?
- Sí, soy yo.
- ¿De parte de quién?
- Un momento, ahora se pone.
- En este momento no puede ponerse. Está en la ducha.
- No, no está. ¿Quieres dejar un recado?
- No, no es aquí. Se ha equivocado.

GRAMÁTICA

Presente de indicativo

Verbos irregulares: alternancia *o-ue*

Verbo *poder*

COMUNICACIÓN

Hablar de espectáculos: horarios y lugares

- ¿Qué día actúa Rita Sosa?
- ¿A qué hora?
- ¿En qué cine ponen *El Sur*?
- ¿Qué hay en la Galería Estampa?
- El viernes actúa León Gieco en Zaragoza.

Proponer o invitar y aceptar o rechazar una propuesta o invitación

- ¿Vamos al cine esta noche? ¿Quieres venir?
- Vale / De acuerdo / Muy bien.
- Lo siento, pero no puedo. Es que tengo que estudiar / un compromiso.

Concertar citas

- ¿Quedamos / ¿Nos vemos | mañana por la noche?
- ¿Cómo quedamos?
- Podemos quedar a las ocho delante del cine.
- No me va bien a esa hora.
- ¿Qué te parece a las nueve?
- Muy bien / Vale / De acuerdo.

GRAMÁTICA

Presente de indicativo: verbos de uso frecuente con alternancia *o-ue*

Poder, volver, doler, acostarse, contar, dormir, encontrar, acordarse, costar.

(Ver resumen gramatical, apartado 3.1.2.2)

***Querer* + infinitivo**

- ¿Quieres ir al teatro esta tarde?

***Poder* + infinitivo**

- Ahora no puede ponerse. Está en una reunión.
- Podemos ir a ver una exposición.

Presente de indicativo con valor de futuro

- Mañana actúa Joan Manuel Serrat en Salamanca.

(Ver resumen gramatical, apartado 3.1)

1 a Juego de frases. En parejas [alumno A y alumno B]. Juega con una ficha de color diferente a la de tu compañero. Empieza en la casilla que te corresponda. 造句游戏。两人一组（学生A和学生B）。用一张与你同学不同颜色的卡片并从对应的格子开始游戏。

b Por turnos. Avanza una casilla y di una(s) frase(s) correcta(s) con la(s) palabra(s) que hay en la casilla a la que llegues. Si no está(n) bien, pierdes un turno. Gana el que llega antes al otro extremo. 轮流进行。请你前进一格并使用你到达格子内的单词造出正确的句子。如有误，则失一轮。先走到终点的同学胜出。

Alumno A: Parte → *¿De parte de quién?*
Alumno B: Es que → *Hoy no puedo salir. Es que tengo que estudiar.*

A ↓		Algo	Volverá	Quieres
Parte		Equivocado		Entrada
Ponerse		Va bien		Se pone
Quedamos		Recado		Nos vemos
Reunión		Ponen		Es que
Siento	Te parece	Entonces		↑ B

2 a **Un problema lógico. Lee la información y las pistas y completa el cuadro.**
逻辑题。请阅读信息和提示并填写表格。

Seis amigos (Paloma, Manoli, Sofía, Jorge, Eduardo y Daniel) han quedado en tres grupos de dos, hoy viernes, mañana sábado y pasado mañana domingo, a las siete de la tarde, a las ocho de la noche y a las diez de la mañana, en una casa, en el bar Toledo y delante de un cine, para ver una película coreana, ir a cenar e ir a dar un paseo por el parque del Retiro.

1. Paloma ha quedado con una amiga.
2. Jorge ha quedado con una amiga, pero no con Manoli.
3. Eduardo ha quedado con un amigo.
4. Sofía ha quedado para el domingo.
5. Daniel no va a salir hoy.
6. Manoli no quiere salir por la tarde.
7. Jorge ha quedado por la noche.
8. Sofía quiere quedar en una casa, pero no en la suya.
9. Eduardo prefiere quedar en la puerta del lugar al que va a ir.
10. Paloma no quiere ir a un sitio cerrado.
11. Jorge va a invitar a Sofía por su cumpleaños a un buen restaurante.

Nombres	Día	Hora	Lugar	Actividad

b **Ahora completa este texto.** 现在请将短文补充完整。

Paloma y .... han quedado .... a las .... , en .... Van a .... Jorge ha quedado con .... en .... , el .... a las .... Van a .... Eduardo ha quedado con .... el .... a las .... , ... Quieren ....

c **Comprueba con un compañero.** 请和同学核对。

- (Creo que Paloma ha quedado con...)
- (Sí, han quedado..., a las...)
- (¿Qué van a hacer?)

- (¿Con quién ha quedado Paloma?)
- (Con...)
- (¿Qué día han quedado?)
- El..., a las...

12 De viaje
旅行

OBJETIVOS 学习目标

- **Preguntar por preferencias** 询问偏好
- **Expresar preferencia** 表达偏好
- **Hacer comparaciones** 做比较
- **Pedir y dar información sobre medios de transporte** 请求和给予交通信息
- **Preguntar por la existencia y ubicación de lugares públicos** 询问公共场所及其地点
- **Informar sobre distancias** 告知距离
- **Dar instrucciones para ir a un lugar** 指路

1 Observa este billete con atención. Luego, lee las frases y marca la columna correspondiente.
请认真看机票信息。然后阅读句子并在相应栏内标出答案。

08ABRIL MAD-ALC
BILLETE ELECTRÓNICO

FECHA: 28 FEBRERO MARINO/ ANTONIO
COMPAÑÍA EMISORA: IBERIA
NÚMERO DE BILLETE: ETKT 075 1760342359 LOCALIZADOR DE RESERVA: 5PE76P

MADRID BARAJAS IB 0350 08ABRIL 08.00 1PC OK TERMINAL: 4
ALICANTE HORA DE LLEGADA: 09.00 TERMINAL: 1

ALICANTE IB 8383 N 08ABRIL 21.35 OK
MADRID BARAJAS HORA DE LLEGADA: 22.35 TERMINAL: 4

TARIFA AÉREA: EUR 114,00 TASA: EUR 40,00 TOTAL: EUR 154,00

	Sí	No	No se sabe
Es un billete de avión de ida y vuelta.			
Es para el día 28 de febrero.			
Es un billete de Iberia.			
Este billete cuesta 114 euros.			
El vuelo IB 0350 sale de Madrid a las ocho de la mañana.			
El viaje de Madrid a Alicante dura dos horas.			
Es un billete sin reserva.			
Este billete incluye un seguro de viaje.			

2 a ¿Qué es para ti lo más importante cuando viajas? Escribe estas palabras por orden de importancia.
旅行时对你来说最重要的是什么？根据其重要性按顺序写出以下单词。

- la comodidad
- el clima
- el precio
- la puntualidad
- la seguridad
- la rapidez

¿Puedes añadir alguna más? 你有其他更多的补充吗？

b En parejas. Escribid un adjetivo relacionado con cada una de esas palabras y su contrario. Podéis consultar el diccionario. 两人一组。请写出这些单词的形容词及其形容词的反义词。可以查字典。

comodidad → cómodo/-a ≠ incómodo/-a

c ¿Con qué transportes asocias cada uno de esos adjetivos? 你会把这些形容词与什么交通工具相联系？

cómodo → tren

3 **Comenta con tu compañero qué medio de transporte prefieres en cada caso y por qué. Luego, pregúntale a él.** 请和同学一起讨论，以下情况你偏爱使用什么交通工具？为什么？然后，向同学提问。

1. Para ir a otra ciudad, ¿qué prefieres: el tren o el autobús?

2. Para ir a un país cercano, ¿prefieres el tren o el avión?

3. Para distancias cortas en el campo, ¿prefieres el coche o la bicicleta?

4. Para ir a una isla, ¿qué prefieres: el avión o el barco?

5. Para moverte por la ciudad, ¿qué prefieres: el autobús, el metro, la moto o la bicicleta?

1. ● *Para ir a otra ciudad, yo prefiero el tren porque es más cómodo que el autobús. ¿Y tú?*
   ○ *Yo también prefiero el tren por lo mismo.*
   A mí me gusta más el tren porque es más seguro.
   Pues yo prefiero el autobús porque es más rápido que el tren.
   Pues a mí me da igual.

En una estación de tren 在火车站

4 **Escucha y lee. Luego, responde a estas preguntas.** 请听录音并朗读。然后回答问题。

2|21

- ¿Adónde va la chica?
- ¿En qué medio de transporte?
- ¿Qué le ha pasado?

- Buenas. Un billete para el Talgo de Bilbao.
- Acaba de salir.
- ¿Que acaba de salir?
- Sí, ha salido hace cinco minutos.
- ¿Y qué otros trenes hay?
- Hay uno a las 21.20 y otro a las 23.40.
- ¿A qué hora llega el de las 21.20?
- A las 6.35.
- ¿Lleva literas?
- Sí.
- Pues deme un billete con litera.

5 **a** **Observa este horario de autobuses y responde a las preguntas.** 请看汽车运营时刻表并回答问题。

EMPRESA FERNÁNDEZ-RES, S.A.

LEÓN

Horarios de los servicios de: LEÓN, VALLADOLID, ASTORGA y PALENCIA con MADRID

DOMINGOS Y FESTIVOS

SALIDA DE MADRID

Madrid	Valladolid	Astorga	Palencia	León
9.00	11.30 *	__.__	12.30	__.__
10.00 (4)	__.__	__.__	__.__	14.00
10.00	12.30 *	__.__	__.__	14.30
10.30 (3)	13.00	__.__	__.__	__.__
15.00 (3)	17.30	__.__	__.__	__.__
16.00 (4)	__.__	__.__	__.__	20.00
16.00	18.30 *	__.__	19.30	__.__
19.00	21.30 *	__.__	__.__	23.30
20.00	22.30 *	__.__	23.30	__.__
21.00 (3)	23.30 *	__.__	__.__	__.__
23.00	1.30 *	__.__	2.30	__.__
24.00	2.30 *	__.__	__.__	4.30

(*) No se despachan billetes con antelación
(3) Directo por autopista
(4) Servicio preferente

- ¿Cuántos autobuses hay para León?
- ¿A qué hora llega el último a León?
- ¿Cuántos salen de Madrid por la mañana?
- ¿Cuánto dura el viaje de Valladolid a Palencia?
- ¿Para algún autobús en Astorga?
- ¿A qué hora sale el primero que va a Valladolid por autopista?

b **¿Tenéis buena memoria? En parejas. Uno de los dos cierra el libro y el otro le hace preguntas sobre la información del horario.** 你记忆力好吗？两人一组。其中一人合上书本而另一人就时刻表的信息向他提问。

6 Escucha esta conversación y completa el cuadro. 请听对话并填写表格。

2|22

¿Adónde quiere ir?	
¿A qué hora llega el tren de las 10.20?	
¿Y el de las 11.10?	
¿Para qué tren es el billete que compra?	

7 Ahora vosotros. En parejas. 现在轮到你们练习了。两人一组。

Alumno A

Son las 2.45 y estás en la estación de Córdoba. Quieres comprar un billete para llegar a Málaga antes de las 8.30, pero no sabes qué trenes hay para ir a esa ciudad.

Alumno B

Eres un empleado de RENFE y trabajas en la estación de Córdoba. Atiende al alumno A y consulta este horario si lo necesitas. Luego, véndele un billete si te lo pide.

Córdoba		7.50	16.15	19.08	4.01	5.10	3.01
Montilla			16.53		4.43		3.43
Aguilar de la Frontera			17.00		4.53		
Puente Genil		8.44	17.16	19.53	5.16	6.06	4.04
Casariche			17.26				
La Roda de Andalucía			17.35		5.41		
Bobadilla	○	9.17	17.50	20.21	6.05	6.41	4.53
Bobadilla							4.53
Ronda							6.17
San Roque-La Línea							8.04
Algeciras	○						8.25
Bobadilla		9.21	17.51	20.22	6.10	6.46	■
Alora		9.53	18.28		6.51		
Málaga	○	10.30	19.00	21.20	7.40	8.00	

Lugares públicos 公共场所

8 **Mira este plano de una zona de Madrid y responde a las preguntas.** 请看马德里一街区地图并回答问题。

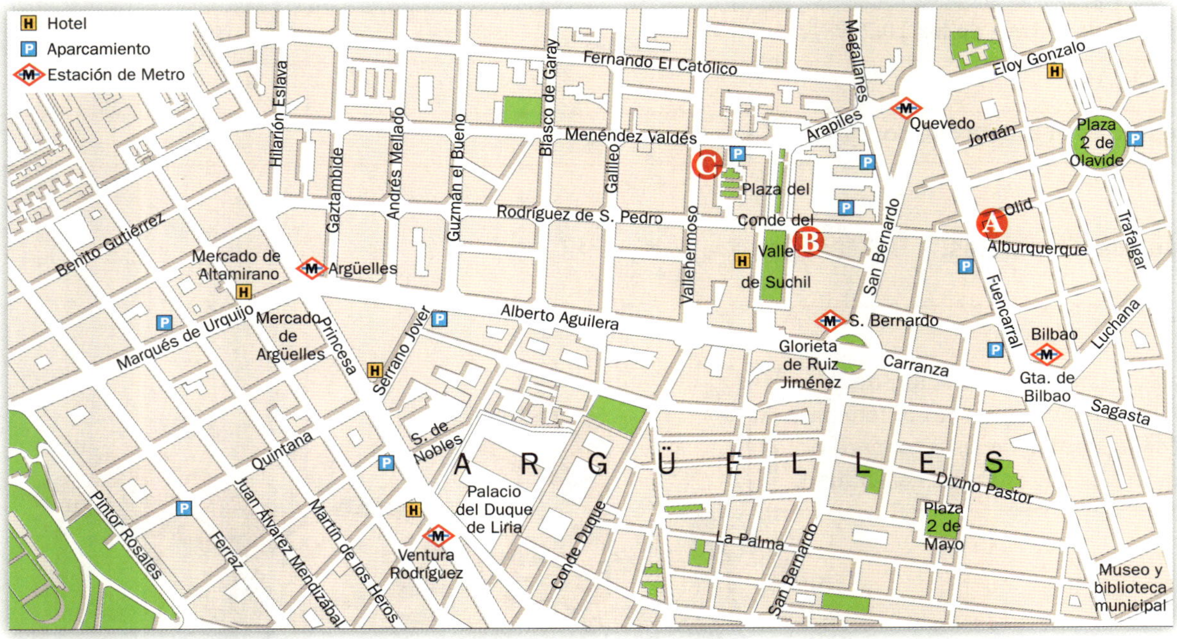

1. ¿Qué barrio aparece?
2. ¿Están señalados el ayuntamiento y la Plaza Mayor?
3. ¿Puedes ver qué calles son peatonales?
4. ¿Qué hay en la esquina de las calles Alberto Aguilera y Princesa?
5. ¿Hay alguna catedral señalada en el plano? ¿Y alguna estatua o algún castillo?
6. ¿Dónde hay un aparcamiento?
7. ¿Dónde está el palacio del Duque de Liria?

Fonética 语音

Entonación 语调

9 **a** **Busca en el plano dos palabras que se escriben con *g* y otras dos con *j*. ¿Cómo se pronuncian?** 请在街区地图上找两个带有g和j的单词。它们如何发音？

b **Observa.** 请看。

/x/
ja
je, ge
ji, gi
jo
ju

/g/
ga
gue
gui
go
gu, **güe, güi**

c **Busca más palabras en el plano y escríbelas en la columna correspondiente.** 请在街区地图上找更多这样的单词并填写在对应栏中。

/x/	/g/
Urquijo	Rodríguez

d **Escucha y escribe las palabras que oigas en esas mismas columnas. Luego, añade otras palabras que conozcas.** 请听录音并将听到的单词写在上面对应的栏里。然后，再加入其他你知道的单词。

2|23

10 a **Escucha y lee estos tres diálogos.** 请听录音并朗读下面的三段对话。

2|24

1

María ¿La calle de San Andrés, por favor?
Chico Lo siento, no conozco este barrio. No soy de aquí.
María Gracias.
Chico De nada.

2

María ¿La calle de San Andrés, por favor?
Chica La primera a la derecha.
María Gracias.
Chica Adiós.

3

María Oiga, perdone, ¿hay un cajero automático por aquí?
Señor Sí, hay uno al final de la calle, a la izquierda.
María ¿Está muy lejos?
Señor No, aquí mismo. A unos cinco minutos andando.
María Gracias.

b **¿A cuál de los tres diálogos corresponde el dibujo?** 上面的图片属于第几段对话?

c **Escucha y repite.** 请听录音并跟读。

2|25

- ¿La calle de San Andrés, por favor?
- Lo siento, no conozco este barrio.
- Oiga, perdone, ¿hay un cajero automático por aquí?
- Sí, hay uno al final de esta calle, a la izquierda. Está aquí mismo. A unos cinco minutos andando.

11 **Mira el plano de la actividad 8. Estás en A (calle Olid - calle Fuencarral). ¿Cómo respondes a estas preguntas? Escríbelo.** 请看练习8的街区地图。你在A处（Olid街和Fuencarral街之间）。你会如何回答以下问题? 请写下来。

1

● ¿La calle Alburquerque, por favor?

○ ....

2

● Oiga, perdone, ¿hay una estación de metro por aquí?

○ ....

3

● Oiga, perdone, ¿hay un aparcamiento por aquí?

○ ....

12 a **Observa estos dibujos y lee las instrucciones en lenguaje formal.** 请看图片并朗读下列用规范语言表达的指令。

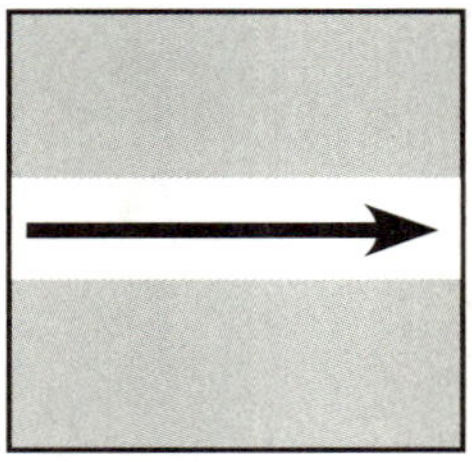

- Siga (todo) recto

- Gire a la izquierda

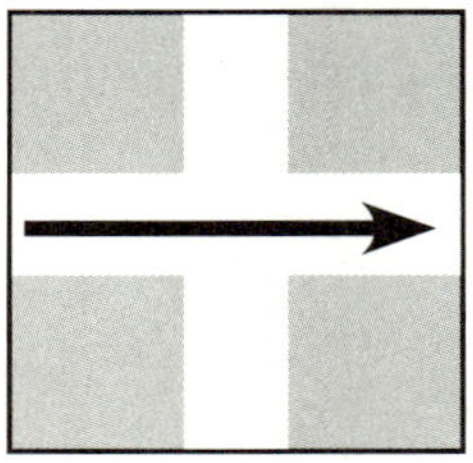

- Cruce

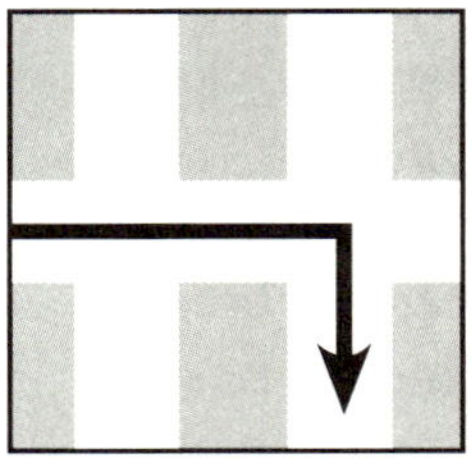

- Coja/Tome la segunda a la derecha

b **Lee el diálogo siguiente y marca el camino en el plano de la actividad 8. Están en B (calle Rodríguez San Pedro - plaza del Conde del Valle de Suchil). Puedes usar el diccionario.** 请朗读对话并在练习8的街区图上标出道路。他们在B处（Rodr í guez San Pedro街和El Conde del Valle de Suchil广场）。可以查字典。

- *Oiga, perdone, ¿sabe dónde está la plaza del Dos de Mayo?*
- *Sí, siga todo recto y gire la primera a la derecha. Entonces tome la calle de... San Bernardo y cruce la glorieta de Ruiz Jiménez.*
- *¿Cómo? ¿La glorieta de...?*
- *Ruiz Jiménez. Luego siga todo recto hasta... la tercera a la izquierda. Al final de esa calle está la plaza del Dos de Mayo.*
- *Entonces... cruzo la glorieta y cojo la tercera a la izquierda...*
- *Exacto.*
- *Muchas gracias.*

13 **Completa este cuadro con formas del imperativo.** 请用动词的命令式填表。

El imperativo 命令式

	GIRAR	CRUZAR	TOMAR	PERDONAR	COGER	SEGUIR	OíR
Tú	gira	cruza	toma	perdona	coge	sigue	oye
Usted							

14 a **Mira el plano de la actividad 8 y escribe las instrucciones necesarias para ir de C (calle Vallehermoso - calle Meléndez Valdés) a los siguientes lugares:** 请看练习8的街区图并写出从C处（Vallehermoso街和Meléndez Valdés街）到以下地点的必要指令：

Un hotel

El palacio del Duque de Liria

Una estación de metro

Pregunta al profesor si tienes dudas. 如果有疑问，请询问老师。

b **Practica con tu compañero.** 请和同学一起练习。

Oye, perdona, ¿hay un hotel por aquí?

15 **Escucha y marca el camino en el plano.** 请听录音并在地图上标出道路。

2|26

16 **En parejas.** 两人一组。

Alumno A

1. Marca en el plano:
- Una parada de autobús
- El café de la Ópera
- Un estanco
- El cine Céntrico

2. Estás en la plaza del Perú. Pregunta a tu compañero por estos sitios y márcalos en el plano.
- Una farmacia
- El restaurante El Siglo
- Una estación de metro
- Una cabina de teléfono

3. Da instrucciones a tu compañero para ir a los sitios por los que te pregunte.

4. Enseña el plano a tu compañero. ¿Coincide todo con el suyo?

1. Marca en el plano:
- Una farmacia
- El restaurante El Siglo
- Una estación de metro
- Una cabina de teléfono

2. Estás en la plaza del Perú. Pregunta a tu compañero por estos sitios y márcalos en el plano.
- Una parada de autobús
- El café de la Ópera
- Un estanco
- El cine Céntrico

3. Da instrucciones a tu compañero para ir a los sitios por los que te pregunte.

4. Enseña el plano a tu compañero. ¿Coincide todo con el suyo?

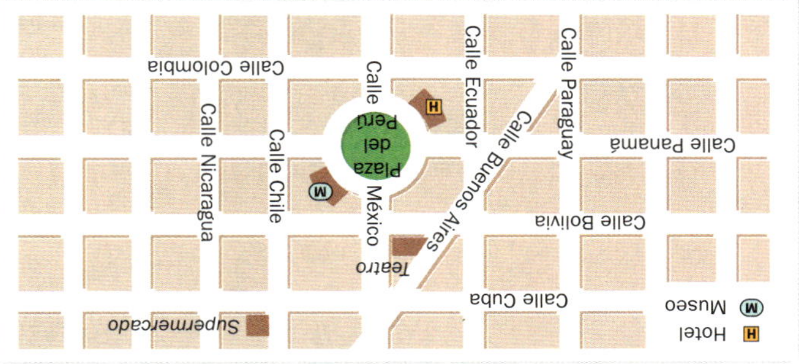

Alumno B

17 **a** **Piensa en un lugar público cercano a donde estás ahora y en cómo se va desde donde estás.**
想一处靠近你当前所在地的公共场所并想想如何从你所在的地方前往那里。

b **Dale las instrucciones necesarias a tu compañero para ir allí. ¿Sabe qué lugar es?**
请给你的同学指路，告诉他如何前往那里。他知道是哪里吗?

- *Coge/toma la calle… y sigue todo recto. Luego gira…*
- *¡Ah! Es (el cine…).*
- *Sí.*

Un paseo por Madrid 散步马德里

1 a **Lee este texto. Puedes consultar el diccionario.** 请阅读文章。可以查字典。

Puerta del Sol

Si quieres dar un paseo por Madrid para conocer mejor la ciudad, sigue estas instrucciones, visita estos lugares y… disfruta[1]. Puedes comenzar en la Puerta del Sol, punto de encuentro de los madrileños y centro oficial de España: allí está el kilómetro cero de las principales carreteras[2] nacionales. Busca también la estatua del Oso y el Madroño[3], símbolos de la ciudad.

Luego te recomendamos tomar la calle de Alcalá. Sigue todo recto y a unos setecientos metros, en la acera de la derecha, vas a ver el Círculo de Bellas Artes[4], el mejor ejemplo madrileño de *art déco*. Sigue por la calle de Alcalá y en un minuto vas a estar en la plaza de Cibeles. En el centro vas a ver la famosa fuente[5] de Cibeles, uno de los monumentos más característicos de Madrid. Enfrente[6], a la izquierda, está la Casa de América y a la derecha, el antiguo Palacio de las Comunicaciones, actual sede[7] del Ayuntamiento de la capital.

Después gira a la derecha y coge el paseo del Prado. Sigue todo recto, cruza la plaza de Cánovas del Castillo y un poco más adelante, a tu izquierda, está el Museo del Prado, uno de los mejores del mundo. Claro que te recomendamos entrar y prestar especial atención a pintores como Goya y Velázquez, entre otros.

❶ Disfrutar *tr.* gozar de

❷ Carretera *f.* camino público ancho y de superficie dura por la que circulan vehículos.

❸ Madroño *m.* árbol que da un fruto comestible.

❹ Bellas Artes *f.* las que buscan la expresión de la belleza.

❺ Fuente *f.* lugar donde brota una corriente de agua;principio u origen de una cosa.

❻ Enfrente *adv.* delante,frente a

❼ Sede *f.* lugar donde está la dirección o el domicilio de un grupo.

Museo del Prado

Ayuntamiento

Fuente de Cibeles y Casa de América

Círculo de Bellas Artes

b **Lee de nuevo, marca el camino en el plano (estás en la Puerta del Sol) y pon los nombres de los edificios y lugares de las fotos en los rectángulos correspondientes.** 请重新阅读短文并在地图上标出路线（你在太阳门）。并在方框内标出图片中的景点名称。

c **¿Has descubierto alguna información curiosa o interesante sobre Madrid? Díselo a la clase.**
你有没有发现有关马德里的一些有趣的信息呢？请告诉同学。

Recuerda 记住要点

COMUNICACIÓN

Preguntar por preferencias y expresar preferencia

Hacer comparaciones

- ¿Qué prefieres: el tren o el autobús?
- Prefiero el tren, porque es más cómodo.

GRAMÁTICA

Verbo *preferir*: presente de indicativo irregularidad *e-ie*

Pref**ie**ro, pref**ie**res, pref**ie**re, preferimos, preferís, pref**ie**ren.

(Ver resumen gramatical, apartado 3.1.2.2)

COMUNICACIÓN

Pedir y dar información sobre medios de transporte

- ¿(Me puede decir) Qué trenes hay para Málaga?
- Hay uno dentro de un cuarto de hora y otro a las 23.10.
- ¿A qué hora llega el de las 23.10?
- A las 5.45.

GRAMÁTICA

Acabar de + infinitivo

- Ese tren acaba de salir.

COMUNICACIÓN

Preguntar por la existencia y ubicación de lugares públicos.

- ¿Sabe dónde está la calle Zurbano, por favor?
- Es esta. / Es la segunda a la izquierda.

- ¿Hay un restaurante por aquí?
- Sí, hay uno al final de esta calle a la derecha.

Hablar de distancias

- ¿Está lejos?
- No, aquí mismo, a unos cien metros. / a cinco minutos.

Dar instrucciones para ir a un lugar

- Siga todo recto y tome la tercera a la derecha.
- Cruce la plaza y gire la primera a la derecha.

GRAMÁTICA

Imperativo afirmativo, singular

Verbo	Tú	Usted
tomar	toma	tome
girar	gira	gire
cruzar	cruza	cruce
perdonar	perdona	perdone
coger	coge	coja
seguir	sigue	siga
oír	oye	oiga

(Ver resumen gramatical, apartado 3.5)

En la playa: ¿Qué acaba de hacer?
在海滩上：人们刚刚做了什么？

1 a Forma expresiones relacionando palabras de las dos columnas. Puedes consultar el diccionario.
请将两列单词对应起来。可以查字典。

1. Ponerse	A. el sol.
2. Quitarse	B. al agua.
3. Tirarse	C. un helado.
4. Salir	D. crema protectora.
5. Tomar	E. a la playa.
6. Comprar	F. las gafas.
7. Llegar	G. un balonazo.
8. Hacer	H. del agua.
9. Recibir	I. la siesta.
10. Dormir	J. un castillo de arena.

b En parejas. 两人一组。

Alumno A: Mira el dibujo y escribe a lápiz uno de estos nombres al lado de cada una de las personas. Luego, responde a las preguntas de tu compañero.

Elena	Fernando	Lucía	Hugo	Natalia	Raúl	Pilar	César	Gloria	Carlos

Alumno B: Pregunta a tu compañero qué acaba de hacer cada una de estas personas y escribe a lápiz el nombre correspondiente al lado de cada persona del dibujo.

Elena	Fernando	Lucía	Hugo	Natalia	Raúl	Pilar	César	Gloria	Carlos

- *¿Qué acaba de hacer Elena?*
- *Acaba de…*

c Comprobad. Luego, borrad los nombres y cambiad de papel para realizar de nuevo la actividad.
请核对。然后抹掉姓名并更换角色重新开始这一练习。

¿Qué salida del parque? 公园的哪个出口？

2 a **En parejas. Elige uno de los cuatro lugares indicados en los carteles de las salidas del parque. Luego, dale a tu compañero las instrucciones necesarias para llegar allí y descubrir cuál es.** 两人一组。请选择公园的四个出口之一。然后告诉你的同学如何到达那里并让其找出是哪个出口。

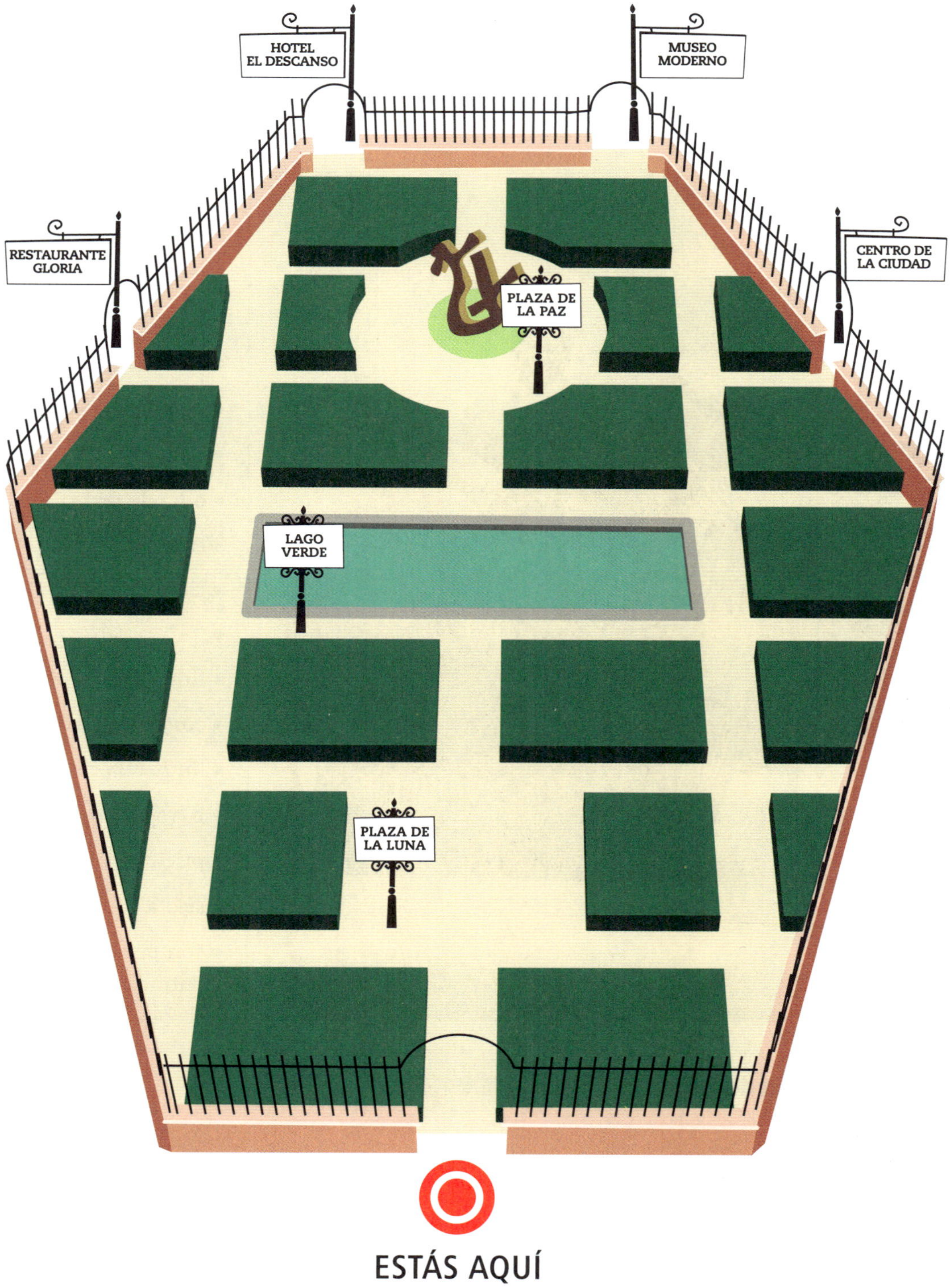

b **Ahora pon tú el cartel de otro lugar en el plano y dale instrucciones a tu compañero para que descubra qué es y dónde está.** 现在请将另一地方的标识牌放入地图中，给同学一些指示让其猜出标识牌上写着什么并找出它的位置。

13 ¿Qué tal el fin de semana? 周末愉快吗？

OBJETIVOS 学习目标

- Hablar del pasado: expresar lo que hicimos el fin de semana pasado
  谈论过去：叙述上周末我们做了什么
- Pedir valoración 请别人作出评价
- Valorar actividades y hechos pasados
  对过去的活动和事情做出评价

1 a Averigua el significado de las palabras que no entiendas. 请查一查你不认识的单词。

- descansar
- gimnasio
- reunión de trabajo
- exposición
- partido de fútbol/tenis/...
- entrevista
- musical
- obra de teatro
- cita
- conferencia
- ir de paseo
- fiesta
- concierto de ópera
- limpiar la casa
- navegar por la red
- piscina
- siesta
- comprar/reservar una entrada por internet

b ¿Cuáles asocias con el fin de semana? 哪些单词与周末有关？

c ¿Hay alguna otra cosa que haces los fines de semana y no sabes cómo se dice en español? Averígualo.
请查一查有没有什么你周末做的其他事情而你不知道如何用西班牙语表达的？

d Copia en tu cuaderno las palabras de los apartados a) y c) que no conocías. Luego, cierra el libro y escribe la traducción en tu lengua. 在笔记本中抄写练习 a) 和 c) 里你所不认识的单词。然后合上书本并翻译成中文。

Fonética 语音

La sílaba fuerte 重读音节

2 a **Pronuncia todas las palabras de la actividad anterior.** 请朗读上一个练习中的所有单词。

b **Selecciona las más difíciles de pronunciar y practícalas con la ayuda del profesor. Presta especial atención a las que son parecidas en tu lengua pero no se pronuncian igual.** 请选出那些最难发音的，然后在老师的帮助下练习发音。

3 a **Lee el diálogo. ¿Lo entiendes?** 请朗读对话。你能理解吗?

Señora *¿Y qué tal el fin de semana?*

Chico *Muy bien. El sábado por la noche estuve en una fiesta de cumpleaños y me lo pasé estupendamente. Fue una fiesta divertidísima, y me divertí y me reí muchísimo.*

Señor *¡Qué bien! Pues yo pasé el fin de semana en la sierra con mi familia y no hice nada especial: di varios paseos, leí bastante... ¡ah!, y dormí y descansé mucho.*

Señora *Yo el sábado por la noche me quedé en casa viendo la televisión, pero el domingo fui a un concierto de ópera que estuvo muy bien y me gustó mucho.*

b **¿Verdadero o falso?** 判断对错。

	V	F
1. El chico estuvo en una fiesta muy divertida.	☐	☐
2. Se lo pasó muy bien.	☐	☐
3. El señor tuvo un fin de semana tranquilo.	☐	☐
4. Se divirtió mucho con su familia.	☐	☐
5. La señora leyó bastante el sábado por la noche.	☐	☐
6. Durmió poco el sábado por la noche.	☐	☐

c **Sustituye las frases falsas por otras verdaderas.** 请改正错误的句子。

d **En grupos de tres. Practicad el diálogo del apartado a).** 三人一组，练习 a) 里的对话。

4a **Lee de nuevo las frases de 3b y di cuáles de los verbos incluidos en ellas son irregulares (en pretérito indefinido) solo en la tercera persona. ¿Puedes decir por qué?** 请重新阅读练习3b中的句子，并说出哪些单词只有第三人称变位是不规则的（简单过去时）。你能说出为什么吗？

b **Todos estos verbos son también irregulares en la tercera persona del pretérito indefinido. Piensa en la irregularidad de cada uno y anótalo en la columna correspondiente.** 以下所有动词在简单过去时第三人称单数时也为不规则变位。请思考每个动词的不规则形式并将其写在相应的栏中。

- sentir
- morir
- seguir
- preferir
- oír
- repetir
- construir
- elegir
- pedir
- creer
- servir

e→i	y	o→u
sentir		

c **Fíjate.** 请注意。

Pretérito indefinido 陈述式简单过去时

REÍRSE
me reí
te reíste
se **rió**
nos reímos
os reísteis
se **rieron**

5a **Completa este cartón de bingo con formas irregulares de pretérito indefinido de verbos que han aparecido en esta lección.** 请将本课中出现的简单过去时不规则变位动词填入Bingo游戏卡片中。

b 2|27 **Vas a escuchar el infinitivo de los verbos tratados en la lección. Marca las formas (escritas en el apartado a) que correspondan a los verbos que oigas. Si completas el cartón, di "¡Bingo!".** 你将听到本课中涉及的原形动词。标出那些已写在练习 a）的变位动词。如标满卡片，则喊"¡Bingo!"。

c **Si has cantado bingo, di en voz alta las formas que has marcado y los infinitivos correspondientes.** 如果你喊"¡Bingo!"，请大声念出你已标出的动词变位形式及其对应的原形动词。

6 a ¿Conoces otros verbos irregulares en pretérito indefinido? Escríbelos.
你还知道其他的简单过去时不规则变位动词吗？请将它们写出来。

poder → pude

b Compáralos con los de tus compañeros y anota los que no conocías (o no recordabas) y te parezcan útiles.
请和同学对比一下所掌握的简单过去时不规则动词。记录那些你所不知道（或不记得）并觉得有用的不规则变位动词。

7 a Piensa qué hiciste el pasado domingo por la tarde. 请回忆一下，上个星期天下午你做了什么。

(Quedé con un amigo y fui al cine con él…).

b En grupos de cinco. Averigua qué hicieron tus compañeros.
五人一组。请查一查你的同学上个星期天下午做了什么。

c Comentad al resto de compañeros cuáles fueron las actividades más realizadas en vuestro grupo, tomad nota de lo que os digan ellos y decidid cuáles fueron las actividades más realizadas por la clase. 请告诉其他小组，你们做得最多的事情是什么，并将他们对你们所说的内容记录下来，然后确定哪些活动全班做得最多。

(Dos personas de nuestro grupo quedaron con amigos y fueron al cine).
Las actividades más realizadas el pasado domingo por la tarde fueron: (quedar con amigos)…

Valoración de actividades y hechos pasados
对过去活动和事件的评价

8 a **Lee el diálogo. ¿La valoración que hace el chico es positiva o negativa?**
请朗读对话。那位男孩所做的评价是正面的还是负面的？

Chica *¿Qué tal la conferencia del viernes?*
Chico *Horrible. Fue una conferencia pesadísima y muy aburrida. Un rollo.*
Chica *¡Vaya! ¡Qué mala suerte!*

b **¿Cuáles de estos adjetivos utilizados para valorar tienen sentido negativo?**
以下用于评价的形容词哪些具有负面意义？

- Interesante
- Estupendo
- Horroroso
- Pesado
- Bueno
- Divertido
- Malo
- Aburrido

c **¿Te has fijado en cómo se expresa *muy pesada* en el diálogo? ¿Cómo se ha formado esa palabra?**
你注意到对话中是如何表达非常讨厌的吗？该单词如何构成？

d **Ahora escribe tú la forma superlativa de estos adjetivos.** 现在请写出这些形容词的最高级形式。

- Interesante → *interesantísimo*
- Bueno
- Divertido
- Malo
- Aburrido

9 a **Completa las frases con estos verbos en el tiempo y la persona apropiados.**
请用动词的适当时态和人称完成下列句子。

- ser
- estar
- gustar
- aburrirse
- pasárselo
- encantar

1. El viernes estuve en un concierto malísimo; no me .... nada.
2. La conferencia del otro día .... buenísima.
3. El sábado vi un partido de fútbol que .... muy bien.
4. Anoche estuve en una fiesta y me lo .... estupendamente.
5. Ayer cené con una gente muy seria y me .... mucho. Fue un rollo.
6. El otro día vi una película que me .... ; me pareció interesantísima.

b **¿Te identificas con alguna de esas informaciones? Díselo a tu compañero.**
你做过与上述信息相同的事情吗？请告诉同学。

Yo también (vi el otro día una película que)...

10 a **Escribe otras frases expresando y valorando actividades o hechos que realizaste la semana pasada.**
请再造些句子来表达和评价你上周的活动或做过的事情。

b **Compáralas con las de tu compañero. ¿Hay alguna coincidencia? En caso afirmativo, decídselo a la clase.**
请和同学对比一下。有没有做同样的事？如果有，请告诉班里的同学。

11 a **Escucha estos diálogos y completa la columna "¿Qué hizo?".**
请听对话并完成"¿Qué hizo?"(他做了什么?)这一栏。

2|28

		¿Cuándo?	¿Qué hizo?	¿Qué tal?
1.	Ella			
	Él			
2.	Ella			
	Él			

b **Escucha de nuevo y completa las otras columnas.** 请重听录音并填写其他格子。

2|29

12 a **Averigua qué hizo tu compañero el sábado por la tarde y por la noche, y qué tal se lo pasó.**
请查一查同学星期六下午和晚上做了什么,过得如何。

- *¿Qué hiciste el sábado por la tarde?*
- ...

b **En grupos de cuatro. Cuéntaselo a tus compañeros y decidid entre todos quién pasó la mejor tarde y la mejor noche del sábado.** 四人一组。请将调查结果告诉同学,大家共同决定谁度过的星期六下午和晚上最惬意。

El tiempo libre en España 在西班牙的闲暇时光

1 a **¿Cuáles crees que son las actividades de tiempo libre más practicadas por los españoles? Escríbelo.**
你认为哪些是西班牙人闲暇时进行的最多的活动？请写出来。

Jóvenes	
Adultos	
Tercera edad	

b **Lee este artículo y comprueba.** 请阅读短文并核对。

¿QUÉ HACEN LOS ESPAÑOLES EN EL TIEMPO LIBRE?

Los jóvenes españoles dedican la mayor parte de su tiempo libre a estar con sus amigos. Para ellos son muy importantes las actividades que se realizan fuera de casa. Además, ven mucho la televisión, escuchan mucha música, pasan bastantes ratos delante del ordenador y son quienes más deporte practican y más viajan.

Los adultos, en cambio, pasan mucho tiempo en compañía de[1] su familia y ven la televisión muchas horas a la semana. Por otra parte, las populares salidas al campo los fines de semana y las vacaciones de verano son los momentos en que los adultos disfrutan más del tiempo libre.

[1] En compañía de = unión;circunstancia de estar con otra persona,animal o cosa.

La tercera edad es el 15 % de la población española, no trabaja, tiene en su mayoría buena salud y muchísimo tiempo libre. Según el Instituto de Servicios Sociales, la mayor parte de los jubilados[1] no practica deporte ni suele salir de casa para asistir a actos sociales o culturales. Ver la televisión, escuchar la radio y pasear es lo que más hacen. Pero una minoría[2] que está aumentando[3] tiene otras aficiones[4], como la lectura, los viajes culturales y otras actividades de tipo intelectual[5].

El País Semanal (adaptado)

c **¿Te ha sorprendido alguna de las informaciones del texto? Coméntala con la clase.**
文中哪些信息让你感到吃惊？请和同学们讨论。

d **Ahora piensa en lo que hacen en su tiempo libre los jóvenes, los adultos y los jubilados de tu país. ¿Encuentras diferencias con respecto a España? Coméntaselo a tus compañeros.** 现在请思考在中国年轻人、成年人和退休人员闲暇时都做些什么。你发现与西班牙有所不同吗？请和同学们讨论。

Recuerda 记住要点

COMUNICACIÓN

Hablar del pasado: expresar lo que hicimos el fin de semana pasado

- ¿Qué hiciste el sábado por la noche?
- Quedé con unos amigos y fuimos a bailar.

GRAMÁTICA

Pretérito indefinido

Verbos irregulares en las terceras personas con alternancia *e-i*

Divertirse: me divertí, te divertiste, se div**i**rtió, nos divertimos, os divertisteis, se div**i**rtieron.

Otros verbos con alternancia *e-i*

Sentir, pedir, repetir, seguir, servir, preferir, elegir.
(Ver resumen gramatical, apartado 3.2.2.4)

Verbos con alternancia *o-u*

Dormir: dormí, dormiste, d**u**rmió, dormimos, dormisteis, d**u**rmieron.

Otro verbo con esa irregularidad: *morir*
(Ver resumen gramatical, apartado 3.2.2.3)

Verbos con *y*

Leer: leí, leíste, le**y**ó, leímos, leísteis, le**y**eron.

Otros verbos con esta irregularidad: *oír, creer, construir, influir*
(Ver resumen gramatical, apartado 3.2.2.5)

Otras irregularidades

Reírse: me reí, te reíste, se r**i**ó, nos reímos, os reísteis, se r**i**eron.
Dar: d**i**, d**iste**, d**io**, d**imos**, d**isteis**, d**ieron**.

COMUNICACIÓN

Valorar actividades y hechos pasados

- ¿Qué tal estuvo la fiesta anoche?
- ¡Ah! Muy bien. Fue una fiesta divertidísima, y me divertí y me reí mucho.
- ¡Qué bien!

GRAMÁTICA

Ser + bueno/malo
Estar + bien/mal
(Ver resumen gramatical, apartado 6)

Superlativo absoluto

aburrido → aburridísimo/-a
interesante → interesantísimo/-a
(Ver resumen gramatical, apartado 19)

1. Jubilado *m.* que está retirado del servicio o del trabajo,por edad o por enfermedad.
2. Minoría *f.* parte menor de las personas o cosas que componen un grupo o un conjunto.
3. Aumentar *intr.* hacer o hacerse major,más grande,más fuerte o más intenso.
4. Afición *f.* gusto o interés por una cosa; actividad aparte del trabajo habitual.
5. Intelectual *adj.* que se dedica a la creación de obras sobre el entendimiento o el comportamiento del hombre.

Un buen fin de semana 愉快的周末

1a Lee lo que dice Patricia. ¿Qué dibujos tienen relación con el texto?
请阅读Patricia所说的内容。以下哪些图片与短文有关？

"Un fin de semana del que tengo un buen recuerdo es uno que pasé en una casa rural en junio pasado, justo después de los exámenes. Fuimos ocho amigos y amigas juntos para celebrar el fin de curso y yo, como el resto de mis amigos, me lo pasé muy bien, me divertí mucho y me reí muchísimo.

El sábado por la mañana hicimos una excursión por la montaña hasta un lugar precioso, nos bañamos en un río y luego tomamos el sol. Después de comer empezamos a hablar y no paramos ¡hasta las seis de la tarde! Yo me lo pasé genial y me reí mucho. Volvimos a la casa rural, cenamos allí y luego empezamos a tocar la guitarra y a cantar. Al final, pusimos música y estuvimos bailando hasta muy tarde.

El domingo fue más tranquilo. Fuimos andando al río y nos bañamos de nuevo antes de volver a Madrid. El viaje se me hizo muy corto porque mis amigos son graciosísimos y tengo un recuerdo buenísimo de ese fin de semana. Para mí fue como una fiesta continua, disfruté muchísimo y me lo pasé genial".

b **Mira los dibujos que no tienen relación con el texto y escribe cuatro cosas que no hizo Patricia ese fin de semana.** 请看那些与短文无关的图片，并写出Patricia周末没有做的事情。

A. ....

B. ....

C. ....

D. ....

2

a **Elige un fin de semana del que tengas un buen recuerdo y piensa cómo se lo vas a contar a un compañero. Puedes escribir las frases más difíciles.** 请选择一个你有着美好回忆的周末，并思考如何向你的同学叙述。你可以写出那些最难的句子。

b **Cuéntaselo a un compañero y escucha el relato de su fin de semana. ¿Hay alguna coincidencia entre los dos?** 把你的周末故事告诉同学，然后倾听他的周末故事。两个故事有一样的地方吗？

c **¿Qué es lo que más te ha gustado del fin de semana de tu compañero o te ha parecido más curioso o interesante? Díselo a la clase.** 请告诉班里的其他同学。同学的周末故事中你最喜欢哪一部分或你觉得哪个部分最有意思最有趣？

3

a **El fin de semana de Bernardo. El último fin de semana fue un fin de semana diferente para Bernardo. Fue a visitar a un amigo suyo que vive en Málaga. Allí hicieron muchas cosas juntos y se lo pasaron genial. Tienes cuatro minutos para escribir el máximo número posible de frases expresando cosas que hizo Bernardo o que hicieron los dos.** Bernardo的周末。上周末对于Bernardo来说是个不同寻常的周末。他去拜访了住在马拉加的一个朋友并一起做了很多事情，周末过得不同凡响。你有四分钟的时间，请写出尽可能多的句子来表达Berbardo做了什么或两个人一起做了什么。

b **Compara con un compañero. ¿Quién tiene más frases correctas?** 请和同学对比一下。谁写的正确句子更多？

4

a **Juego en cadena. En grupos de cuatro. Por turnos, un alumno dice una cosa que hizo Bernardo el fin de semana pasado. El compañero de la derecha repite todo lo que ha oído y añade otra cosa que hizo Bernardo. El juego termina cuando un alumno no repite todo correctamente o no añade otra frase correcta.**
串句游戏。四人一组，一个接一个地叙述。一位同学先说一件Bernardo上周末做的事。右侧同学复述所有听到的，再加上Bernardo做过的另外一件事。当有一位同学无法正确复述或无法造出正确新句子的时候，游戏结束。

b **¿Qué grupo ha encadenado más frases?** 哪个小组串连的句子最多？

14 Objetos y regalos 物品与礼物

OBJETIVOS 学习目标

- **Describir objetos** 描述物品
- **Expresar finalidad** 表达目的
- **Expresar de qué está hecho un objeto** 表达物品是什么材料做的
- **Expresar posesión** 表达所属
- **Hablar de regalos: los que recibimos y los que hacemos** 谈论礼物：我们收到的礼物和我们送出的礼物

1 a **Lee estas palabras y busca en el diccionario cinco que no conozcas.**
请阅读单词并借助字典查五个你不明白的单词。

- Mochila
- Gorra
- Pañuelo
- Cepillo de dientes
- Agenda
- Pasta de dientes
- Jabón
- Champú
- Toalla
- Sombrero
- Peine
- Colonia
- Tarjeta de visita
- Tarjeta de crédito
- Paraguas
- Llavero
- Cartera
- Encendedor
- Maquinilla de afeitar

b **Pregúntales a tus compañeros qué significan las restantes.** 请问一问同学其余不认识的单词。

c **Subraya en el apartado a) los nombres de estos objetos.** 请在练习 a）中划出下列物品的名称。

Fonética 语音

2 a **Pronuncia cada una de las palabras de la actividad anterior.** 请朗读以上练习的每一个单词。

b **Escucha, comprueba y repite.** 请听录音，核对并跟读。

2|30

3 a Averigua el significado de los verbos y expresiones que no conozcas. Fíjate en los reflexivos.
请查一查你不认识的动词和短语。注意那些自复动词。

- **Peinarse**
- **Lavarse** (el pelo)
- **Afeitarse**
- **Secarse**
- **Presentarse**
- **Cepillarse** los dientes
- **Limpiarse** la nariz
- **Perfumarse**
- **Protegerse** (del sol/de la lluvia)

- Llevar llaves
- Llevar objetos personales
- Llevar dinero y documentos
- Encender
- Pagar
- Escribir

b Practica los más difíciles de pronunciar. 请练一练那些最难发音的单词。

c Piensa en la utilidad de los objetos de 1a y relaciónalos con los verbos y expresiones.
请思考练习 1a中物品的用途并将它们与动词和短语搭配。

Toalla → *secarse*

4 Mira el dibujo y luego juega con tus compañeros.
请看图片，然后与同学一起做游戏。

5 a Asegúrate de que entiendes estas palabras, que sirven para describir objetos.
请弄懂这些用于描述物品的单词。

- Plástico
- Madera
- Pesado
- Mediano
- Oscuro
- Ligero
- Metal
- Redondo
- Claro
- Papel
- Rectangular
- Cristal
- Blando
- Tela

b Escríbelas en la columna correspondiente. 请将这些单词写在对应的栏中。

Forma	Material	Otras características
cuadrado	*piel*	*duro*

6 Lee estas descripciones. ¿A qué objeto corresponde cada una de ellas?
请阅读以下描写。分别对应什么物品?

1. Es estrecho, largo, duro y de color rojo. Es de madera y sirve para escribir, dibujar y pintar.

2. Es rectangular y de color negro. Es de piel y sirve para llevar dinero, tarjetas y documentos.

3. Es rojo, blanco, estrecho, largo y ligero. Es de plástico y sirve para lavarse los dientes.

7 a Elige dos objetos que utilizas mucho o que te gustan mucho, y piensa en su descripción.
请选出两件你经常使用或你很喜欢的物品，然后想一想如何描写它们。

b Descríbeselos a tu compañero para que adivine cuáles son. Si tiene dificultades, puede hacerte preguntas a las que tú responderás "sí" o "no", o puedes darle alguna pista. 请向同学描述这些物品，让他猜猜是什么东西。如他有困难，可以向你提问，但你只可以回答 "sí" 或 "no"，也可以给他一点提示。

Expresar posesión 表达所属

8 a Observa cómo usan los posesivos estas personas. 请看这些人物如何使用重读物主形容词。

b Fíjate. 请注意。

Posesivos: formas tónicas 重读物主形容词

singular		plural	
masculino	**femenino**	**masculino**	**femenino**
mío	mía	míos	mías
tuyo	tuya	tuyos	tuyas
suyo	suya	suyos	suyas
nuestro	nuestra	nuestros	nuestras
vuestro	vuestra	vuestros	vuestras
suyo	suya	suyos	suyas

c Ahora completa estas viñetas.
现在请完成这些插图。

9 a Descubre al mentiroso. Mete en la bolsa del profesor uno o dos objetos personales sin que los vean tus compañeros. 发现说谎者。请将一两件个人物件放入老师包中。别让你的同学看见。

b Haz preguntas a tus compañeros para adivinar de quién es el objeto que te ha dado el profesor. Ten cuidado: tus compañeros te pueden mentir. 请问一问同学并让他们猜测老师给你的东西是谁的。请注意：你的同学可以说谎。

Theo *¿Es tuyo este llavero?*
Sarah *No, no es mío; el mío es de piel. Este es suyo.* (señalando a Richard)
Theo *¿Es tuyo este llavero, Richard?*
Richard *No, no es mío. Creo que es suyo.* (señalando a Hannah)
Hannah *No, ese llavero no es mío; el mío es más pequeño.*
Theo *Mmm… Creo que Richard es un mentiroso; creo que el llavero es suyo.*
Richard *Tienes razón; es mío.*

10 a **Escucha a tres personas jugando a las adivinanzas y anota las características de los objetos que describen.** 请听三个人的猜谜游戏，记录下他们所描述的物品的特点。

2|31

	Objeto	¿De quién es?	¿Dónde está?	¿Cómo es?	¿De qué es?	¿Para qué es?
1.						
2.						

b **Pon en común con tus compañeros las características de los objetos y sugiere qué objetos pueden ser.** 请和同学共同汇集物品的特点，并说出这可能是什么物品。

- (El primero está en el suelo de la clase y...)
- Puede ser...

c **Escucha de nuevo y comprueba.** 请重听录音并核对。

2|32

11 **En grupos de cuatro. Cada alumno piensa en un objeto personal o de la clase, y sus compañeros tratan de adivinarlo haciendo preguntas a las que él responde "sí" o "no".** 四人一组。每位同学想出一件个人或班级的物品，然后其他同学提问来尝试猜出该物品，而该同学只可以回答"sí"或"no"。

- ¿Es tuyo?
- No, no es mío.
- ¿Es de la clase?
- Sí.
- ¿Es de madera?
- No.
- ...

Estrategias de comunicación 沟通的方法

12 a **Comenta con tus compañeros qué haces cuando quieres referirte a un objeto en español pero no sabes cómo se dice.** 请和同学一起讨论，当你想用西班牙语表达一件物品却不知它的名称时是怎么做的。

Puedes, entre otras cosas, describirlo. Puedes decir:
- Cómo es (color, tamaño, forma, etcétera).
- De qué es.
- Para qué es.

También es posible emplear algunas frases útiles:
- Es una cosa parecida a...
- Es como... y/pero...
- Es algo que...
- Es un objeto de (material)...

b **Piensa en un objeto que no sabes cómo se dice en español y descríbeselo a tus compañeros y al profesor para que te den la palabra española.** 请向同学和老师描述一件你不知道其西班牙语名称的物品并寻求他们的帮助。

Regalos 礼物

13 a **Lee lo que dicen estas personas.** 请阅读下面人物所说的内容。

TU MEJOR REGALO

El mejor regalo que me han hecho en mi vida ha sido, sin duda, una guitarra. Me la regaló mi tío cuando tenía nueve años. Empecé a tocarla, a ir a clase de guitarra... y puedo decir que descubrí mi interés por la música gracias a ella.

Pues yo no podría decir ahora cuál ha sido el mejor regalo de mi vida. Sí recuerdo algunos que fueron muy importantes para mí: un balón que me regaló mi abuelo cuando era pequeño, una pluma que me regaló una amiga... En fin, todos tuvieron un significado especial para mí, no puedo decir que uno fue mejor que otro.

A mí mis padres me regalaron una bicicleta a los once años. Me la regalaron cuando acabé la Primaria: fue un premio. Recuerdo que era el regalo que más deseaba y, claro, me encantó. Luego la utilicé durante muchos años y todavía la tengo.

b **¿Te han hecho a ti alguna vez alguno de esos regalos? ¿Cuándo? Coméntaselo a tus compañeros.**
有人也给过你这些礼物中的某一件吗？何时？请和同学一起讨论。

(A mí) Mis padres también me regalaron una bicicleta cuando era pequeño.

14 a **Piensa en el mejor regalo que te han hecho. Si no sabes cómo se dice en español, averígualo.**
请想一件别人送给你的最好的礼物。如你不知道怎么用西班牙语说，请查一查。

b **En grupos de cuatro. Habla con tus compañeros y comprueba si tu regalo coincide con el de alguno de ellos.** 四人一组。和同学谈谈并确认你的礼物是否与他们中的某个人的礼物一样。

- *¿Cuál ha sido el mejor regalo que te han hecho?*
- *Un ordenador.*
- *¿Y quién te lo regaló?*
- *(Me lo regaló) Una tía mía.*

15 a **¿Sueles regalar alguna de estas cosas?** 你经常赠送以下物品吗?

libros · música · juegos de ordenador · ropa · perfume · flores

bombones · cosas prácticas · joyas · juguetes

b **¿Qué otras cosas sueles regalar? Díselas a tu compañero y toma nota de las que te diga él.** 还有什么其他物品你经常送人? 请告诉同学并记录他告诉你的物品。

También suelo regalar cómics,...

c **Fíjate.** 请注意。

Pronombres de objeto indirecto (OI) + objeto directo (OD)

间接宾语代词(OI)和直接宾语代词(OD)

OI	OD
Me	lo
Te	los
(~~Le~~) Se	la
Nos	las
Os	
(~~Les~~) Se	

- ¿A quién le regalas música?
- **Se la** regalo a mi mejor amigo.

d **Averigua a quién se las regala y si coincidís cuando hacéis regalos.** 请查一查他都把礼物赠送给谁。你们的赠送对象是否一致。

- ¿A quién le regalas cómics?
- (Se los regalo) A mi sobrino.

16 a **Piensa en una celebración o un acontecimiento en el que te regalaron dos cosas como mínimo y en quién te las regaló.** 请回忆以前在某次庆祝活动或者类似的场合中，你所收到的至少两件礼物，还能想起是谁送你的吗?

b **Coméntalo con un compañero.** 请告诉同学。

En mi último cumpleaños me regalaron una mochila, un CD-ROM...
La mochila me la regaló...

c **Dile a otro compañero lo que te acaban de comentar y añade un regalo muy extraño. ¿Se imagina cuál es el regalo que te has inventado?**

请告诉另一位同学他们刚刚向你叙述的事情并增加一件奇怪的礼物。他想象得出你增加的礼物是什么吗?

A Walter le regalaron en su último cumpleaños una mochila, un...
La mochila se la regalaron sus compañeros...

Un cómic de Maitena Maitena的连环画

1 a Asegúrate de que entiendes estas frases. 请理解以下这些句子。

- Los (hombres) que te dan la plata.
- Los que buscan sorprenderte❶.
- Los que, por no arriesgar❷, solo te regalan flores y perfumes❸.
- Los que te regalan lo que ellos quieren que uses.
- Los que le piden a otra persona que compre el regalo.

b Lee este cómic de Maitena, autora argentina, y escribe una de esas frases encima de cada viñeta.
请阅读阿根廷漫画家Maitena的连环画，并把上题中的句子写在每幅漫画上。

Maitena, *Mujeres alteradas 2.*

❶ Sorprender *tr.* coger sin preparación o aviso;experimentar o causar una alteración emocional cuando una cosa no está prevista o no se espera.

❷ Arriesgar *tr.* poner en riesgo a una persona o cosa.

❸ Perfume *m.* producto elaborado con alcohol,flores,frutas u otras sustancias olorosas.

❹ Molestar *tr.* causar una molestia,especialmente en el ánimo o en los sentidos.

c **¿Añadirías[1] tú algún otro grupo en el que se puede incluir[2] a algunos hombres cuando hacen regalos? Díselo a la clase.** 你能添加另一组漫画，其中包含男人赠送礼物的情节吗？请告诉同学。

2 a **En grupos de tres. Pensad en la actitud de las mujeres cuando hacen regalos y escribid algunas frases describiendo[3] diferentes grupos en los que pueden ser incluidas.**
三人一组。请思考女人们赠送礼物时的态度并写一些句子，来描述不同态度类型的女性。

Las que…

b **Comentádselo a la clase. ¿Están vuestros compañeros y compañeras de acuerdo?**
请将描述告诉同学。他们都认可吗？

3 **Y tú, ¿qué tienes en cuenta[4] para elegir un regalo? ¿Crees que puedes incluirte en alguno de los grupos vistos? Díselo a la clase.**
那么你呢？挑选礼物时你考虑的是什么？你认为你属于上述类型之一吗？请告诉同学。

Recuerda 记住要点

COMUNICACIÓN

Describir objetos
- Es bastante pequeño, redondo y de color negro.

Expresar finalidad
- Es para llevar dinero y documentos.

Expresar de qué está hecho un objeto.
- Es de piel.

Expresar posesión
- ¿De quién es esta gorra?
- (Es) De Rachel.

- ¿Es tuya esta mochila?
- No, no es mía; la mía es negra.

GRAMÁTICA

***Ser* + *para* + infinitivo**
(Ver resumen gramatical, apartado 20)

***Ser* + *de* + nombre del material**
(Ver resumen gramatical, apartados 6.1 y 20)

***Ser* + *de* + nombre de persona**

***Ser* + posesivo (forma tónica)**
(Ver resumen gramatical, apartados 6.1 y 20)

Posesivos (formas tónicas)
(Ver resumen gramatical, apartado 2.2)

COMUNICACIÓN

Hablar de regalos: los regalos recibidos y los que hacemos
- ¿Cuál ha sido el mejor regalo que te han hecho?

- ¿A quién le regalas ropa?
- (Se la regalo) A mi hermana.

GRAMÁTICA

Pronombres de objeto indirecto (OI)
(Ver resumen gramatical, apartado 4.3)

Pronombres de OI + OD

Me	
Te	lo
Se	los
Nos	la
Os	las
Se	

(Ver resumen gramatical, apartado 4.6)

1 Añadir *tr.* agregar
2 Incluir *tr.* poner una cosa dentro de otra o dentro de sus límites.
3 Describir *tr.* decir cómo es una persona o cosa, explicando sus cualidades y características.
4 Tener algo en cuenta = tomar algo en consideración

Juego de tarjetas 纸牌游戏

1 **En grupos de cuatro: pareja 1 (alumnos A y B); pareja 2 (alumnos C y D). Por turnos, cada alumno toma una tarjeta y le describe a su compañero de pareja el objeto que hay dibujado en ella sin mostrársela (puede decir de qué material está hecho, su utilidad, cómo es...). Si su compañero adivina el objeto al primer intento, esa pareja obtiene un punto; si necesita más de un intento, obtiene medio punto. Gana la pareja que obtiene más puntos.** 四人一组。搭档1（学生A和B）；搭档2（学生C和D）。轮流进行。每位同学拿一张牌并向其搭档描述画在牌上的物品，但不向其示牌（可以说是什么材质做的、其用途、什么样子……）。如果你的搭档一下子就猜出是什么物品，则该对得一分。如需要一次以上才猜得出来，则得半分。得分最多的那一对胜出。

2 a Lee este texto del escritor uruguayo Eduardo Galeano y pregúntale al profesor qué significa lo que no entiendas. 请阅读乌拉圭作家爱德华多·加莱亚诺（Eduardo Galeano）的短文。不理解的地方请询问老师。

INTRODUCCIÓN A LA HISTORIA DEL ARTE

Ceno con Nicole y con Adoum. Nicole habla de un escultor que ella conoce, hombre de mucho talento y fama.
El escultor trabaja en un taller inmenso, rodeado de niños.
Todos los niños del barrio son sus amigos.

Un buen día la alcaldía le encargó un gran caballo para una plaza de la ciudad.
Un camión trajo al taller el bloque gigante de granito. El escultor empezó a trabajarlo, subido a una escalera, a golpes de martillo y cincel. Los niños lo miraban hacer.

Entonces los niños partieron, de vacaciones, rumbo a las montañas o el mar.

Cuando regresaron, el escultor les mostró el caballo terminado.

Y uno de los niños, con los ojos muy abiertos, le preguntó:

—Pero… ¿cómo sabías que adentro de aquella piedra había un caballo?

EDUARDO GALEANO: *Días y noches de amor y guerra.*

b Observa el dibujo e identifica en él estas personas, cosas y lugares.
请看以上图片并找出以下人物、物品和地点。

- escultor
- taller
- niños
- caballo
- escalera
- martillo
- piedra

c ¿Qué es lo que más te ha gustado del relato? Coméntalo con tus compañeros.
你最喜欢故事的什么？请和同学们讨论。

15 Costumbres del pasado
过去的习俗

OBJETIVOS 学习目标

- Describir personas, lugares y cosas en pasado 描写过去的人物、地方和物品
- Expresar acciones habituales en el pasado 表达过去经常性的行为
- Describir el carácter de una persona 描述一个人的性格

1 a **¿Sabes algo sobre los incas? ¿Con qué parte del mundo los relacionas? ¿Y con qué época?**
你对印加人有所了解吗？你会把他们与地球上哪个地区、哪个时期相联系？

b **Lee el texto y comprueba.** 请阅读短文并核对。

LOS INCAS

Hacia el año 1100 d. C., los incas de habla quechua llegaron a los Andes desde el sur (lago Titicaca) y fundaron su capital, la ciudad de Cuzco.

Posteriormente comenzaron a explorar y conquistar nuevas tierras, y crearon el imperio más organizado de América Latina, que perduró hasta aproximadamente el año 1530. Los incas construyeron grandes ciudades y gobernaron un extenso territorio, el equivalente a los actuales Perú, Ecuador, el oeste de Bolivia, el norte de Chile y el noroeste de Argentina.

Ana María Machado: *Exploradores y aventureros en América Latina*, Ediciones SM.

2 a **Averigua qué significan las palabras que no entiendas.** 请查一查你不认识的单词。

- Cultivar
- Sabio
- Piedra
- Tejado
- Maíz
- Transportar
- Llama (animal)
- Noble
- Licor
- Paja

b **¿Cuáles de esas cosas o animales puedes identificar en el dibujo?** 你可以在图片上找到上述哪些物品或动物?

c **Ahora lee este texto sobre la vida de los incas.** 现在请阅读有关印加人生活的短文。

Los incas trabajaban en el campo. Cultivaban, sobre todo, maíz y patatas (o papas). La llama era un animal muy importante para ellos: la utilizaban para transportar cosas pesadas, con su lana hacían ropa y en las grandes ocasiones comían su carne.

La alimentación variaba de unas zonas a otras: en las regiones montañosas, la patata era el alimento principal; en las zonas más bajas, se tomaba mucho maíz. La bebida nacional era un licor que las mujeres hacían con maíz.

Vivían en sencillas casas que tenían las paredes de piedra, el tejado de paja y una sola habitación. No había mesas ni sillas, y la familia dormía en el suelo, excepto los niños durante su primer año de vida.

Los niños del pueblo no iban a la escuela; aprendían junto a sus padres lo que necesitaban: los varones ayudaban al padre en las tareas del campo; las niñas, a la madre en la casa y en el campo. En cambio, los hijos de los nobles eran educados durante cuatro años por los sabios.

3 a **¿Has observado que en el texto se emplea un nuevo tiempo del pasado, el pretérito imperfecto? Intenta completar este esquema.** 你是否注意到在文中使用了一种新的过去时态-过去未完成时。尝试填写表格。

Pretérito imperfecto 陈述式过去未完成时

Verbos regulares 规则动词

-AR	-ER	-IR
TRABAJAR	TENER	VIVIR
trabajaba	tenía	vivía
trabajabas	tenías	vivías
trabajaba	tenía	vivía
trabajábamos	teníamos	vivíamos
trabajabais	teníais	vivíais
....	....	....

Verbos irregulares 不规则动词

SER	IR	VER
era	iba	veía
eras	ibas	veías
....	iba	veía
éramos	íbamos	veíamos
erais	ibais	veíais
....	....	veían

b **Ahora comprueba con el texto.** 现在请在文中核对。

4 a Escucha e identifica la sílaba fuerte.
请听录音并找出重读音节。
2|33

b Escucha y repite. 请听录音并跟读。
2|34

5 a Escribe seis preguntas sobre la vida de los incas. 请写出有关印加人生活的六个问题。

¿Qué comían los incas?

b Házselas a tu compañero para que las responda sin consultar el texto.
向同学提问，他回答问题时不要看文章。

6 a He aquí una escena en el interior de una casa inca en el año 1500. Obsérvala con atención, descubre los errores y escribe frases sobre ellos.
这里是1500年时的一个印加人住宅内部的情景。请仔细观察图片，找出错误并把它们写下来。

(En aquella época) No había teléfonos y, claro,	*la gente no* *no se*	*hablaba por teléfono.*

b Compara con tu compañero. ¿Quién ha descubierto más errores y ha escrito más frases correctas?
请和同学对比一下。谁发现了更多的错误并造出了更多的正确的句子？

7 Escribe un mínimo de cinco frases verdaderas o falsas sobre aquella época. Luego, díselas a tu compañero. ¿Está de acuerdo en que son verdaderas o falsas? 请写出至少五句有关那个时期的真实的或虚假的句子。然后告诉你的同学。他同意那些句子是真实的或虚假的吗？

- *Los incas vivían en chalés de madera muy modernos.*
- *Es mentira. Vivían en casas de piedra.*

La infancia 童年

8 a **Estas palabras sirven para hablar de la infancia. Pregunta el significado de las que no conozcas y forma dos pares de contrarios.** 以下单词可用来描述童年。不认识的单词请提问并找出两对反义词。

- Juguete
- Premio
- Castigar
- Castigo
- Asignatura
- Notas
- Aprobar
- Suspender
- Hacer travesuras

b **¿Cuáles de esas palabras te traen recuerdos agradables? ¿Y desagradables?**
以上单词哪些给你带来了快乐的回忆？或不愉快的回忆？

c **¿Recuerdas cuál era tu juguete preferido? ¿Y uno de tus juegos favoritos? Averigua cómo se dicen en español.**
还记得你钟爱的玩具吗？还有最喜欢的游戏？请查一查它们用西班牙语怎么说。

El carácter 性格

9 a **Averigua el significado de las palabras que no entiendas.** 请查一查你不认识的单词。

- Tranquilo
- Nervioso
- Abierto
- Reservado
- Optimista
- Generoso
- Egoísta
- Amable
- Travieso
- Agradable
- Tolerante

b **¿Cuáles de ellas utilizarías para describir tu carácter a los diez años?**
你会用哪些单词来描述你十岁时的性格？

c **En parejas. ¿Cómo crees que era tu compañero cuando tenía diez años? Díselo y comprueba si has acertado muchas cosas.** 两人一组。你认为你的同学十岁时性格应该如何？告诉他并确认你是否猜对了。

Me imagino que cuando tenías diez años, eras un niño abierto y muy alegre, bastante tranquilo y un poco travieso…

10 a **Relaciona las dos mitades de cada frase.** 请把下面两列对应起来。

• Cuando tenía diez años, era un poco bajo/-a y tímido/-a…	… era la Historia.
• Vivía en la misma casa…	… me castigaban algunas veces.
• Éramos tres hermanos/-as…	… pero bastante guapo/-a.
• Me gustaba mucho la música y tocaba la guitarra;…	… y yo era el/la mayor.
• La asignatura que más me gustaba…	… pero a veces suspendía alguna asignatura.
• No era mal estudiante,…	… que ahora.
• Era bastante travieso/-a y…	… mi músico preferido era Carlos Santana.

b **¿Con cuáles te identificas? Díselo a tu compañero.** 你的性格与上面的那些句子能对应上？请告诉同学。

11 a **Lee este cuestionario y anota tus respuestas.**
请阅读调查表并写出你的答案。

¿CÓMO ERA TU VIDA A LOS DIEZ AÑOS?

	Tú		
Aspecto y carácter.			
Lugar de residencia: ¿casa o piso?			
Tu familia.			
Tu mejor amigo.			
Juego o juguete preferido.			
Aficiones. Famoso admirado.			
Centro de estudios. Curso.			
Asignatura preferida.			
Asignatura más odiada.			
Notas. ¿Suspensos?			
Profesor preferido.			
¿Travieso? ¿Castigos?			

b **En grupos de tres. Pregunta a tus compañeros y anota sus nombres y sus respuestas.**
三人一组。请问一问同学，并记下他们的姓名和回答。

¿Cómo eras | cuando tenías / a los | diez años?

c **¿Con qué compañero coincides en más cosas? ¿Crees que habríais sido buenos amigos a los diez años? Coméntalo con él.** 你和哪一位同学巧合最多？你认为你们十岁时能够成为好朋友吗？请和同学讨论。

d **Decidle a la clase en qué coincidíais a esa edad.** 请和同学一起讨论，在那个年龄你们的共同点是什么。

David y yo éramos muy traviesos y nos castigaban muchas veces.

12 a **Escucha esta conversación entre Rafa y Ana sobre su infancia. ¿Quién no menciona ningún recuerdo malo?**
请听Rafa和Ana之间有关他们童年的对话。谁没有提到不好的回忆？
2|35

b **Escucha de nuevo la conversación y anota los recuerdos que oigas.** 请重听录音并写出你听到的回忆。
2|36

	Rafa	Ana
Recuerdos buenos		
Recuerdos malos		

13 a **Dos grupos (A y B). Imagina la infancia del profesor o la profesora y decide con los miembros de tu grupo qué cosas hacía o le gustaban.** 组成二组（A组和B组）。想象一下你们老师的童年，并和组员讨论那时他都做了些什么或喜欢什么。

b **Decídselas a él o ella para que confirme si las hacía o no. ¿Qué equipo tiene más aciertos?** 告诉老师并由他来确认是否做过。哪一组猜对的更多?

- *Cuando eras pequeña, te gustaba mucho el colegio.*
- *Pues sí, me gustaba mucho.*

14 **Habla de tu infancia con un compañero con el que no has trabajado en esta lección. Luego, toma nota de lo que él te diga.** 向一位本课中你尚未合作过的同学叙述你的童年。然后请记录下他的叙述。

15 a **Utiliza esas notas para escribir en casa un texto sobre la infancia de ese compañero y añade dos informaciones sorprendentes que te inventes.** 请使用这些记录在课后写出有关那位同学童年的短文，并在文中加入两个你编造的令人惊奇的信息。

LA INFANCIA DE NICK

Cuando Nick era niño...

b **Entrégaselo al profesor en la próxima clase (él se lo dará a otro estudiante para que descubra las dos informaciones inventadas).** 在下堂课把它交给老师（他将把它交给另一位学生让其找出那二个编造的信息）。

Estrategias de aprendizaje 学习方法

16 a **Piensa en tu experiencia como estudiante y hablante de español. Luego, coméntale a la clase las cosas en las que has cambiado y mejorado.** 请思考你学习西语和使用西语的经历。然后向全班说出你已经纠正和进步的方面。

Antes entendía muy poco cuando escuchaba español. Ahora entiendo más (porque sé qué tengo que hacer cuando escucho).
Antes me ponía nervioso cuando tenía que hablar en clase, pero ahora no.

b **¿Han dicho tus compañeros algo interesante que te puede ser útil en el futuro? Anótalo y trata de ponerlo en práctica a partir de ahora.** 你的同学有说出一些对你以后的学习有帮助的建议吗？请记录下来并尝试从此将其付诸于实践中。

La sociedad inca 印加社会

1 a **Lee el artículo (puedes usar el diccionario). Luego, complétalo con las frases siguientes.**
请阅读文章（可以查字典）。然后用以下句子填空。

- ☐ La familia tenía una gran importancia para ellos
- ☐ Las tareas❶ de los hombres eran muy variadas
- ☐ Por eso tenía un poder absoluto
- ☐ Llegaron a tener una red de comunicaciones muy completa
- ☐ Que la trabajaba de manera colectiva❷

Para mucha gente, el Imperio inca es uno de los más sorprendentes de la historia, y la organización de su sociedad es uno de los aspectos❸ que más les llaman la atención❹.
Los incas consideraban que su emperador, el Inca, era hijo del Sol, su máximo dios; **1.** .... sobre las personas, la tierra, los animales y los metales❺ del imperio.
2. .... Cada persona era miembro de un *ayllu*, grupo formado por familias que descendían❻ de un mismo individuo.

Machu Picchu, ciudad fortaleza inca construida a 2430 m de altura.

Los incas tenían que cumplir la *mita*, que consistía en⓯ trabajar gratis para el Estado durante un período de tiempo determinado⓰.
4. .... : cultivar los terrenos⓱ del Inca, participar en⓲ guerras con el ejército, construir obras públicas, etcétera. Las mujeres hacían una cantidad determinada de ropas⓳ para los funcionarios.

La economía tenía su base en la agricultura❼, y estaba controlada❽ y dirigida❾ por el Estado❿. La tierra era propiedad⓫ de este y se dividía en tres partes: una para el Inca, otra para el Sol y la tercera para el *ayllu*, **3.** ....
Con los productos obtenidos, el Estado hacía frente a⓬ sus gastos⓭ (ejército, obras públicas, etcétera) y proporcionaba⓮ todo lo necesario para vivir, razón por la que no existía el hambre. Además, los ancianos y enfermos recibían ayuda especial.

❶ Tarea *f.* trabajo que debe hacerse en un tiempo determinado.
❷ Colectivo *adj.* de la comunidad o que tiene relación con ella.
❸ Aspecto *m.* manera de aparecer o de mostrarse una persona o cosa.
❹ Llamar la atención = atraer la curiosidad o el interés.
❺ Metal *m.* material duro y brillante que se saca de los minerales y que se usa para fabricar numerosos objetos.
❻ Descender *intr.* proceder de una persona o cosa.
❼ Agricultura *f.* arte y técnica de cultivar la tierra.
❽ Controlar *tr.* dirigir y dominar.
❾ Dirigir *tr.* gobernar,mandar y organizer a un grupo de personas.
❿ Estado *m.* terreno y población de un país independiente.
⓫ Propiedad *f.* derecho o poder que tiene una persona para disponer de una cosa que le pertenece.
⓬ Hacer frente a = oponerse a
⓭ Gasto *m.* dinero entregado a cambio de bienens o servicios.
⓮ Proporcionar *tr.* dar,proveer
⓯ Consistir en = residir en
⓰ Determinado *adj.* participio pasivo de determinar.
⓱ Terreno *m.* parte del suelo
⓲ Participar en = tomar parte en
⓳ Hacer ropa = confeccionar

Los incas construyeron unos 40 000 kilómetros de caminos.

5. .... A lo largo de[1] los años construyeron por todo el territorio muchos caminos que facilitaban[2] el trabajo de los *chasquis*, mensajeros muy rápidos, especialmente preparados, que iban corriendo a los diferentes lugares del imperio para llevar las noticias y comunicar las leyes.

b **Lee de nuevo y selecciona las informaciones que más te llamen la atención.**
请重新阅读文章并选出最能引起你关注的信息。

c **Coméntalas con tus compañeros.**
请和同学们讨论。

Recuerda 记住要点

COMUNICACIÓN

Describir personas, lugares y cosas en pasado

- Cuando era pequeño, era muy rubio y bastante alto.
- Mi casa era muy bonita y tenía un jardín.

Hablar de acciones habituales en el pasado

- De pequeño iba mucho al cine.
- A los diez años jugaba al fútbol en el equipo del colegio.

Describir el carácter de una persona

- De pequeño yo era un niño abierto, bastante nervioso y un poco travieso.

GRAMÁTICA

Pretérito imperfecto

Verbos regulares

(Ver resumen gramatical, apartado 3.4.1)

Verbos irregulares

Ir, ser, ver.

(Ver resumen gramatical, apartado 3.4.2)

Preposiciones

A

- A los diez años = cuando tenía diez años

De

- De pequeño = cuando era pequeño

1 A lo largo de = siguiendo una longitude o duración.

2 Facilitar *tr.* hacer fácil o posible un proceso o una acción.

La vida en España a principios del siglo xx
20世纪初的西班牙的生活

1 a ¿Cómo crees que era la vida en España hace unos cien años? Señálalo en la columna "Antes de leer". Puedes consultar el diccionario. 你认为大约百年前的西班牙的生活是什么样的？阅读前请在“Antes de leer”一栏中标出答案。可以查字典。

ANTES DE LEER V	F		DESPUÉS DE LEER V	F
☐	☐	**1.** A principios del siglo xx muchos españoles se fueron a vivir del campo a la ciudad.	☐	☐
☐	☐	**2.** En aquella época, en las ciudades había menos contaminación que ahora.	☐	☐
☐	☐	**3.** Las personas morían antes.	☐	☐
☐	☐	**4.** Los alimentos eran más sanos para la salud.	☐	☐
☐	☐	**5.** Era más difícil viajar.	☐	☐
☐	☐	**6.** Proporcionalmente había más niños que ahora.	☐	☐
☐	☐	**7.** Todos los niños podían estudiar.	☐	☐
☐	☐	**8.** Se trabajaba mucho y se ganaba poco.	☐	☐

b Lee y marca la columna "Después de leer". 请阅读短文并在“Después de leer”一栏中标出答案。

A principios del siglo xx, en España vivía mucha más gente en el campo que ahora. Posteriormente, a lo largo del siglo, emigraron muchas personas a la ciudad.

Las ciudades eran más pequeñas que ahora, había pocos automóviles y estaban menos contaminadas.

La medicina estaba menos desarrollada y había enfermedades incurables que ahora tienen fácil curación. En general, la gente vivía bastantes menos años que ahora.

Los alimentos eran más naturales, tenían menos ingredientes artificiales y perjudiciales, pero se comía menos.

La gente viajaba menos. Había menos medios de transporte públicos y privados, y eran más lentos e incómodos.

En aquella época se tenían más hijos que ahora. La mayor parte de las familias eran numerosas.

No había suficientes escuelas y había niños sin escolarizar. Pocas personas realizaban estudios de grado medio y superior; la gran mayoría de ellas eran hombres.

Las condiciones laborales eran malas. La jornada laboral era dura y larga, y los salarios eran muy bajos.

c **Piensa en las respuestas a estas preguntas y coméntalas con la clase.**
请思考以下问题的答案并和班里同学讨论。

- ¿Cuáles de las cosas que acabas de leer te parecen positivas?
- ¿En qué otros aspectos te parece mejor la vida de aquella época que la actual?

2 a **Lee las frases en las que Óscar dice cosas que hacía cuando tenía diez años.**
请阅读Oscar所说的他十岁时所做的事情。

1. "Salía del colegio a la cinco de la tarde".
2. "Lo primero que hacía después de salir del colegio era merendar".
3. "Algunos días tenía actividades extraescolares por la tarde: iba a clase de música".
4. "Veía bastante la televisión y todos los días veía un programa infantil que me gustaba mucho".
5. "Jugaba mucho en la calle con mis amigos".
6. "Mis abuelos me llevaban muchos días al parque".
7. "Montaba mucho en bicicleta; me encantaba".
8. "No usaba el ordenador porque en aquella época no había".
9. "Normalmente sacaba buenas notas en Lengua y malas en Matemáticas".
10. "Casi todos los veranos iba de vacaciones a la playa con mi familia".

b **¿Cuáles de ellas hacías tú también a esa edad? Díselo a tu compañero.**
哪些事情你那个年龄时也做过？请告诉同学。

3 a **"¡Es mentira!". Escribe frases verdaderas y frases falsas sobre cosas que hacías tú cuando tenías diez años.**
"说谎！"请写下你十岁时所做的事情可以是真实的或虚假的句子。

Cuando tenía diez años leía mucho.

b **En parejas. Díselas a un compañero con el que no has trabajado en esta lección. Cuando cree que una frase es falsa, dice "¡Es mentira!". Si realmente es falsa, obtiene un punto; si es verdadera, lo obtienes tú.**
两人一组。把这些句子告诉一位你在本课中尚未合作过的同学。当他认为一句话是虚假的，就说"¡Es mentira!"。如果确为假话，就得一分；如果是真话，你得一分。

c **Coméntale qué otras frases falsas no ha descubierto. Anótate un punto por cada una de ellas.**
告诉他还有哪些他尚未觉察的虚构的句子。每说一句你得一分。

d **¿Quién tiene más puntos?** 谁的分数最高？

Repaso 3
复习课 3

LECCIONES 课文

1 a **Busca en las lecciones 11-15 y haz una lista de seis palabras que te parezcan útiles y te resulten difíciles.** 请在11–15课中寻找，然后列一张表，写上你认为有用且有难度的六个单词。

b **Muéstraselas a tu compañero y explícale las que no entienda. Comparad las dos listas y elegid las seis palabras que consideréis más útiles.** 请把表给同学看并解释他不认识的单词。请对比一下两张表并选出六个你们认为最有用的单词。

c **Dos parejas, por turnos. Una pareja dice una de esas palabras, y la otra imagina y representa un pequeño diálogo incluyéndola. Si lo hace correctamente, obtiene un punto. Gana la pareja que consigue más puntos.** 两组轮流说。一组说出这些单词中的一个单词，另一组用这个单词编造和表演一小段对话。如果这一组的表达正确，则得一分。得分最高的一组胜出。

2 a **Quieres alquilar una habitación. Has comprado el periódico y aparece este anuncio. Léelo y marca verdadero o falso.** 你想租间房。你买了张报纸，上面有这则广告。阅读广告并判断对错。

ALQUILO

VILLALAR, C/, zona Retiro. Ático de tres habitaciones, compartir con dos chicos, 50 m² de terraza, ascensor, teléfono, calefacción.

400 €/mes más gastos comunes.
Tel.: 91 419 93 12

	V	F
1. Es un primer piso.	☐	☐
2. Ahora solo vive una persona en él.	☐	☐
3. Es un piso de 50 metros cuadrados.	☐	☐
4. Cada persona paga 400 euros al mes.	☐	☐

b **En parejas. No miréis el plano del compañero.** 两人一组。请勿互看对方的城区地图。

Alumno A

1. **Llamas por teléfono a ese piso. Vas a ir a verlo a las seis de la tarde y preguntas:**
   - La dirección exacta.
   - Cómo se va (estás en la esquina de las calles de Montalbán y Alfonso XII).
2. **Marca el camino en el plano. Luego, compruébalo con tu compañero.**

Alumno B

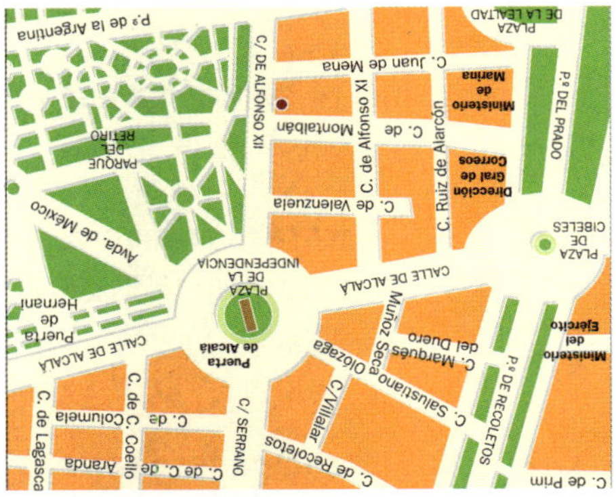

1. **Vives en ese piso y A te llama por teléfono. Va a ir a verlo a las seis. Mira el plano y responde a sus preguntas sobre:**
   - La dirección del piso.
   - Cómo se va desde la esquina de las calles de Montalbán y Alfonso XII.
2. **Comprueba si tu compañero ha marcado bien el camino que le has dicho.**

3 a **Repasa los tiempos verbales estudiados en las lecciones 11-15 y anota las formas con las que tengas más dificultades.** 请复习11–15课中所学过的动词时态并记下你觉得最难的动词变位。

b **Comprueba si las recuerda tu compañero y anota las más difíciles de las suyas.**
请看看同学是否记得这些动词变位，并记下他觉得最难的动词变位。

c **Escribe frases incompletas con algunas de las formas de a) y b). No te olvides de especificar el verbo y el sujeto. Luego, pásaselas a tu compañero para que las complete.** 请使用练习 a）和 b）中的一些变位形式来造非完整句。别忘了写出动词和主语。然后把这些句子给同学让他写完整。

El sábado, Cecilia fue a una fiesta y .... (divertirse, ella) muchísimo.

4 a **Imagina el último fin de semana de un compañero al que no conoces mucho. Anota las cosas que crees que hizo y valóralas.** 请想象一个你不太熟悉的同学是如何度过上周末的。记下你认为他做的事情并做出评价。

El domingo por la mañana fue al Parque de Atracciones con...

b **Díselo y comprueba cuántas cosas has adivinado.** 请告诉他并看看你猜对了多少。

El sábado por la tarde estuviste en...

5 2|37 **¿Verdadero o falso? Escucha esta conversación entre dos antiguos compañeros de estudios y de piso, y marca la opción correcta.** 判断对错。请听两位老同学和舍友的对话并标出正确答案。

	V	F
1. En su época de estudiantes vivían peor que ahora.	☐	☐
2. Tenían muy poco tiempo libre.	☐	☐
3. Eran malos estudiantes y estudiaban poco.	☐	☐
4. Solían acostarse muy tarde.	☐	☐
5. En épocas de exámenes estudiaban mucho por la noche.	☐	☐
6. La casa en la que vivían tenía mucha luz y era muy alegre.	☐	☐
7. No era muy céntrica.	☐	☐

6 a **Piensa cómo era tu vida hace diez años y anota cosas que hacías entonces y no haces ahora.**
请思考十年前你的生活是怎样的，并记下那时你做的而现在已不做的事。

b **Coméntaselas a tu compañero y averigua si coincides con él en algo.**
请和同学一起讨论并看看是否在某些方面与他的情况相同。

7 a ¿Recuerdas cuáles son los dos o tres últimos regalos que has hecho? Piensa cómo puedes describirlos.
请回忆一下你最近送出的两三件礼物。思考一下如何描述它们。

b Descríbeselos a un compañero para que adivine qué regalos eran.
请向同学描述这些礼物，看他是否能猜出来。

Era cuadrado, de tamaño medio y de plástico. Servía para…

c Dile a quién le regalaste cada cosa, cuándo y por qué.
请告诉他这每一件礼物你都赠送给了谁，何时赠送的，为什么赠送。

El… se lo regalé a…

8 a ¿Qué recuerdas de los incas? Responde a las preguntas. 你对印加人还有什么印象？回答问题。

1. ¿Hasta qué año aproximadamente existió el Imperio inca?
2. ¿A qué países actuales corresponde el territorio que ocupaba?
3. ¿Cuál era su capital?
4. ¿Cuál era el alimento básico de los incas?
5. ¿Qué recuerdas de sus casas?
6. Según los incas, ¿de quién era hijo el emperador?
7. ¿Quién era el propietario de la tierra que cultivaban los incas?
8. ¿Qué proporcionaba el Estado a los ciudadanos?

b Compara tus respuestas con las de tu compañero. Si tenéis alguna duda, podéis consultar la lección 15.
请将你的回答和同学的回答对比一下。如有疑问，请查阅第15课。

9 a Juego sobre España y América Latina. Piensa en informaciones sobre España o América Latina estudiadas durante el curso y toma nota de ellas. Puedes consultar el libro. 有关西班牙和拉丁美洲的游戏。思考一下本课程中学过的与西班牙或拉丁美洲相关的信息并做出记录。可以查书。

Montevideo es la capital administrativa del Mercosur.

b Compáralas con las de un compañero y preparad un cuestionario de ocho preguntas sobre esas informaciones. 请与一位同学记录的信息做对比，并就这些信息准备一份含有八个问题的问卷。

CUESTIONARIO
España y América Latina

c Jugad con otros dos compañeros. Hacedles vuestras preguntas y contestad a las suyas. ¿Quiénes dan más respuestas correctas? 请与另两位同学做游戏。向他们提问，同时回答他们的问题。谁的正确回答更多些？

10 a En grupos de tres. El mes que viene os vais a ir de vacaciones durante una semana a alguna parte, pero aún no sabéis a dónde. Discutidlo y decidid a dónde vais a ir. 三人一组。下个月你们将去某地度假一周，但还不知道要去哪里。请大家讨论并决定去哪里。

b Haced una lista de toda la información que necesitáis para hacer el viaje.
请列出一张此次旅行所需信息的清单。

- Medios de transporte, horarios y precios
- Posibilidades de alojamiento y precios
- Clima
- Qué podéis visitar y hacer allí, etcétera.

c Decidid qué información va a buscar cada uno de vosotros, dónde y cómo (en agencias de viaje, por internet, etc.). 确定你们当中的每位所要查找的信息是什么、在哪里，以及如何查找（通过旅行社，互联网，等等）。

d Buscad esa información donde y como habéis decidido en el apartado anterior.
请根据上一部分中已分配好的任务，各自进行查询。

e Comentad al resto del grupo la información obtenida y poneos de acuerdo en cómo vais a hacer el viaje y dónde os vais a alojar. ¡No olvidéis hacer una lista de la ropa y las cosas que tenéis que llevar!
请告诉本组的其他同学所获得的信息，并就你们如何安排旅行、在哪里住宿达成一致。别忘了写一张你们必须要带的衣服和物品的清单。

f Hablad a los demás compañeros de vuestro viaje y vuestros planes para esa semana, pero no mencionéis el nombre del lugar al que vais a ir. Ellos tienen que adivinarlo. 请告诉班里的其他同学你们的旅行及你们那周的计划，但千万别提你们将要去的地名。让他们猜一猜。

Resumen gramatical
语法总结

1 Las letras 字母

字　母	名　称	发　音	举　例
A, a	a	/ɑ/	La Habana
B, b	be	/b/	Barcelona
C, c	ce	/θ/, /k/	cine, Carmen
Ch, ch	che	/tʃ/	Chile
D, d	de	/d/	adiós
E, e	e	/e/	España
F, f	efe	/f/	teléfono
G, g	ge	/g/, /x/	Málaga, Ángel
H, h	hache	–	hotel
I, i	i	/i/	Italia
J, j	jota	/x/	Japón
K, k	ka	/k/	kilómetro
L, l	ele	/l/	Lima
Ll, ll	elle	/l̬/	lluvia
M, m	eme	/m/	Madrid
N, n	ene	/n/	no
Ñ, ñ	eñe	/ɲ/	España
O, o	o	/o/	Toledo
P, p	pe	/p/	Perú
Q, q	cu	/k/	Quito
R, r	erre	/r̄/, /r/	guitarra, aeropuerto
S, s	ese	/s̄/	sí
T, t	te	/t/	teatro
U, u	u	/u/	Uruguay
V, v	uve	/b/	Venezuela
W, w	uve doble	/w/, /b/	whisky, water
X, x	equis	/ks/, /s/	taxi, extranjero
Y, y	i griega	/y/, /i/	yo, Paraguay
Z, z	zeta	/θ/	plaza

Observaciones: 注解：

- 字母 *h* 在西班牙语中不发音 (*hola*、*hospital*)。
- 字母 *b* 和 *v* 发音一样：/b/ (*Buenos Aires*、*Valencia*)。
- 发音为 /rr/ 的情况：
    - 元音之间写为*rr* (*perro*)。
    - *r* 在单词词首 (*Roma*) 或在 *l*、*n* 和 *s* 后面 (*alrededor*、*Enrique*)。

  其他情况下，字母 *r* 发成 /r/，如 *pero*。
- 字母 *x* 在辅音前发音为 /s/ (*exterior*)。

- 字母 *c*、*z* 和*q*：

书　写	发　音
za	/θɑ/
ce	/θe/
ci	/θi/
zo	/θo/
zu	/θu/

书　写	发　音
ca	/kɑ/
que	/ke/
qui	/ki/
co	/ko/
cu	/ku/

- 字母 *g* 和 *j*：

书　写	发　音
ga	/gɑ/
gue	/ge/
gui	/gi/
go	/go/
gu	/gu/
güe	/gue/
güi	/gui/

书　写	发　音
ja	/xɑ/
je, ge	/xe/
ji, gi	/xi/
jo	/xo/
ju	/xu/

2 Posesivos 物主形容词

物主形容词需与名词保持性数一致。

- Tus hermano**s** no viven aquí, ¿verdad?
- Es una amig**a** mí**a**.

2.1. Formas átonas 非重读物主形容词

阳　性		阴　性	
单数	复数	单数	复数
mi	mis	mi	mis
tu	tus	tu	tus
su	sus	su	sus
nuestro	nuestros	nuestra	nuestras
vuestro	vuestros	vuestra	vuestras
su	sus	su	sus

Observaciones: 注解：

- 置于名词前。
  - ¿A qué se dedica **tu** padre?

2.2. Formas tónicas 重读物主形容词

阳 性		阴 性	
单数	复数	单数	复数
mío	míos	mía	mías
tuyo	tuyos	tuya	tuyas
suyo	suyos	suya	suyas
nuestro	nuestros	nuestra	nuestras
vuestro	vuestros	vuestra	vuestras
suyo	suyos	suya	suyas

Observaciones: 注解：

可置于：

- 名词之后。
  - Un **amigo mío.**
- 动词之后。
  - Ese libro **es tuyo**, ¿no?
- 冠词之后，起对比作用。
  - Mi novia es muy inteligente.
  - ■ **La mía** también.

3 Verbos 动词

西班牙语的动词可分为三类，其原形动词词尾为 *-ar*、*-er* 或 *-ir*。

3.1. Presente de indicativo 陈述式现在时

3.1.1. Verbos regulares 规则动词

	-ar	-er	-ir
	HABLAR	COMER	VIVIR
(yo)	habl**o**	com**o**	viv**o**
(tú)	habl**as**	com**es**	viv**es**
(él/ella/usted*)	habl**a**	com**e**	viv**e**
(nosotros/nosotras)	habl**amos**	com**emos**	viv**imos**
(vosotros/vosotras)	habl**áis**	com**éis**	viv**ís**
(ellos/ellas/ustedes*)	habl**an**	com**en**	viv**en**

* *Usted* 和 *ustedes* 表示第二人称，但是在动词变位的时候和 *él* / *ella*、*ellos* / *ellas* 一样(归在第三人称)。

3.1.2. Verbos irregulares 不规则动词

3.1.2.1. *Ser*, *estar* e *ir*

	SER	ESTAR	IR
(yo)	soy	estoy	voy
(tú)	eres	estás	vas
(él/ella/usted*)	es	está	va
(nosotros/nosotras)	somos	estamos	vamos
(vosotros/vosotras)	sois	estáis	vais
(ellos/ellas/ustedes*)	son	están	van

3.1.2.2. Irregularidades que afectan a las tres personas del singular y a la tercera del plural. 影响单数三个人称和第三人称复数的不规则变化

verbo jugar u → ue	e → ie	o → ue	e → i	u → uy (verbos en –uir)
JUGAR	QUERER	PODER	PEDIR	INCLUIR
juego	qu**ie**ro	p**ue**do	p**i**do	inclu**y**o
juegas	qu**ie**res	p**ue**des	p**i**des	inclu**y**es
juega	qu**ie**re	p**ue**de	p**i**de	inclu**y**e
jugamos	queremos	podemos	pedimos	incluimos
jugáis	queréis	podéis	pedís	incluís
juegan	qu**ie**ren	p**ue**den	p**i**den	inclu**y**en

emp**e**zar	v**o**lver	d**e**cir	infl**uir**
p**e**nsar	ac**o**starse	rep**e**tir	constr**uir**
pref**e**rir	d**o**ler	s**e**guir	destr**uir**
recom**e**ndar	ac**o**rdarse	s**e**rvir	
com**e**nzar	rec**o**rdar	el**e**gir	

3.1.2.3. *c* → *zc* en la primera persona del singular (verbos en *-ecer*, *-ocer* y *-ucir*)

第一人称单数时 *c* → *zc*（以 *-ecer*、*-ocer*、*-ucir* 结尾的动词）

conocer → cono**zc**o　　conducir → condu**zc**o　　traducir → tradu**zc**o

3.1.2.4. Verbos con la primera persona del singular irregular

第一人称单数的不规则变位动词

hacer → ha**go**　　saber → **sé**
salir → sal**go**　　ver → **veo**
poner → pon**go**　　dar → d**oy**
traer → tra**igo**

3.1.2.5. Verbos con doble irregularidad 双重不规则变位的动词

TENER	VENIR	DECIR	OÍR
ten**g**o	ven**g**o	d**ig**o	o**ig**o
t**ie**nes	v**ie**nes	d**i**ces	o**y**es
t**ie**ne	v**ie**ne	d**i**ce	o**y**e
tenemos	venimos	decimos	oímos
tenéis	venís	decís	oís
t**ie**nen	v**ie**nen	d**i**cen	o**y**en

Usos del presente: 现在时的用法：

- 表达我们习惯性做的事情。
  - Todos los días **me levanto** a las ocho.
- 给出目前信息。
  - **Está** casada y **tiene** dos hijos.
- 给或借东西。
  - ¿**Quieres** más ensalada?
  - ¿Me **das** una hoja, por favor?
- 提出建议。
  - ¿Por qué no **vas** al médico?
- 提出邀请。
  - ¿**Quieres** venir a la playa con nosotros?
- 谈论未来。
  - Mañana **actúa** Shakira en Barcelona.

3.2. Pretérito indefinido　简单过去时

3.2.1. Verbos regulares　规则动词

HABLAR	COMER	SALIR
habl**é**	com**í**	sal**í**
habl**aste**	com**iste**	sal**iste**
habl**ó**	com**ió**	sal**ió**
habl**amos**	com**imos**	sal**imos**
habl**asteis**	com**isteis**	sal**isteis**
habl**aron**	com**ieron**	sal**ieron**

3.2.2. Verbos irregulares　不规则动词

3.2.2.1. Los verbos *ser* e *ir* tienen las mismas formas:　动词 *ser* 和 *ir* 变位形式一样：

SER/IR
fui
fuiste
fue
fuimos
fuisteis
fueron

3.2.2.2. Verbos de uso frecuente con raíz y terminaciones irregulares:

常用词根和词尾不规则的动词：

原形动词	词根	词尾
Tener	**tuv-**	**-e** **-iste** **-o** **-imos** **-isteis** **-ieron**
Estar	**estuv-**	
Poder	**pud-**	
Poner	**pus-**	
Saber	**sup-**	
Andar	**anduv-**	
Hacer	**hic-/hiz-**	
Querer	**quis-**	
Venir	**vin-**	

原形动词	词根	词尾
Decir	**dij-**	**-e** **-iste** **-o** **-imos** **-isteis** **-eron**
Traer	**traj-**	

3.2.2.3. *o* → *u* en las terceras personas

第三人称时 *o* → *u*

DORMIR	MORIR
dormí	
dormiste	
durmió	murió
dormimos	
dormisteis	
durmieron	murieron

3.2.2.4. *e* → *i* en las terceras personas de los verbos en *e...ir* (excepto *decir*)

e...ir 类型动词第三人称时 *e* → *i* (除了 *decir*)

PEDIR
pedí
pediste
pidió
pedimos
pedisteis
pidieron

3.2.2.5. *y* en las terceras personas
y 在第三人称中

LEER	OIR
leí	oí
leíste	oíste
leyó	oyó
leímos	oímos
leísteis	oísteis
leyeron	oyeron

3.2.2.6. Verbo *dar* 动词 *dar*

DAR
di
diste
dio
dimos
disteis
dieron

这种不规则变化的动词还有 *creer*、*influir*、*construir*、*destruir*等。

Usos del pretérito indefinido: 简单过去时的用法：

指在已结束的时间段内发生的过去的动作或事件。使用时，时间参照词常有 *ayer* (昨天)、*el otro día* (那天)、*la semana pasada* (上周)、*el año pasado* (去年)，等等。

- Ayer **comí** con Cristina.
- El año pasado **estuve** de vacaciones en Irlanda.

3.3. Pretérito perfecto 现在完成时

由动词haber的陈述式现在时和变位动词的过去分词构成。

he ***has*** ***ha*** ***hemos*** ***habéis*** ***han***	+ 过去分词

过去分词构成：

原形动词	过去分词
-AR	-ADO
-ER -IR	-IDO

(habl**ar** - habl**ado**)
(com**er** - com**ido**)
(ven**ir** - ven**ido**)

一些常用的不规则过去分词：

ver → **visto** abrir → **abierto** volver → **vuelto** poner → **puesto** morir → **muerto**
escribir → **escrito** descubrir → **descubierto** romper → **roto** hacer → **hecho** decir → **dicho**

Observaciones: 注解：

- 过去分词的形式不可变化。
  - Esta mañana he est**ado** con Luisa.
  - Esta mañana hemos est**ado** con Rosa y con Carlos.
- 过去分词总是紧跟在动词 *haber* 之后。
  - Hoy me **he levantado** muy pronto.
  - Aún no **he cenado**.

Usos: 用法：

- 指在尚未结束的时间段内发生的过去的动作或事件，或说话人认为这种动作和事件紧临现时。使用时，时间参照词常有 *hoy* (今天)、*esta mañana* (今天上午)、*esta semana* (本周)、*este mes* (本月)、*hace un rato* (刚刚)，等等。
  - Hoy **he comido** con Ramón.
  - Este verano **ha hecho** mucho calor.
- 指过去的经历或活动，但不指出其完成的具体时刻。
  - Miguel **ha estado** muchas veces en París.
  - **No he estado nunca** en Latinoamérica / **Nunca he estado** en Latinoamérica.

  Pero no se dice "~~He estado nunca en Latinoamérica~~"
- 指过去的动作或事件，但其对现今有影响。
  - Perdona por llegar tarde, pero es que **he tardado** mucho en encontrar este sitio.

3.4. Pretérito imperfecto 过去未完成时

3.4.1 Verbos regulares 规则动词

TRABAJAR	COMER	VIVIR
trabaj**aba**	com**ía**	viv**ía**
trabaj**abas**	com**ías**	viv**ías**
trabaj**aba**	com**ía**	viv**ía**
trabaj**ábamos**	com**íamos**	viv**íamos**
trabaj**abais**	com**íais**	viv**íais**
trabaj**aban**	com**ían**	viv**ían**

3.4.2 Verbos irregulares 不规则动词

SER	IR	VER
era	iba	veía
eras	ibas	veías
era	iba	veía
éramos	íbamos	veíamos
erais	ibais	veíais
eran	iban	veían

Usos: 用法：

- 描写过去的人物、地点和事物。
  - Cuando **era** pequeño, **era** moreno y un poco gordo.
  - Mi habitación **era** bastante pequeña, pero muy bonita, y **tenía** balcón.
- 指过去习惯性的动作。
  - De pequeño **iba** mucho al campo con mis padres. En verano **solíamos** ir a la playa.
  - A los nueve años **iba** a clase de música dos veces por semana.

3.5. Imperativo afirmativo 肯定命令式

-AR	-ER	-IR	
entra	lee	abre	(tú)
entre	lea	abra	(usted)
entrad	leed	abrid	(vosotros)
entren	lean	abran	(ustedes)

Observaciones: 注解：

- *Tú* (你)：肯定命令式形式同陈述式现在时第三人称单数相同。
  - ● **Toma.**
  - ● **Sigue** todo recto...
  - ● ¿Puedo cerrar la ventana?
  - ■ Sí. **Cierra, cierra.**

例外：

hacer → **haz**
poner → **pon**
venir → **ven**
tener → **ten**
salir → **sal**
decir → **di**
ir → **ve**
ser → **sé**

- 陈述式现在时第一人称单数变位的不规则动词，其不规则形式同第三人称单复数 *usted* 和 *ustedes* 的肯定命令式不规则形式相同。

Cierro → cierre, cierren
Pido → pida, pidan
Hago → haga, hagan

例外：

Ir → **vaya, vayan**
Ser → **sea, sean**
Estar → **esté, estén**
Dar → **dé, den**

- *Vosotros* (你们)：其肯定命令式形式结构为将原形动词结尾字母 *r* 改为 *d*。

Estudiar → estudia**d**
Venir → veni**d**
Salir → sali**d**

但在代词式动词[*verbo pronominal*，也称为*verbo reflexivo* (自复动词)]的情况下，该变位形式(如 *sentad*)失去字母 *d*。有时则用原形动词。

- ● ¿Podemos sentarnos?
- ■ Sí, sí. **Sentaos / sentaros.**

- 代词位于肯定命令式之后，并与其合二为一。
  - ● ¿Puedo abrir la puerta? Es que tengo mucho calor.
  - ■ Sí, sí. **Ábrela.**

Usos: 用法：

- 表达指令
  - ● Oiga, perdone, ¿el restaurante Villa está cerca de aquí?
  - ■ Sí, muy cerca. **Siga** todo recto y **gire** la primera a la derecha...
- 给予东西
  - ● **Coge, coge** otro pastel, que están muy buenos.
- 给予许可
  - ● ¿Puedo bajar un poco el volumen de la tele?
  - ■ Sí, sí. **Bájalo.**

3.6. Gerundio 副动词

3.6.1 Verbos regulares 规则动词

-AR	-ER	-IR
-ando	-iendo	-iendo

(trabaj**ando**) (com**iendo**) (escrib**iendo**)

3.6.2 Verbos irregulares 不规则动词

当动词有 *e* 并以 *ir* 结尾时，元音 *e* → *i*

Decir → d**i**ciendo　　Pedir → p**i**diendo

Repetir → rep**i**tiendo　　Vestir(se) → v**i**stiendo (v**i**stiéndose)

大多数以元音 + *er/ir* 结尾的动词，*er/ir* → *y*

Leer → le**y**endo.　　Oír → o**y**endo.

但是:

Reír → riendo

o* → *u

Dormir → d**u**rmiendo.　　Morir → m**u**riendo.

4 Pronombres personales 人称代词

4.1. Sujeto 主语

	第一人称	第二人称	第三人称
单数	yo	tú usted	él ella
复数	nosotros nosotras	vosotros vosotras ustedes	ellos ellas

4.2. Objeto directo 直接宾语

	第一人称	第二人称	第三人称
单数	me	te lo/le/la	lo/le/la
复数	nos	os los/les/las	los/les/las

4.3. Objeto indirecto 间接宾语

	第一人称	第二人称	第三人称
单数	me	te le	le
复数	nos	os les	les

4.4. Reflexivos 自复代词

	第一人称	第二人称	第三人称
单数	me	te se	se
复数	nos	os se	se

4.5. Preposición + pronombre personal 前置词+人称代词

	第一人称	第二人称	第三人称
单数	mí	ti usted	él ella
复数	nosotros nosotras	vosotros vosotras ustedes	ellos ellas

Observaciones: 注解：

- 一般而言，在西班牙语中我们并不使用主格人称代词，因为变位动词的词尾已经指出谁是施事者。
  - ¿Cómo te llam**as**? (**tú**).
- 如果使用，则目的是为了强调主语或为了表明反对之意。
  - **Yo** trabajo en un banco.
  - ■ Pues **yo** soy estudiante.
- *Yo* (我)和 *tú* (你)无法与前置词组合；如需组合，要被其相应形式 *mí* 和 *ti* 替代。
  - ¿Esto es para **mí**?
  - ■ Sí, sí. Para **ti**.
- 当被置于前置词 *con* 之后时，则使用不同的形式：*conmigo* 和 *contigo*。
  - ¿Quieres venir al cine **conmigo**?
- 作为直接宾语、间接宾语和代词式动词(又称自复动词)的人称代词置于变位动词前。
  - ¿Cómo **la** quiere: ancha o estrecha?
  - ¿**Te** gusta?
  - ¿**Os** acostáis muy tarde?
- 但当我们将其与肯定命令式组合时，它们总是位于变位动词之后并与其组成一个单词。
  - ¿Me puedo sentar?
  - ■ Sí, sí. Siénte**se**.
- 如与原形动词及副动词组合，则可置于这些动词形式之后与其组成一个单词，也可置于变位动词之前。
  - Voy a duchar**me** = **Me** voy a duchar.
  - Está duchándo**se** = **Se** está duchando.

4.6. Combinación de pronombres de objeto indirecto y de objeto directo
间接宾语(OI)和直接宾语(OD)人称代词的组合

当我们组合这些代词时，作为间接宾语的代词置前。

- Esta agenda **me la** regaló un amigo el año pasado.

  OI OD

Le 和 *les* 我们代之以 *se*：

OI	+	OD
Me Te ~~Le~~ Se Nos Os ~~Les~~ Se		lo la los las

- ¿A quién le regalas juegos de ordenador?
- (**Se los** regalo) A mi hijo.

5 Interrogativos 疑问代词

5.1. ¿Quién?, ¿Quiénes? 谁?

¿Quién (单数)/*Quiénes* (复数) + 动词?
一般是询问人的身份

- ¿**Quién** es?
- Laura, mi profesora de español.

- ¿**Quiénes** son esos niños?
- Mis primos de Valencia.

5.2. ¿Qué? 什么?

5.2.1 *¿Qué* + 动词?

5.2.1.1 用于询问东西/物体的性质

- ¿**Qué** es eso?

5.2.1.2 用于询问所为

- ¿**Qué** vas a hacer esta noche?
- Voy a ir al teatro con Ernesto.

5.2.2 *¿Qué* (+ 名词) + 动词?

用于询问同等的人物或东西的身份/性质。

- ¿**Qué** lenguas hablas?
- Inglés e italiano.

- ¿**Qué** actores españoles te gustan?
- Javier Bardem y Antonio Banderas.

5.3. ¿Cuál?, ¿Cuáles? 哪个? 哪些?

¿Cuál (单数)/*Cuáles* (复数) + 动词?
用于询问同等的人物或东西的身份/性质。

- ¿**Cuál** es la moneda de tu país?
- El euro.

- ¿**Cuál** te gusta más? (de esos dos cantantes).
- Fernando Usuriaga.

5.4. ¿Dónde? 哪里?

¿Dónde + 动词?
用于询问空间位置。

- ¿**Dónde** vives?
- En Málaga.

5.5. ¿Cuándo? 什么时候?

¿Cuándo + 动词?
用于询问时间。

- ¿**Cuándo** te vas de vacaciones?
- El sábado.

5.6. ¿Cuánto?, ¿Cuánta?, ¿Cuántos?, ¿Cuántas? 多少?

用于询问数量。

5.6.1 *¿Cuánto* + 动词?

- ¿**Cuánto** cuesta esta agenda?
- Diez euros.

5.6.2 *¿Cuánto / Cuánta / Cuántos / Cuántas* (+ 名词) + 动词?

- **¿Cuántas** hermanas tienes?
- ■ Dos.

5.7. ¿Cómo? 怎么?

¿Cómo + 动词?

5.7.1 用于询问人或物的特点

- **¿Cómo** es tu profesor?
- ■ Alto, rubio, bastante gordo... y muy simpático.

5.7.2 用于询问方式

- **¿Cómo** vienes a clase?
- ■ En bicicleta.

5.8. ¿Por qué? 为什么?

¿Por qué + 动词?

用于询问原因或目的。

- **¿Por qué** estudias español?

Observaciones: 注解:

- 某些前置词可置于疑问代词之前。
  - **¿De** dónde es?
  - **¿A** qué te dedicas?
  - **¿Con** quién vives?
- *¿Por qué?* (为什么?)和 *porque* (因为)的区分
  - **¿Por qué** estudias ruso? (提问)
  - ■ **Porque** quiero ir de vacaciones a Moscú. (回答)

6 *Ser-estar* ser 和 estar

6.1. Ser

- 表身份
  - **Eres la hermana de Gloria**, ¿verdad?
- 表籍贯、国籍
  - Alejandro Amenábar **es español.**
- 表职业
  - **Soy ingeniero.**
- 描述人、物和地点
  - **Es alta, morena** y lleva gafas.
  - Tu coche **es negro**, ¿no?
  - **Es** una ciudad **pequeña y muy tranquila.**
- 描述或评价人的性格
  - Mi hermano pequeño **es muy gracioso.**
- 表时间
  - ¡Ya **son las dos**!
- 表材质
  - Esa camisa **es de algodón**, ¿verdad?
- 表时间定位
  - Mi cumpleaños **es el 7 de mayo.**
- 表所属
  - **¿Es tuyo** este periódico?
  - ■ No, **es de Ricardo.**

- 评价物品、活动和时间段
  - Este diccionario **es muy bueno**.
  - El viaje **fue muy agradable**.
  - Hoy **ha sido** un día **horrible**.

6.2. Estar

- 表空间位置
  - El quiosco **está enfrente del bar**.
- 表人的外貌和精神状态
  - **¿Estás cansada?**
  - ■ Sí, **estoy cansadísima**.
  - **Estás muy contento**, ¿no?
- 表物品的状态和地点的情况
  - ¿Funciona esta radio?
  - ■ No, **está rota**.
  - ¿Ya **está abierta** la farmacia?
- 评价已食用过的食品
  - ¡**Qué bueno está** este filete!
- 描述境况(*estar* + 副动词)
  - ¿Qué hace la niña?
  - ■ **Está jugando** en el patio.

7 *También, tampoco, sí, no* también和tampoco, sí和no

- *También, tampoco*：用于表达与他人所言一致。
- *También* 用于回答肯定句；*tampoco*用于回答否定句。

  - Yo vivo con mis padres.
  - ■ Yo **también**.
  - Me gusta mucho este disco.
  - ■ A mí **también**.

  - No tengo coche.
  - ■ Yo **tampoco**.
  - No me gustan las discotecas.
  - ■ A mí **tampoco**.

- *Sí, no*：用于表达与他人所言不一致。
  Sí 用于表达肯定；*no* 用于表达否定。

  - No tengo coche.
  - ■ Yo **sí**.
  - No me gustan las discotecas.
  - ■ A mí **sí**.

  - Yo vivo con mis padres.
  - ■ Yo **no**.
  - Me gusta mucho este disco.
  - ■ A mí **no**.

Observaciones: 注解：

在回答此类对话时，我们经常使用主格人称代词(*yo, tú, él, etcétera*)；有时候，也使用与格人称代词(*a mí, a ti, a él, etcétera*)。

- Estudio Sociología.
- ■ **Yo** también.
- No me gusta nada este libro.
- ■ **A mí** tampoco.

8 Expresión de la frecuencia 频率表达

8.1. Para expresar frecuencia podemos utilizar: 表达频率，我们可使用：

+	siempre casi siempre normalmente/generalmente a menudo a veces casi nunca (no… casi nunca) nunca (no… nunca)
↓ –	

- ¿Cómo vienes a clase?
- En autobús.
- Pues yo vengo **siempre** en metro / **siempre** vengo en metro / vengo en metro **siempre**.

- ¿Cómo vienes a clase?
- En autobús.
- ¡Ah! Pues yo **no** vengo **nunca** en autobús / **nunca** vengo en autobús.

8.2. También podemos usar estas expresiones de frecuencia: 我们还可以使用以下表达频率的方法：

todos los	días/lunes/martes… meses años
todas las	semanas

=

cada	día/lunes/martes… mes año semana

una vez dos veces tres veces…	al	día mes año
	a la por	semana

(una vez)	cada	dos/tres…	días semanas meses años

- Tú vas al cine **a menudo**, ¿verdad?
- Sí, **dos o tres veces a la semana.**

- Voy al gimnasio **una vez a la semana.**

9 Cuantificadores: *demasiado, muy, mucho, bastante, poco*

表程度的词：demasiado, muy, mucho, bastante, poco

demasiado *muy* *bastante* *poco*	+	形容词 副词

- Es **demasiado** joven
- ¿Estás **muy** cansado?
- Tus padres son **bastante** jóvenes, ¿no?
- Es **muy poco** inteligente.

- Vas **demasiado** rápido.
- ¿Está **muy** lejos?
- Está **bastante** mal situada.
- Vivo un **poco** lejos de aquí.

demasiado/-a/-os/-as *mucho/-a/-os/-as* *bastante(s)* *poco/-a/-os/-as*	+ 名词

- Hay **demasiada** gente.
- Yo trabajo **muchos** fines de semana.
- Esta tarde he hecho **bastantes** cosas.
- Hoy hay **pocos** alumnos en clase.

动词	+ *demasiado* *mucho* *bastante* *poco*

- Bebes **demasiado**.
- ¿Estudias **mucho**?
- Habla **bastante**.
- Últimamente salgo **poco**.

10 *Muy-mucho* muy 和 mucho

muy	+ 形容词 副词

- Mi habitación es **muy** pequeña.
- ¿Qué tal estás?
- ■ **Muy** bien. ¿Y tú?

动词 + *mucho*

- Yo trabajo **mucho**.

mucho/-a/-os/-as + 名词

- En esta calle hay **muchos** bares.
- Hoy tengo **mucho** sueño.

Observaciones: 注解：

- *Muy* 从不修饰名词。
  - Tengo ~~muy~~ amigos aquí. (Tengo **muchos** amigos aquí).
- *Muy* 也不能作为独立的副词。
  - Me duele ~~muy~~. (Me duele **mucho**).
- *Mucho* 从不修饰形容词和副词。
  - Es ~~mucho~~ alto. (Es **muy** alto).
  - Habla ~~mucho~~ bien. (Habla **muy** bien).

11 Frases exclamativas 感叹句

- *¡Qué* + 形容词 (+ 动词)!
  - **¡Qué** guapo!
  - **¡Qué** grande es!
- *¡Qué* + 名词 (+ 动词)!
  - **¡Qué** calor!
  - **¡Qué** sed tengo!
- *¡Qué* + 副词 (+ 动词)!
  - **¡Qué** bien!
  - **¡Qué** mal!
  - **¡Qué** mal escribe!
  - **¡Qué** pronto es!

用法：感叹句用来从正面或负面评价某事、某物或某人，表达惊讶、羡慕、不悦或矛盾。

12 *Algo, nada; alguien, nadie* algo, alguien, nada 和 nadie

	东西	人
Identidad indeterminada	**algo**	**alguien**
Inexistencia	**nada**	**nadie**

- ¿Quiere **algo** más?
- Esta semana **no** hay **nada** interesante en la cartelera.

- ¿Hay **alguien** en clase?
- ■ No, **no** hay **nadie**.

13 Comparaciones con adjetivos 形容词比较级

较高级比较	***más*** + 形容词 + ***que***
同级比较	***tan*** + 形容词 + ***como***
较低级比较	***menos*** + 形容词 + ***que***

- Mi abuela es **más** graciosa **que** mi abuelo.
- Este restaurante es **tan** caro **como** el otro.
- El español **no** es **tan** difícil **como** el alemán.

不规则的比较级形式

bueno → **mejor**
malo → **peor**
grande (edad) → **mayor**
pequeño (edad) → **menor**
grande (tamaño) → **mayor/más grande**
pequeño (tamaño) → **menor/más pequeño**

- Este disco es **mejor que** ese.

Observaciones: 注解：

很多时候无需提及与之相比较的另一词汇，因为看上下文便能明白。

- ¿Cuánto cuesta esta camisa?
- ■ Treinta euros.
- ¿Y la azul?
- ■ Setenta y dos. Es **más** cara, pero es **mejor**, es de seda.

14 *Estar* + gerundio　*Estar* + 副动词

当我们将 *estar* 与另一动词的副动词组合时，所指的是在我们说话时正在进行的动作或是我们正在谈论的动作。

- ¿Y Julia?
- ■ **Está trabajando.**

15 *Ir a* + infinitivo　*Ir a* +原形动词

用于表达计划和意图。

- Esta noche **voy a hacer** los deberes.
- Este año **voy a hablar** mucho en clase.
- En enero **voy a empezar** a estudiar árabe.

用于表达将要做什么。

- Raúl dice que mañana **va a nevar**.

16 Obligación y necesidad　义务与必须

16.1. Para expresar obligación o necesidad de manera personal.　以有人称方式表达义务与必须

- *Tener que* + 原形动词
  - **Tengo que terminar** esta carta antes de la una.
  - ¿Nos vemos esta tarde?
  - ■ Esta tarde no puedo. Es que **tengo que estudiar**.
- *Necesitar* + 原形动词
  - Para poder hablar más **necesito aprender** más vocabulario.

16.2. Para expresar obligación o necesidad de manera impersonal.　以无人称方式表达义务与必须

Hay que + 原形动词

- Para entrar en la Universidad, **hay que aprobar** el examen de ingreso.
- Para aprobar ese examen, **hay que estudiar** mucho.

17 *Ya–aún / todavía no*　ya, aún no 和 todavía no

我们使用 *ya* 是为了表达在我们提到它的那一刻之前某个预见到或可预见的行动已经进行了。

- **Ya** he visitado la Sagrada Familia y me ha gustado mucho.

反之，为了表达在我们提到它的那一刻之前该行动尚未进行，我们则使用 *aún no* 或 *todavía no*。

- **Aún no** he visitado la Sagrada Familia.
- **Todavía no** ha empezado la clase.

18 Valoración de actividades y hechos pasados 对过去的活动和事件做评价

如欲对过去的活动和事件做评价，我们可使用以下结构：

- *Ser + bueno/malo*
  - ● ¿Qué tal la conferencia de esta mañana?
  - ■ Ha **sido buenísima**, me ha gustado mucho.
  - ● El concierto de ayer **fue** muy **bueno**.
- *Estar + bien/mal*
  - ● ¿Qué tal la fiesta del viernes?
  - ■ **Estuvo** muy **bien**. Había mucha gente y me lo pasé muy bien.
- *Parecer* + 形容词
  - ● ¿Has visto la exposición del Palacio de Cristal?
  - ■ Sí, fui ayer con Paloma.
  - ● ¿Y qué te **pareció**?
  - ■ Bastante **original**.
  - ● Pues yo la vi el domingo y me **pareció horrible**.

19 El superlativo absoluto 形容词绝对最高级

19.1. El superlativo absoluto significa lo mismo que *muy* + adjetivo y se forma de dos maneras:

形容词绝对最高级其意同 *muy* + 形容词形式，可以有两种组合形式：

- 将形容词结尾的元音代之以 *-ísimo/-a/-os/-as*。

  Interesante → interesant**ísimo**
  Divertido → divertid**ísimo**
  Aburrido → aburrid**ísimo**
  Bueno → buen**ísimo**
  Malo → mal**ísimo**

  - ● ¿Qué tal el concierto de anoche?
  - ■ Horrible. Fue un concierto **malísimo**.

- 如形容词以辅音结尾，则添加 *-ísimo/-a/-os/-as*。

  Fácil → facil**ísimo**
  Difícil → dificil**ísimo**

  - ● ¿Qué tal el examen de italiano?
  - ■ Muy bien. Ha sido un examen **facilísimo**.

19.2. Algunos adjetivos tienen significado superlativo y no podemos añadirles las terminaciones *-ísimo/-a/-os/-as*.

一些形容词已有最高级之意，我们无须再添加 *-ísimo/-a/-os/-as*。

Horrible
Horroroso
Estupendo
Precioso

- ● La conferencia de ayer fue **horrible**.
- ● La verdad es que tienes una casa **preciosa**.

20 Descripción de objetos 描述物体

- 描述体积、形状、色彩…：*ser* + 形容词
  - **Es** bastante **pequeña**, **estrecha**, **larga**, **gris** y **roja**.
- 表目的：*ser para* + 原形动词
  - **Es para** cortar.
- 表材质：*ser de* + 名词
  - **Es de** plástico y metal.
- 表所属：

  ser de + 人名
  - **Es de Rosa.**

  ser + 重读物主形容词
  - ¿**Es** tuyo?
  - Sí, **es** mío.
  - ¿**Son** vuestras esas cosas?
  - Sí, **son** nuestras.

21 Deseos 表达愿望

表达愿望，我们可使用以下结构：

- *Querer* + 原形动词
  - Estudio mucha gramática porque **quiero hablar** bien, sin cometer muchos errores.
- *Me / te / le / nos / os / les gustaría* + 原形动词
  - (A mí) **Me gustaría hacer** un intercambio lingüístico con una persona española.

22 Certeza y evidencia 表达肯定和确定

如表达肯定和确定，我们可使用：

- *Estar seguro /-a de que* ... 确定……
  - **Estoy seguro de que** este año voy a aprender mucho.
  - ¿Crees que vas a aprobar?
  - **Estoy segura de que** sí. ¿Y tú?
  - **Yo estoy seguro de que** no. Hice muy mal el examen.
- *Saber que* ... 知道……
  - **Sé que** puedo hablar más y mejor.

23 Posibilidad 表达可能性

如表达可能性，我们可使用副词 *quizá(s)* 或 *es probable*, *es posible* 或 *puede ser* 等表达方式。当我们被问及我们的计划和意图时，我们经常使用这些表述。

- ¿Vas a ir a la fiesta del sábado?
- (Sí,) **Es posible.** ¿Y tú?
- **Quizás**, pero depende de varias cosas.

24 El acento 重音

根据重读音节的位置，西班牙语单词可分为三类：重音在最后一个音节、重音在倒数第二个音节和重音在倒数第三个音节。

- 重音在最后一个音节

□	□	■
es	pa	**ñol**
	co	**lor**
	ca	**fé**

所有以元音、*n* 或 *s* 结尾的重音在最后一个音节的单词都带有重音符号(')。

- So**fá**, panta**lón**, ha**blé**, japo**nés**.

- 重音在倒数第二个音节

□	■	□
ca	**mi**	sa
	ca	sa
ven	**ta**	na

我们在所有以辅音结尾的这类单词上都标有重音，除了 *n* 或 *s*。

- Di**fí**cil, **ár**bol, **lá**piz.

- 重音在倒数第三个音节

■	□	□
mú	si	ca
mé	di	co
plá	ta	no

所有重音在倒数第三个音节的单词都带有重音符号。

- A**mé**rica, **rá**pido, te**lé**fono.

Observaciones: 注解：

- 所有疑问词和感叹词均带有重音符号：*qué, quién, cómo, cuánto…*
  - ¡**Qué** calor hace!
  - ¿**Cuánto** cuesta esta camisa?

- 单音节词不带重音符号；但我们依然使用重音符号用以区别那些与它们形式一样但意思不同的单词。
  - ¿Cuál es **tu** bolígrafo?
  - **Tú** hablas francés, ¿verdad?
  - ¿**El** cine Rex, por favor?
  - ¿Vas a ir con **él**?
  - ¿Tienes **mi** dirección?
  - ¿Es para **mí**?
  - ¿**Te** gusta el **té**?
  - No **sé** como **se** llama tu amigo.

Vocabulario
词汇表

V_01 Lección 1: Un nuevo curso

	词性	中文
buscar	*tr.*	寻找
canción	*f.*	歌曲
claro, ra	*adj.*	清楚的
comprender	*tr.*	理解
comprensión	*f.*	理解
conmigo, ~ mismo		与我一起，与我自己
correctamente	*adv.*	正确地
cuenta: por mi ~	*f.*	责任：依我看、自主地
curso	*m.*	课程、学期、学年
deportivo, va	*adj.*	运动的
diálogo	*m.*	对话
ejercicio, hacer ~	*m.*	练习，做练习
el mes que viene		下个月
elegir	*tr.*	选择
error	*m.*	错误
excursión	*f.*	郊游
expresar	*tr.*	表达
fluidez	*f.*	流利
frecuencia: con ~	*f.*	频率：经常、频繁
hay que (haber)		应该(无人称)
hispanohablante	*adj.*	说西班牙语的
hoy	*adv.*	今天
idea	*f.*	观点
imaginario, ria	*adj.*	想象的
intercambio lingüístico	*m.*	语言交流
interesar	*tr.*	使感兴趣
invitar	*tr.*	邀请
mañana: pasado ~	*adv.*	明天：后天
mejorar	*tr.*	改善
Navidades	*f.pl.*	圣诞节
necesitar	*tr.*	需要
olvidar	*tr.*	忘记
otro, tra	*adj.*	其他的
Pascua (Semana Santa)	*f.*	复活节
persona	*f.*	人
por eso		因此
posible	*adj.*	可能的
probable	*adj.*	可能的
problema: un ~	*m.*	问题：一个问题
pronunciación	*f.*	发音
puede ser		也许是
quizá(s)	*adv.*	也许
rápido, da	*adj.*	快速的
recibir	*tr.*	收到
red	*f.*	网络、网
repasar	*tr.*	复习、复查
seguro, ra, estar ~ de	*adj.*	肯定的，对…确定
si	*conj.*	如果
tener que		应该(有人称的)
todavía	*adv.*	仍旧
tomar	*tr.*	乘(交通工具)
trimestre	*m.*	季度
ir a		去做…
velocidad	*f.*	速度
visitar	*tr.*	拜访
vocabulario	*m.*	词汇

V_02 Lección 2: ¿Qué te pasa?

	词性	中文
alergia	*f.*	过敏
aspirina	*f.*	阿司匹林
brazo	*m.*	手臂
cabeza	*f.*	头
caliente	*adj.*	热的
calmante	*adj./m.*	镇静性的/镇静剂
cansado, da	*adj.*	疲劳的
chica	*f.*	女孩

chico	*m.*	男孩
contento, ta	*adj.*	高兴的
coñac	*m.*	白兰地
dolor	*m.*	疼痛
duele (doler)	*intr.*	使疼痛(动词doler的陈述式现在时第三人称单数变位)
duelen (doler)	*intr.*	使疼痛(动词doler的陈述式现在时第三人称复数变位)
encuentras (encontrarse): ¿No te encuentras bien?	*prnl.*	遇见(动词encontrarse的陈述式现在时第二人称单数变位)：你感觉不舒服吗?
enfadado, da	*adj.*	生气的
enfermo, ma	*adj.*	生病的
es que		因为
espalda	*f.*	背
estómago	*m.*	胃
fiebre	*f.*	发烧
garganta	*f.*	喉咙
gripe	*f.*	流感
hambre	*f.*	饥饿
manzanilla	*f.*	洋甘菊茶
masaje: dar un ~	*m.*	按摩：为…按摩
me siento (sentirse)	*prnl.*	感觉(动词sentirse的陈述式现在时第一人称单数变位)
miedo	*m.*	害怕
muela	*f.*	臼齿
nervioso, sa	*adj.*	神经紧张的
oído	*m.*	耳朵
pasar: ¿Qué te/le pasa?	*intr.*	发生：你/您怎么了?
pastilla	*f.*	药片
pierna	*f.*	腿
preocupado, da	*adj.*	担忧的
pues	*conj.*	那么
resfriado, da	*adj.*	伤风的
sed	*f.*	干渴
sientes (sentirse): ¿Cómo te sientes?	*prnl.*	觉得(动词sentirse的陈述式现在时第二人称单数变位)：你感觉如何?
sigo (seguir): Si sigo así...	*tr.*	继续(动词seguir的陈述式现在时第一人称单数变位)：如果我继续这样的话…
sueño	*m.*	困
tos	*f.*	咳嗽
triste	*adj.*	伤心的
vale	*interj.*	好
vaso	*m.*	杯子

V_03 Lección 3: Comidas

	词性	中文
aceite: ~ de oliva	*m.*	油：橄榄油
agua mineral, ~ con gas	*f.*	矿泉水，苏打水
arroz	*m.*	大米、米饭
atún	*m.*	金枪鱼
azúcar	*m.f.*	糖
barra	*f.*	根、条
beber	*tr.intr.*	喝
botella	*f.*	瓶
café con hielo	*m.*	咖啡加冰、冰咖啡
calamares, ~ a la romana	*m.pl.*	鱿鱼，炸鱿鱼圈
cartón	*m.*	箱、纸盒
cava	*f.*	卡瓦酒、起泡酒
cebolla	*f.*	洋葱
chorizo	*m.*	灌肠、香肠
chuletas, ~ de cordero	*f.pl.*	排骨，羊排
cuchillo	*m.*	刀
cuenta	*f.*	账单、账目
docena	*f.*	一打
ensalada, ~ mixta	*f.*	色拉，混合色拉
estar a: ¿A cómo están las naranjas?		多少钱(一公斤)：(一公斤)橙子多少钱?
filete, ~ de ternera	*m.*	里脊：牛里脊
fresa	*f.*	草莓
fruta	*f.*	水果
galleta	*f.*	饼干
gamba	*f.*	虾
gazpacho	*m.*	冷汤
gramo	*m.*	克
hamburguesa	*f.*	汉堡包
hecho, cha: muy ~	*p.p.*	(肉)熟的：(肉类加工成)很熟
helado	*m.*	冰激淋

huevo	*m.*	蛋
IVA, ~ incluido	*f.*	增值税，包含增值税
jamón	*m.*	火腿
judías, ~ blancas	*f.pl.*	菜豆，白豆
kilo	*m.*	千克、公斤
lata	*f.*	罐头
leche	*f.*	奶
lechuga	*f.*	生菜
litro	*m.*	升
mantequilla	*f.*	黄油
manzana	*f.*	苹果
marca	*f.*	品牌
más: ¿Algo ~? Nada ~. ¿Qué ~?	*adv.*	更多：再来点？什么都不要了。再来点什么？
mate	*m.*	马黛茶
mayonesa	*f.*	蛋黄酱
mejor	*adj./adv.*	更好的/更好
menú	*m.*	菜单
merluza	*f.*	鳕鱼
naranja	*f.*	橙子
oiga (oír)	*tr.*	喂(动词oír的命令式第三人称单数变位)
paella	*f.*	海鲜饭
pan	*m.*	面包
paquete	*m.*	包裹、包、捆
patata, ~s fritas	*f.*	土豆，炸薯条
perdone (perdonar)	*tr.*	原谅(动词perdonar的命令式第三人称单数变位)
plátano	*m.*	香蕉
pollo, ~ en salsa	*m.*	鸡，酱鸡
póngame (poner)	*tr.*	提供(动词poner的命令式第三人称单数变位)
pongo (poner): ¿Qué le pongo?	*tr.*	提供(动词poner的陈述式现在时第一人称单数变位)：您要点什么？
postre, de ~	*m.*	甜点，餐后甜点
primero, de ~	*m.*	第一道，头盘
quedar	*intr.*	停留、停在
queso	*m.*	奶酪
ron	*m.*	朗姆酒
sal	*f.*	盐
salmón, ~ a la plancha	*m.*	三文鱼，煎三文鱼
sardina	*f.*	沙丁鱼
segundo, de ~	*m.*	第二道，主菜
solo	*adv.*	仅仅
sopa	*f.*	汤
tarta	*f.*	蛋糕
té	*m.*	茶
tenedor	*m.*	叉子
tequila	*m.*	龙舌兰
tiene (tener): Aquí ~.	*tr.*	拥有(动词tener的陈述式现在时第三人称单数变位)请您拿着/接着。
tortilla	*f.*	鸡蛋饼
traer	*tr.*	带来
vainilla	*f.*	香草
yogur	*m.*	酸奶
zanahoria	*f.*	胡萝卜
zumo, ~ de naranja	*m.*	果汁，橙汁

V_04 Lección 4: Ha sido un día normal

	词性	中文
abierto, ta (abrir)	*p.p.*	打开的(动词abrir的过去分词)
apagar	*tr.*	扑灭、关
aparcamiento	*m.*	停车、停车场
así que		这样的话
asignatura	*f.*	科目、课程
avería	*f.*	损坏
¡bah!	*interj.*	表怀疑轻蔑的感叹词
bañarse	*prnl.*	洗澡
bici	*f.*	自行车
camino: por el ~	*m.*	路：沿路
caña	*f.*	高筒杯、啤酒杯
carta comercial	*f.*	商务信函
conocido, da	*m.f.*	认识的人
descubierto, ta (descubrir)	*p.p.*	被发现的(动词descubrir的过去分词)
despertador	*m.*	闹钟
despertarse	*prnl.*	醒来
día: cada ~	*m.*	天：每天
diario	*m.*	日记
dicho (decir)	*p.p.*	说了的(动词decir的过去分词)
dormirse	*prnl.*	睡着

encontrar, ~se con alguien	*prnl.*	遇见，遇见某人
escrito, ta (escribir)	*p.p.*	写了的(动词escribir的过去分词)
esperar	*tr.*	等待
ganas, tener ~ de	*f.pl.*	愿望，有意愿做…
hace, ~ una hora	*impers.*	在…之前，一小时前
hecho, hecha (hacer)	*p.p.*	已做了的(动词hacer的过去分词)
historia	*f.*	历史
hombre	*m.*	人、人类、男人
luego	*adv.*	之后
mañana: esta ~	*f.*	早晨；今天早上
mencionar	*tr.*	提及
mujer	*f.*	女人
oír	*tr.*	听见
pena: una ~	*f.*	可惜；一件可惜的事
peor	*adv.*	更糟、更不好、最坏
perder	*tr.*	失去
perdonar: perdona por...	*tr.*	原谅、对不起；因…请原谅
pijama	*m.*	睡衣
ponerse	*prnl.*	穿上
poquísimo, ma	*adj./adv.*	少的/一丁点儿
preocuparse: No te preocupes.	*prnl.*	担忧；你不必担心。
puesto, ta (poner)	*p.p.*	穿着的(动词poner的过去分词)
quitarse	*prnl.*	脱下
rato	*m.*	一会儿
realmente	*adv.*	真正地、事实上
recoger, ~ la mesa	*tr.*	收拾，收拾桌子
retrasarse	*prnl.*	耽搁、变慢
roto, ta (romper)	*p.p.*	破的，损坏的(动词romper的过去分词)
salir	*intr.*	出去
siento (sentir): Lo siento.	*tr.*	遗憾(动词sentir的陈述式现在时第一人称单数变位)；(我)抱歉。
sitio	*m.*	地点
sonar	*intr.*	发出响声
subir	*intr.*	升起、登上
título	*m.*	题目
tráfico	*m.*	交通
verdad: de ~	*f.*	事实、真相；真正的/地
vez	*f.*	次
visto, ta (ver)	*p.p.*	被看见的(动词ver的过去分词)
vuelto, ta (volver)	*p.p.*	回来的(动词volver的过去分词)

V_05 Lección 5: Experiencias y opiniones

	词性	中文
acuerdo: estar de ~ (con)	*m.*	同意、协议；同意、与…一致
alguien	*pron.*	某人、有人
aún no		尚未
camello	*m.*	骆驼
carne	*f.*	肉
centro de arte	*m.*	艺术中心
cocido madrileño	*m.*	马德里杂烩
contigo		与你一起
continente	*m.*	大陆
corrige (corregir)	*tr.*	改错、纠错(动词corregir的陈述式现在时第三人称单数变位)
cosa de valor	*f.*	有价值的事物
digo (decir)	*tr.*	说(动词decir的陈述式现在时第一人称单数变位)
enamorarse	*prnl.*	爱上
entonación	*f.*	声调
entonar	*tr.*	定音、定调
experiencia	*f.*	经验
fonética	*f.*	语音学
importar	*intr.*	对…重要、介意
lentamente	*adv.*	缓慢地
locamente	*adv.*	疯狂地
objetivo	*m.*	目的
oigo (oír)	*tr.*	听(动词oír的陈述式现在时第一人称单数变位)
opinión, en mi ~	*f.*	意见，依我之见
palacio, ~ real	*m.*	宫殿，王宫
parecido, da	*adj.*	类似的
piensa (pensar)	*tr.intr.*	想(动词pensar的陈述式现在时第三人称单数变位)
pienso (pensar)	*tr.intr.*	想(动词pensar的陈述式现在时第一人称单数变位)
plaza mayor	*f.*	大广场、中心广场
poema de amor	*m.*	爱情诗
probar	*tr.*	尝试

pronunciar	*tr.*	发(音)、说(话)
público: en ~	*m.*	公众：公开地
razón	*f.*	理由
safari	*m.*	(非洲的)狩猎队
serpiente	*f.*	蛇
todavía no		仍未、尚未
turrón	*m.*	杏仁糖
vez: alguna ~	*f.*	次：某次
ya	*adv.*	已经

V_06 Lección 6: Ropa y complementos

	词性	中文
abrigo	*m.*	大衣
azul marino	*m.*	海蓝色
bañador	*m.*	泳衣
biquini	*m.*	比基尼
blusa	*f.*	(女)衬衫
bota	*f.*	靴子
braga	*f.*	女士内裤
bufanda	*f.*	围巾
caja	*f.*	盒子
calcetines	*m.pl.*	袜子
calzoncillos	*m.pl.*	男士内裤
camisa	*f.*	衬衫
camiseta	*f.*	汗衫
cazadora	*f.*	外衣、猎装夹克
chaqueta, ~ de señora	*f.*	短上衣，女式上衣
color	*m.*	颜色
cómodo, da	*adj.*	舒适的
corbata	*f.*	领带
cuesta (costar): ¿Cuánto ~?	*tr.*	值(动词costar的陈述式现在时第三人称单数变位)：多少钱?
de: ~ tela	*prep.*	(表材质)的：布料做的
falda	*f.*	裙子
final: al ~	*m.*	结束：最后
fondo: al ~	*m.*	底、底部：最里面
gorra	*f.*	帽子
gris	*adj.*	灰色的
guante	*m.*	手套
incómodo, da	*adj.*	不舒适的
jersey	*m.*	针织衫
la	*art./pron.*	阴性单数定冠词/阴性单数宾格代词
las	*art./pron.*	阴性复数定冠词/阴性复数宾格代词
lo	*art./pron.*	中性冠词/中性单数宾格代词
los	*art./pron.*	阳性复数定冠词/阳性复数宾格代词
más... que...		比…更多、更高
mayor	*adj.*	更大的
medias	*f.pl.*	袜子
menor	*adj.*	更小的、更少的
menos... que...		比…更小、更少
modelo	*m.*	模型、模式
pantalones de vestir	*m.pl.*	裤子
pañuelo	*m.*	手帕
para	*prep.*	为了
pasar por: Pase por caja, por favor.		去…做…：请去收银台付钱。
probador	*m.*	试衣间
probarse	*prnl.*	试穿
quedar: Me queda bien.	*intr.*	对…合适：我穿着合身。
sombrero	*m.*	帽子
sujetador	*m.*	文胸
talla	*f.*	尺码
tan... como...		与…一样
tela	*f.*	布
tienda de ropa	*f.*	服装店
traje	*m.*	西服
vaqueros	*m.pl.*	牛仔裤
¿verdad?	*f.*	真的吗?
vestido	*m.*	服装、连衣裙
zapato	*m.*	鞋子

V_07 Lección 7: ¡Feliz cumpleaños!

	词性	中文
acuerdo (acordarse): No me acuerdo.	*prnl.*	记得(动词acordarse的陈述式现在时第一人称单数变位)：我不记得。
amarillo, lla	*adj.*	黄色的
cada	*adj.*	每

canapé	*m.*	点心
casi, casi	*adv.*	几乎
CD	*m.*	CD碟
coger (comida)	*tr.*	拿(食物)
cumpleaños, feliz ~	*m.*	生日，生日快乐
después	*adv.*	之后、在…之后
día: todos los ~s	*m.*	天：每一天
esperar	*tr.*	等待
felicidades	*f. pl.*	祝贺你！
felicitar	*tr.*	祝贺
idea: buena ~	*f.*	观点、点子：好主意
infusión	*f.*	煮制饮料(如茶、咖啡等)
mar	*m.f.*	海
morir	*intr.*	死亡
original	*adj.*	原则的、原始的
parecer: Me parece que...	*intr.*	使觉得：我觉得
pendientes	*m.pl.*	耳坠
puedo (poder): Ya no puedo más.	*tr.*	能够(动词poder的陈述式现在时第一人称单数变位)：我不能再(吃、喝…)了。
regalar	*tr.*	赠送
responder	*tr.*	回答
sentarse	*prnl.*	坐下、坐着
toma	*tr.*	拿着、接着(东西)(tomar的命令式第二人称单数变位)
trozo	*m.*	片、块、段
tuyo, ya: el ~	*adj.*	你的：你的(东西)
ver: a ~	*tr.*	看：看看
vestirse	*prnl.*	(自己)穿衣服

V_08 Lección 8: Contar un viaje

	词性	中文
actividad	*f.*	活动
¿Adónde?	*adv.*	去哪儿?
alojamiento	*m.*	住处
alojarse	*prnl.*	住宿、投宿
anteayer	*adv.*	前天
autoestop, hacer ~	*m.*	搭顺风车
beso: un ~	*m.*	吻：一个吻
***camping*, ir de ~**	*m.*	露营，去露营
catedral	*f.*	大教堂
correo	*m.*	电子邮箱、邮件
de: el 12 ~ mayo ~ 2015	*prep.*	属于：2015年5月12日
desayuno	*m.*	早餐
desde	*prep.*	自从…
día, el otro ~	*m.*	天：那一天
en: ~ mayo de 2015	*prep.*	在：2015年5月
excursión, ir de ~	*f.*	郊游，去郊游
gótico, ca	*adj.*	哥特式的
maleta, hacer la ~	*f.*	箱子，整理行装
pasado, da, el mes ~	*adj.*	过去的，上个月
pasar, ~ unos días en el campo	*tr.*	度过，在乡村过些日子
paseo, dar un ~	*m.*	散步，散个步
pensión: media ~	*f.*	膳宿：半膳宿
pensión completa	*f.*	膳宿全包、全膳宿
pronto: hasta ~	*adv.*	马上：一会儿见
régimen de alojamiento	*m.*	住宿制度
reserva, hacer una ~	*f.*	预订
reservar	*tr.*	预订(房间、座位等)
ver: como ves	*tr.*	看见：如你所见
vez: por última ~	*f.*	次：最后一次
viaje	*m.*	旅行
vida	*f.*	生命

V_09 Lección 9: Famosos

	词性	中文
abuelos	*m.pl.*	祖父母
accidente de tráfico	*m.*	交通事故
acompañar	*tr.*	陪伴
actuación	*f.*	演出
actuar	*intr.*	表演
agencia de noticias	*f.*	通讯社
arquitectura	*f.*	建筑学
arte	*m.f.*	艺术
artístico, ca	*adj.*	艺术的
bachillerato	*m.*	中学毕业资格
casarse	*prnl.*	结婚

cerámica	*f.*	陶瓷
Ciencias Económicas	*f.pl.*	经济学
citado, da	*p.p.*	被提及的、被引用的
colaboración	*f.*	合作
colaborar	*intr.*	合作
comenzar	*tr.intr.*	开始
construcción	*f.*	建筑、建设
consumir	*tr.*	消费、消耗
consumo de drogas	*m.*	吸食毒品
continuar	*tr.intr.*	继续
cubano, na	*adj./m.f.*	古巴的/古巴人
datos, ~ personales	*m.pl.*	资料，个人资料
dedicarse a		致力于
Derecho	*m.*	法学
descubrir	*tr.*	发现
divorciarse	*prnl.*	离婚
droga	*f.*	毒品
entrar en		进入
escolar	*adj.*	学校的
escultura	*f.*	雕刻
estimular	*tr.*	鼓励
estudios	*m.pl.*	学习
éxito	*m.*	成绩、成就
exposición universal	*f.*	世博会
falso, sa	*adj.*	假的、错的
fantástico, ca	*adj.*	奇妙的
festival	*m.*	节日
gira, hacer una ~	*f.*	巡回，巡回演出
guerra civil	*f.*	内战
hijo: tener un ~	*m.f.*	儿子；女儿：有个/生个儿子/女儿
homenaje	*m.*	景仰
humano, na	*adj.*	人类的、人的
humorístico, ca	*adj.*	幽默的
imaginativo, va	*adj.*	有想象力的
internacional	*adj.*	国际的
jubilarse	*prnl.*	退休
licenciarse	*prnl.*	大学毕业
literatura	*f.*	文学
mágico, ca	*adj.*	奇幻般的
marihuana	*f.*	大麻
morirse	*prnl.*	死亡
motivo	*m.*	原因、动因
muerte	*f.*	死亡
nacer	*intr.*	出生
nacimiento	*m.*	出生
norteamericano, na	*adj./m.f.*	美国的/美国人
novelista	*m.f.*	小说家
obra	*f.*	作品
obra de teatro	*f.*	戏剧作品
obras	*f.pl.*	建筑工程
pintor, ra	*m.f.*	画家
pintura	*f.*	画
pobre	*adj.*	贫穷的
político, ca	*adj.*	政治的
premio, ganar un ~	*m.*	奖品，得奖
presentar	*tr.*	介绍、呈递
principal	*adj.*	主要的
prisión	*f.*	监狱、囚禁
profesional	*adj.*	专业的
proyecto	*m.*	项目
Psicología	*f.*	心理
publicar	*tr.*	出版
religioso, sa	*adj.*	宗教的
siglo	*m.*	世纪
social	*adj.*	社会的
tarde: más ~	*adv.*	晚、迟：更晚
tranvía	*m.*	有轨电车
trasladarse a		迁徙至
último, ma	*adj.*	最后的

V_10 Lección 10: Permiso y favores

	词性	中文
ayudar	*tr.*	帮助
basura: tirar a la ~	*f.*	垃圾：扔垃圾
cámara (fotográfica)	*f.*	相机(照相机)
chicle	*m.*	口香糖
cigarrillo	*m.*	香烟
cigarro	*m.*	雪茄烟
comer: dar de ~	*tr.intr.*	吃：喂、给予…食物
concentrarse	*prnl.*	集中

copiar	*tr.*	复制
dar	*tr.*	给予
dejar	*tr.*	借给
encender	*tr.*	开灯、点着、点火
explicar	*tr.*	解释
favor	*m.*	帮忙、恩惠、喜爱
fuego	*m.*	火
fumar	*intr.*	抽烟
harto, ta	*adj.*	饱的、受够的、厌倦的
lápiz	*m.*	铅笔
letra	*f.*	字母
llamada, ~ de teléfono	*f.*	呼喊，打电话
mismo, ma: lo ~	*m.*	同一的：同一(东西)
noticias	*f.pl.*	消息
ordenador portátil	*m.*	手提电脑
organizar	*tr.*	组织
oye (oír)	*tr.*	听(动词oír的命令式第二人称单数变位)
pagar	*tr.*	支付
par: un ~ de	*m.*	双、对：一双、一对
pasear: sacar a ~	*intr.*	散步：外出散步
permiso	*m.*	许可、许可证
pide (pedir)	*tr.*	要求(动词pedir的陈述式现在时第三人称单数变位)
planta	*f.*	植物
poner (la radio)	*tr.*	打开(收音机)
prohibido, da	*p.p.*	被禁止的
recoger: ir a ~	*tr.*	接(人)：去接人
redacción	*f.*	作文、编辑
regar	*tr.*	浇灌
servilleta	*f.*	餐巾
significar	*tr.*	意味着
subir (el volumen)	*tr.*	调高(音量)
tarjeta de crédito	*f.*	信用卡
traducción	*f.*	翻译
volumen	*m.*	音量
ya: ~ está	*adv.*	已经：已经准备好了

V_11 Lección 11: ¿Cómo quedamos?

	词性	中文
ah	*interj.*	啊、哎
avisar	*tr.*	通知
baño	*m.*	浴室
cita	*f.*	约会
club	*m*	俱乐部
comunicar (el teléfono)	*tr.*	通知、连接(电话)
contestar (al teléfono)	*tr.*	回答、回(电话)
conversación telefónica	*f.*	电话交谈
¿Diga?	*tr.*	喂?
Dígame.		请讲。
entrada	*f.*	入场券、门票
equivocarse (de número)	*prnl.*	拨错(号码)
espectáculo	*m.*	演出、表演
estreno	*m.*	首演
galería	*f.*	画廊
invitación	*f.*	邀请
jazz	*m.*	爵士乐、爵士舞
llamar (por teléfono)	*tr.*	打(电话)
muy bien		很好
ocupado, da	*p.p.*	忙的
parecer: ¿Qué te parece?	*intr.*	觉得：你意下如何?
parte: ¿De ~ de quién?	*f.*	部分：您哪位?
partido de fútbol	*m.*	足球赛
película de terror	*f.*	恐怖片
poner (una película)	*tr.*	放映(一部电影)
ponerse (al teléfono)	*prnl.*	接通、转接(电话)
posibilidad	*f.*	可能性
preguntar por		询问
quedar: ¿Cómo quedamos?	*intr.*	约定：我们怎么约?
recado, dejar un ~	*m.*	口信，留口信
¿Sí?	*adv.*	喂?
tan: ~ pronto	*adv.*	这么、这般：如此之快
tapa	*f.*	小吃
tomar	*tr.*	吃、喝、拿
va (ir): No me va bien.	*intr.*	去(动词ir的陈述式现在时第三人称单数变位)：我不太顺/不太方便。
vegetariano, na	*adj./m.f.*	素食的/素食主义者
verse	*prnl.*	遇见

V_12 Lección 12: De viaje

	词性	中文
acabar de		刚刚
antes (de)	*adv.*	以前(在…之前)
autopista	*f.*	高速公路
billete, ~ de ida y vuelta, ~ sin reserva	*m.*	车/船/机票，往返票，无预订票
buenas	*interj.*	你好
cabina de teléfono	*f.*	电话亭
castillo	*m.*	城堡
clima	*m.*	气候
coger	*tr.*	乘坐
comodidad	*f.*	舒适
cómodo, da	*adj.*	舒适的
corto, ta	*adj.*	短的
cruzar	*tr.*	横穿
distancia	*f.*	距离
durar	*intr.*	持续
empleado, da	*m.f.*	雇员
entonces	*adv.*	因此、那么
esquina	*f.*	角落
estatua	*f.*	雕塑
exacto, ta; exactamente	*adj.; adv.*	准确的；确切地
girar	*intr.*	转向
glorieta	*f.*	街心花园
igual: Me da ~.	*adj.*	同样的：我无所谓。
incluye (incluir)	*tr.*	包括(动词incluir的陈述式现在时第三人称单数变位)
instrucciones	*f.pl.*	指令
medio de transporte	*m.*	交通工具
metro	*m.*	地铁
pasar (algo a alguien)	*intr.*	发生、转给
plano	*m.*	地图
prefieres (preferir)	*tr.*	偏爱、更喜欢(动词preferir的陈述式现在时第二人称单数变位)
público, ca	*adj.*	公共的
puntualidad	*f.*	准时、准时性
rapidez	*f.*	快速
RENFE (Red Nacional de Ferrocarriles Españoles)	*f.*	西班牙国家铁路网
salir	*intr.*	外出、离开
seguridad	*f.*	安全
seguro	*m.*	安全、保险、确定
seguro de viaje	*m.*	旅行保险
siga, sigue (seguir)	*tr.*	继续(动词seguir命令式第三人称单数和第二人称单数变位)
todo recto		笔直向前
tomar	*tr.*	拿
último, ma, el ~	*adj.*	最后的，最后一位(个)
viaje: estar/ir de ~	*m.*	旅行：旅行中/去旅行
vuelo	*m.*	航班

V_13 Lección 13: ¿Qué tal el fin de semana?

	词性	中文
aburrido, da	*adj.*	无聊的
bien: ¡Qué ~!	*adv.*	好：太棒了！
conferencia	*f.*	会议、讲座
construir	*tr.*	建设
divertido, da	*adj.*	有趣的
divertirse	*prnl.*	玩得开心
entrevista	*f.*	会面
especial	*adj.*	特殊的
estupendo, da	*adj.*	极好的
fiesta de cumpleaños	*f.*	生日派对
horroroso, sa	*adj.*	恐怖的
musical	*adj.*	音乐的
ópera	*f.*	歌剧
partido	*m.*	比赛
pasárselo, ~ bien		过得…，过得开心
paseo: ir de ~	*m.*	散步：外出散步
pesado, da	*adj.*	沉重无聊的
reírse	*prnl.*	嘲笑
reunión de trabajo	*f.*	工作会议
rollo: Es un ~.	*m.*	令人厌烦的事情：这是一件烦人的事情。
servir	*intr.tr.*	服务

sierra	*f.*	山脉
suerte: ¡Qué mala ~!	*f.*	运气：运气真差！
tranquilo, la	*adj.*	安静的、镇静的
¡Vaya!	*interj.*	什么呀！

V_14 Lección 14: Objetos y regalos

	词性	中文
afeitarse	*prnl.*	剃须
balón	*m.*	球、气球
blando, da	*adj.*	软的
bombones	*m.pl.*	巧克力夹心糖
cartera	*f.*	钱包
CD-ROM	*m.*	光盘
cepillarse los dientes		刷牙
cepillo de dientes	*m.*	牙刷
champú	*m.*	香波
claro, ra	*adj./adv.*	淡色的、浅色的/清楚地
colonia	*f.*	香水
cómic	*m.*	连环画
cristal	*m.*	玻璃
cuadrado, da	*adj.*	方形的
de: ¿~ quién es?	*prep.*	(某人)的：这是谁的？
de: ¿~ qué es?	*prep.*	(表材质)的：这是什么做的？
dinero	*m.*	钱
documento	*m.*	文件
duda: sin ~	*f.*	疑问：毫无疑问
duro, ra	*adj.*	硬的
encendedor	*m.*	打火机
fin: en ~	*m.*	尽头、末尾：最终
flor	*f.*	花
forma	*f.*	形式、形状
gracias a		感谢
interés	*m.*	兴趣
jabón	*m.*	肥皂
joya	*f.*	珠宝首饰
juego de ordenador	*m.*	电子游戏
juguete	*m.*	玩具
ligero, ra	*adj.*	轻的
llavero	*m.*	钥匙环
llevar	*tr.*	带去
maquinilla de afeitar	*f.*	剃须刀
material	*m.*	材料
mediano, na	*adj.*	中等的
metal	*m.*	金属
mochila	*f.*	双肩包
nariz	*f.*	鼻子
objetos personales	*m.pl.*	个人物品
para: ¿~ qué es?	*prep.*	为了：这是做什么用的？
paraguas	*m.*	雨伞
parecido a		类似于
pasta de dientes	*f.*	牙膏
peinarse	*prnl.*	梳头
peine	*m.*	梳子
perfumarse	*prnl.*	喷香水
perfume	*m.*	香水
pesado, da	*adj.*	重的
piel	*f.*	皮
plástico, ca	*adj./m.*	塑料的/塑料
pluma	*f.*	羽毛、钢笔
premio	*m.*	奖励
presentarse	*prnl.*	自我介绍、出现在
protegerse del sol/ de la lluvia		遮阳/挡雨
recordar	*tr.*	记住、记忆
rectangular	*adj.*	长方形的
redondo, da	*adj.*	圆形的
regalo, hacer un ~	*m.*	礼物，送礼
secarse	*prnl.*	弄干
significado	*m.*	意思
sirve (servir): ~ para	*intr.*	用于(动词servir的陈述式现在时第三人称单数变位)：作…用的
tamaño	*m.*	尺寸、体积
tarjeta, ~ de visita	*f.*	卡，名片
toalla	*f.*	毛巾

V_15 Lección 15: Costumbres del pasado

	词性	中文
abierto, ta	*adj.*	被打开的
afición	*f.*	爱好

alimentación	*f.*	进食、食品
amable	*adj.*	和蔼的、可爱的
animal	*m.*	动物
aprobar	*tr.*	批准、通过
castigar	*tr.*	惩罚
castigo	*m.*	惩罚
centro de estudios	*m.*	学校
chalé	*m.*	别墅
costumbre	*f.*	习惯
crear	*tr.*	创造
cultivar	*tr.*	种植
de: ~ pequeño	*prep.*	(表时间)的：小时候
educar	*tr.*	教育
egoísta	*adj.*	自私的
época	*f.*	时代
equivalente a		等于…
excepto	*adv.*	除了
famoso, sa	*m.f.*	名人
generoso, sa	*adj.*	慷慨的
gobernar	*tr.*	统治
hasta	*prep.*	直到
imaginar	*tr.*	想象
imperio	*m.*	帝国
inca	*adj./m.f.*	印加的/印加人
infancia	*f.*	童年
lago	*m.*	湖
lana	*f.*	羊毛
licor	*m.*	烧酒、烈酒
llama	*f.*	羊驼
maíz	*m.*	玉米
nacional	*adj.*	国家的
notas	*f.pl.*	笔记
odiar	*tr.*	仇恨
optimista	*adj.*	乐观的
papa	*f.*	土豆
pasado	*m.*	过去
piedra	*f.*	石头
quechua	*adj./m.f.*	克丘亚的/克丘亚人
recuerdo	*m.*	记忆、回忆
reservado, da	*p.p.*	预订过的、保留的
rubio, bia	*adj.*	金发的
sociedad	*f.*	社会
suspender	*tr.*	中止、不及格、使悬停
suspenso, sa	*adj.*	不及格的
tejado	*m.*	屋顶
tolerante	*adj.*	包容的
travesura: hacer ~s	*f.*	淘气：调皮捣蛋
travieso, sa	*adj.*	调皮的
zona	*f.*	区域、地区

特别鸣谢

湖南外国语职业学院

济才教育—OLE西班牙语

天津中德应用技术大学

上海工商外国语职业学院

山东外事翻译职业学院

河北对外经贸职业学院

江西外语外贸职业学院

海南外国语职业学院

宁波职业技术学院

浙江旅游职业学院

CURSO
DE ESPAÑOL
PARA
EXTRANJEROS

ELE
ACTUAL
A2

第二版

ELE现代版 A2

Libro del alumno

上海译文出版社

缩略语表

s.	sustantivo	名词
m.	masculino	阳性
f.	femenino	阴性
pl.	plural	复数
inf.	infinitivo	原形动词
intr.	verbo intransitivo	不及物动词
tr.	verbo transitivo	及物动词
prnl.	verbo pronominal	自复动词
impers.	verbo imperonal	无人称动词
adj.	adjetivo	形容词
p.p.	participio pasivo	过去分词
adv.	adverbio	副词
art.	artículo	冠词
prep.	preposición	前置词
conj.	conjunción	连词
pron.	pronombre	代词
interj.	interjección	感叹词
numer.	numeral	数词

ÍNDICE

Lección 1 Un nuevo curso

Gramática 重点语法

I. Querer + infinitivo y me/te/le/nos/os/les gustaría + infinitivo 动词 querer + 原形动词和 me/te/le/nos/os/les gustaría + 原形动词

两种结构都表示某人想做某事。

Ejemplos:

- Quiero comprar una casa con piscina. 我想买一栋带游泳池的房子。
- Fernando quiere bailar con Elena. 费尔南多想和艾莱娜跳舞。
- Me gustaría viajar a México este verano. 我想这个夏天去墨西哥旅游。

Observaciones:

根据以上的例句可以看出 querer 应根据不同人称的主语进行相应的变位，但 gustar 的主语是其后面的原形动词，前面的“某人”则是 gustar 的间接宾语，因此其动词变位只能是第三人称单数的变位。Gustaría 是动词 gustar 的条件式第三人称单数的变位，表示一种愿望。另外，与格代词 me/te/le/nos/os/les 的前面可使用“a + 名词 / 代词”来强调或明确与格代词所指的人称，例如：

- A Ema le gustaría tener una muñeca de sus padres en esta Navidad. 艾玛想在今年圣诞节的时候从她父母那里得到一个玩具娃娃。

II. Tener que / necesitar / hay que + infinitivo 动词短语 tener que/ 动词 necesitar/ 动词短语 hay que + 原形动词

1. Tener que / necesitar + 原形动词是以有人称方式表达义务与必须。动词tener和necesitar根据不同的人称进行相应的变位。

   Ejemplos:

   - Tengo que terminar este trabajo antes de las cinco de la tarde. 我必须在下午五点前完成这项工作。
   - Tienes que comer más frutas y verduras. 你必须多吃水果和蔬菜。
   - Para hablar español con fluidez, necesitas practicarlo con frecuencia con los hispanohablantes. 要想流利地说西班牙语，你必须经常和说西班牙语的人练习。

2. Hay que + 原形动词是以无人称形式表达义务与必须。

   Ejemplos:

   - Para viajar a Chile hay que tener una visa. 要去智利旅游的话，必须有签证。
   - Para tener un cuerpo sano, hay que hacer ejercicio con frecuencia. 要想有个健康的身体，必须经常锻炼。

III. Ir a + infinitivo 动词短语ir a + 原形动词的用法

1. 动词短语ir a + 原形动词用于表示马上想做或准备要做的事情。常与mañana（明天）、el domingo（星期天）、esta semana（这星期）、este mes（这个月）、este verano（今年夏天）、el año que viene（明年）、en julio（七月份）等时间状语配合使用。

   Ejemplos:

   - Tengo sueño. Voy a acostarme. 我困了，要去睡觉了。
   - ¿Qué vas a hacer esta noche? 你今晚要干什么？
   - Voy a ir al cine con Lucía. 我要和露西亚去看电影。
   - Este invierno mi familia y yo nos vamos a ir de vacaciones a la playa. 今年冬天我和我的家人要去海滩度假。

2. 动词短语ir a + 原形动词也可用于表示根据现状推测将会发生的事情。

   Ejemplos:

   - Va a llover, porque las nubes están negras. 要下雨了，因为云在变黑。
   - Niño, siéntate bien. Vas a caerte de la silla. 孩子，坐好。你要从椅子上掉下去了。

IV. Expresar certeza 表达确定性

Estar seguro/a de que （某人）肯定、确定

Ejemplos:

- ● Estoy seguro de que tu equipo de fútbol va a ganar el partido. 我肯定你的球队会赢得这场比赛。
- ■ ¿Crees que el gerente va a venir a la oficina esta tarde? 你认为经理今天下午会来公司吗？
- ▲ Yo estoy seguro de que no. Porque ahora todavía está en el extranjero. 我确定他不会来。因为目前他还在国外。

Saber que ... （某人）知道（……）

Ejemplos:

- ● Sé que mañana va a nevar. 我知道明天会下雪。
- ● Sé que eres el mejor de tu clase. 我知道你是你们班里最好的学生。

V. Expresar posibilidad 表达可能性

当我们被问及计划和意图时，我们可使用es probable、es posible、puede ser、quizá(s) 等方式来表达可能性。

Ejemplos:

- ■ ¿Vas a ir a la playa este domingo? 这周日你要去沙滩吗？
- ▲ Sí, es posible (probable). ¿Y tú? 是的，有可能，你呢？
- ■ Quizás, pero depende del tiempo. 也许吧，但要看天气情况而定。

Léxico 重点词汇

gustar	intr.	使喜欢	A mí no me gusta bailar, pero me gusta cantar. 我不喜欢跳舞，但是我喜欢唱歌。
interesar (se)	tr.	使感兴趣，引起兴趣	Me interesa mucho tu idea. 你的主意让我很感兴趣。
	prnl.	（~ + en / por）感兴趣，有兴趣	Se interesa en aprender a cocinar. 他对学做饭感兴趣。 Me intereso mucho por el fútbol. 我对足球很感兴趣。
invitar	tr.	邀请	Ana me invita a su casa. 安娜邀请我去她家。 Te invito a cenar esta noche. 今晚我请你吃饭。
mejorar (se)	tr.	改善	Tengo que mejorar la compresión auditiva. 我要提高听力水平。
	prnl.	（天气、健康等）变好	Se mejora tras tomar la medicina. 吃了药以后他好多了。
olvidar (se)	tr. prnl.	（+ de）忘记	Olvido su número de teléfono. 我忘记他的电话号码了。 Juan siempre se olvida de lo que dice su madre. 胡安老是忘记他妈妈和他说的话。
tomar	tr.	1. 拿，取	No puedes tomar esta pluma, que no es gratis. 你不能拿这支钢笔，这不是免费的。
		2. 吃，喝	Tienes que tomar el desayuno antes del trabajo. 工作前你得吃早餐。
		3. 乘（交通工具）	Voy a tomar el autobús al centro. 我打算明天坐公交车去市中心。

Lectura 短文阅读

Soy estudiante de español. Tengo un sueño. Quiero viajar a algún país hispanohablante después de terminar mis estudios universitarios, pero para conseguirlo, todavía tengo mucho que hacer. Según la profesora Sole, primero, tengo que estudiar mucho de este idioma. Segundo, necesito practicar con frecuencia lo que aprendo para no olvidarlo. Por eso, cada día dedico la mayor parte del tiempo al estudio del español. Al mismo tiempo, hablo mucho en español con Ricardo, mi profesor extranjero. También escucho muchas grabaciones y canciones en español por mi cuenta. Ahora puedo hablar en español con más fluidez y comprender mejor lo que dicen los nativos. Así que estoy seguro de que puedo realizar mi sueño. ¡Ánimo!

Lección 2　¿Qué te pasa?

Gramática 重点语法

I. Muy — mucho

1. Muy与形容词和副词搭配使用。

muy	~ + 形容词	Teresa es una chica muy amable. 特蕾莎是一个可爱的女孩。
	~ + 副词	Mi madre cocina muy bien. 我妈妈很会做饭。

2. Mucho与动词和名词搭配使用。

mucho	mucho/-a/-os/-as + 名词	Hay mucha gente en la sala. 大厅里面有许多人。
	动词 + ~	Carmen trabaja mucho. 卡门努力工作。

Observaciones:

1. Muy不能修饰名词。
   - Tengo ~~muy~~ libros de gastronomía. (Tengo **muchos** libros de gastronomía.)
2. Muy也不能作为独立的副词，但mucho可以。
   - Fernando corre ~~muy~~. (Fernando corre **mucho**.)
3. Mucho从不修饰形容词和副词。
   - Felisa es ~~mucho~~ inteligente. (Felisa es **muy** inteligente.)
   - Llegaron ~~mucho~~ tarde a cenar. (Llegaron **muy** tarde a cenar.)

II. Frases exclamativas I　感叹句（一）

1. 构成

¡Qué +	形容词	(+ 动词)! (+ 主语)!	¡Qué inteligente! 真聪明！ ¡Qué alto es! 真高！ ¡Qué guapa es Ana! 安娜真漂亮！
	名词		¡Qué calor! 真热！ ¡Qué sed tengo! 我太口渴了！ ¡Qué hambre tienen los dos niños! 这俩小孩太饿了！
	副词		¡Qué mal! 真糟糕！ ¡Qué bien conduces! 你开车开得真好！ ¡Qué rápido corre Juan! 胡安跑得真快！

2. 用法
¡Qué! 是一个感叹词，它所引导的感叹句用来正面或负面评价某事、某物或某人，表达快乐、惊讶、赞叹或不满等情绪。

III. Conjugación de los verbos irregulares DOLER, QUERER y SENTIRSE en presente de indicativo 不规则动词DOLER、QUERER和SENTIRSE的陈述式现在时变位

	o - ue	e - ie	
	doler	**querer**	**sentirse**
yo	duelo	quiero	me siento
tú	dueles	quieres	te sientes
él, ella, usted	duele	quiere	se siente
nosotros, nosotras	dolemos	queremos	nos sentimos
vosotros, vosotras	doléis	queréis	os sentís
ellos, ellas, ustedes	duelen	quieren	se sienten
变位规则相同的动词有	poder, volver, acostarse, recordar	preferir, pensar, empezar, comenzar, recomendar, despertarse	

Léxico 重点词汇

Para expresar sensaciones físicas y estados de ánimo 表达身体感觉和情绪	**Tener + 名词**
	Tengo miedo. 我害怕。 La chica tiene mucho frío. 那个小女孩感到很冷。 El chico tiene sed. 那个小男孩渴了。 El señor tiene mucha hambre. 那位先生很饿。 Tengo fiebre / tos / gripe / alergia / dolor de cabeza. 我发烧 / 咳嗽 / 得了流感 / 过敏 / 头痛。
	Estar + 形容词
	Estoy muy enfadado. 我很生气。 Estoy enfermo / resfriado. 我病了 / 着凉了。 Estás un poco nerviosa. 你有点儿紧张。 Cristina está muy triste. 克里斯蒂娜很难过。 La chica no está muy preocupada. 那个女孩不是很担心。
	¡Qué + 名词 + tener! ¡Qué + 形容词 + estar!
	¡Qué calor tengo! 我好热啊！ ¡Qué sueño tengo! 我好困啊！ ¡Qué cansado estoy! 我太累了！ ¡Qué contenta estoy! 我太高兴了！
	doler intr. 使某人感到疼、痛(注：在句中，人用与格代词表示)
	Hoy me duele la garganta. 今天我喉咙痛。 Le duelen las muelas. 他牙疼。

Para preguntar y expresar cómo se siente alguien 询问和表达某人怎么了	**encontrarse**（+ **adj./adv.**）**prnl.** 处于某种状态下
	¿No te encuentras bien? 你感觉不舒服吗？ No me encuentro bien. 我感觉不舒服。
	sentirse（+ **adj./adv.**）**prnl.** 某人感觉如何
	¿Cómo te sientes? 你感觉如何？ Me siento muy mal. 我感觉很不好。
	pasar intr. 某人发生什么事（注：在句中，人用与格代词表示）
	¿Qué te / le pasa? 你/您怎么了？

Lectura 短文阅读

Cuando vamos al hospital, el médico suele preguntarnos, primero, qué molestias tenemos; luego empieza a auscultarnos de una manera sencilla tomándonos el pulso, midiéndonos la tensión, mirándonos la lengua, etc. Luego, si nuestra situación es algo complicada, nos manda hacer análisis de sangre, tomar unas radiografías, o sacar una gastroscopia.

Después, él examina el resultado de las pruebas y empieza a explicarnos qué nos pasa, es decir, qué enfermedad tenemos, por qué la padecemos y cómo piensa curarnos. Finalmente, nos receta algunas medicinas, que nos dan en la farmacia. Si la enfermedad es un poco grave, nos aconseja guardar cama algunos días en casa y si no, sólo nos recomienda tomar puntualmente las medicinas.

Lección 3 Comidas

Gramática 重点语法

I. Indefinidos: algo y nada 不定词：algo和nada

algo	nada
用于肯定句和疑问句中	用于否定句中
指一个事物（或几个事物），但不清楚是什么事物	指没有事物
• Hay algo en la sopa. 汤里有个东西。 • ¿Quiere algo más? 您还要点些什么吗？	• No hay nada en la nevera. 冰箱里什么都没有了。 • Nada hay en este cartón. 这个纸盒里什么东西都没有。

Observaciones:

1. Nada置于动词前时，句子无需加否定副词no；nada置于动词后时，句子前面必须加否定副词no。
2. 用algo de / nada de + 不可数名词（agua，queso，leche等）可表示数量。
   - Hay algo de agua en la botella. 瓶子里有点水。
   - No hay nada de queso. 一点奶酪都没有了。

II. Sustantivos contables-no contables 可数名词和不可数名词

1. 可数名词的数量表示

Singular 单数	Plural 复数
数词/单数不定冠词（un / una / otro / otra）+ 单数名词 • un tenedor 一把叉子 • otra cuchara 另一把勺子	数词/复数不定冠词（unos / unas / otros / otras）+ 复数名词 • dos tenedores 两把叉子 • otras cucharas 另一些勺子

注：可数名词在量词后面一般要用复数形式。

- un kilo de manzanas 一公斤苹果
- una lata de sardinas 一个沙丁鱼罐头
- un paquete de galletas 一包饼干

2. 不可数名词的数量表示

不可数名词通过前面的量词表示数量：

- un cartón de leche 一箱牛奶
- otra botella de agua 再来一瓶水
- tres botellas de vino 三瓶葡萄酒

也有其他表示不可数名词的数量的方式，例如 más（更多点）/un poco de（一点儿，一些）/un poco más de（再来一点儿，再来一些）+ 可数名词。

注：不定量词 un poco de 只用于不可数名词前面。

- más pan 更多点面包
- un poco de pan 一点面包
- un poco más de pan 再来点面包

III. Conjugación del verbo irregulares PEDIR y PONER en presente de indicativo: alternancia e-i 不规则动词PEDIR的陈述式现在时变位

	e-i	1.ª persona del singular con g
	pedir	**poner**
yo	pido	pongo
tú	pides	pones
él, ella, usted	pide	pone
nosotros, nosotras	pedimos	ponemos
vosotros, vosotras	pedís	ponéis
ellos, ellas, ustedes	piden	ponen
变位规则相同的动词有	decir, repetir, servir, seguir	tener, hacer, venir, salir, decir, traer

Léxico 重点词汇

Nombres de envases y unidades 包装和计量单位	**barra** 根，条	una barra de pan 一根面包
	botella 瓶	una botella de vino, leche, aceite de olivo, zumo de naranja 一瓶葡萄酒 / 牛奶 / 橄榄油 / 橙汁
	cartón 箱，纸盒	un cartón de vino, leche, zumo de naranja 一箱葡萄酒 / 牛奶 / 橙汁
	(media) docena (半)打	media/una docena de huevos 半打 / 一打鸡蛋
	gramo 克	doscientos gramos de jamón 两百克火腿
	kilo (kilogramo) 千克，公斤	dos kilos de plátanos 两公斤香蕉
	lata 罐头	una lata de sardinas 一罐沙丁鱼
	litro 升	dos litros de leche 两升牛奶

	paquete 包	un paquete de galletas/sal/arroz/azúcar 一包饼干 / 盐 / 米 / 糖
a la romana/ italiana/ fransesa/ española	罗马式/意式/法式/西班牙式(做法)	Quiero calamares a la romana. 我要罗马式（做法）的鱿鱼。
estar a	多少钱	¿A cómo están las naranjas? 橙子怎么卖？（一千克橙子多少钱）？
poner	给(本章中的意思)	¿Qué le pongo? 您要点什么吗？（您想买点什么吗？）Póngame un paquete de azúcar. 请您给我一包糖。
aquí tiene	给您；请您拿着/接着	

Lectura 短文阅读

La paella

Sin ninguna duda la paella es una de las recetas más conocidas de nuestra gastronomía, no sólo dentro de España, sino también es muy popular en muchos otros países del mundo. Es una receta originaria de la zona de Valencia, con mucha tradición en toda la zona, pero se consume también en el resto del país. Uno de los aspectos más destacados de la paella, es la riqueza y variedad de ingredientes que la conforman, ya que se puede preparar con todo tipo de mariscos, carnes y verduras, pudiendo hacer todo tipo de variantes. Si no sabes hacer este plato, puedes encontrar muchas interesantes recetas en la página web, ya no sólo la tradicional receta de paella valenciana, sino también otras variantes que han surgido a raíz de la misma.

Lección 4 Ha sido un día normal

Gramática 语法重点

I. Conjugación del pretérito perfecto y algunos ejemplos 陈述式现在完成时变位及例句

陈述式现在完成时的变位：由助动词 haber 的陈述式现在时加动词的过去分词构成。

	Presente de haber haber 的陈述式现在时	Participio 过去分词
yo	he	estudiado comido salido
tú	has	
él/ella/usted	ha	
nosotros/nosotras	hemos	
vosotros/vosotras	habéis	
ellos/ellas/ustedes	han	

1. 用法：指在尚未结束的时间内发生的过去的动作或事件或说话人认为其紧临现在。使用时，时间参照有hoy(今天)、esta mañana(今天上午)、esta semana(这星期)、este mes(这个月)、hace un rato(刚刚)等等。

Ejemplos:
- Hoy **he comido** con Ramón. 今天我跟拉蒙一起吃了饭。
- Este verano **ha hecho** mucho calor. 今年夏天很热。

2. 指过去的经历或活动，但不指出其完成的具体时刻。

Ejemplos:
- Miguel **ha estado** muchas veces en París. 米盖尔去过很多次巴黎。
- **No he estado nunca** en Latinoamérica / Nunca **he estado** en Latinoamérica. 我从来没有去过拉丁美洲。（但是不能说 He estado nunca en Latinoamérica.）

3. 指过去的动作或事件，但其对现今仍有影响。
- Perdona por llegar tarde, pero es que **he tardado** mucho en encontrar este sitio. 不好意思我迟到了，因为我花了很长时间才找到这个地方。

II. Conjugación del participio de los verbos regulares e irregulares 规则和不规则动词的过去分词变位

以 -ar 结尾的动词，在词根上加 -ado；以 -er、-ir 结尾的动词，在词根上加 -ido。

	-AR	-ER	-IR
Infinitivo	trabaj**ar**	le**er**	recib**ir**
Participio (regular)	trabaj**ado**	le**ído**	recib**ido**

部分不规则动词的过去分词：

ver — visto, escribir — escrito, volver — vuelto, hacer — hecho, poner — puesto, abrir — abierto, descubrir – descubierto, decir — dicho, romper — roto。

Léxico 重点词汇

apagar	tr.	扑灭，关	Cuando sales de casa, hay que apagar la luz. 你出门的时候，应该关上灯。
dormirse	prnl.	睡着	Al acostarse, se duerme en cinco minutos. 他一上床，五分钟就睡着了。
mencionar	tr.	提及	No quiero mencionar su nombre. 我不想提他的名字。
pena	f.	可惜	¡Qué pena! 真可惜！
perder	tr.	错过，丢失	Hemos perdido el tren. 我们错过了火车。 Ha perdido su teléfono móvil. 他的手机丢了。
perdonar	tr.	原谅，对不起	Perdona por llegar tarde. 请你原谅我迟到了。（因为做某事而道歉用前置词 perdonar por + inf.）
ponerse	prnl.	穿上	Se ha puesto su chaqueta nueva. 他穿上了新衣服。
preocuparse	prnl.	担忧	Se preocupa mucho por/de la salud de su abuelo. 他很担心他爷爷的身体。
quitarse	prnl.	脱下	El chico se quita los zapatos sucios antes de entrar. 男孩在进门之前脱掉了他的脏鞋。
recoger	tr.	收拾，捡起	Hemos recogido la habitación. 我们收拾好了房间。 Ha recogido las revistas del suelo. 他捡起了地上的杂志。

retrasarse	prnl.	耽搁，变慢	Se ha retrasado por el atasco. 他因为堵车耽搁了。（因为某件事情耽搁加前置词 por） Se retrasa el reloj. 钟走慢了。
salir	intr.	出去	Todos los días sale de la casa a las ocho. 他每天八点出门。（离开某地加前置词 de）
subir	intr.	升起，登上	Estos días sube la temperatura. 这几天升温了。 Ha subido al coche con mucha prisa. 他匆忙上了车。 （登上某个交通工具加前置词 a）

Lectura 短文阅读

Hoy ha sido un día muy ocupado e inolvidable para mí. Me he levantado a las seis, he tomado el autobús a las 7:30 para ir al centro de la ciudad, ya que hoy ha sido el cumpleaños de mi amigo, Fernando. Le he comprado un regalo. Como su casa está en las afueras de la ciudad, he tenido que tomar el autobús para ir a su casa. Me he retrasado por un accidente de tráfico. Al llegar a su casa, le he pedido disculpa por llegar tarde. Él ha aceptado mis disculpas. Hemos celebrado su fiesta de cumpleaños, lo hemos pasado muy bien. He vuelto a mi casa a las 10:00 de la noche.

Lección 5 Experiencias y opiniones

Gramática 重点语法

I. Uso de ya-aún / todavía no y algunos ejemplos ya-aún / todavía no 的用法及例句

Ya 是为了表达在我们提到它的那一刻之前，某个预见到或可预见的行动已经进行了。

Ejemplos:

- **Ya** he visitado la Sagrada Familia y me ha gustado mucho. 我已经去过圣家族大教堂，我非常喜欢。

反之，为了表达在我们提到它的那一刻之前该进行而尚未进行，我们则使用 aún no 或 todavía no。

Ejemplos:

- **Aún no** he visitado la Sagrada Familia. 我还没去过圣家族大教堂。
- **Todavía no** ha empezado la clase. 还没开始上课。

II. Con + pronombres personales con + 主语人称代词

Con 加主语人称代词用来表示和……一起。

conmigo		和我
contigo		和你
con	usted, él, ella	和您、他、她
	nosotros/nosotras	和我们
	vosotros/vosotras	和你们
	ustedes, ellos, ellas	和诸位、他们、她们

Ejemplos:

- Pues no estoy de acuerdo contigo. 我不同意你的看法。
- ¿Vas conmigo? 你跟我一起去吗？
- Vamos con ustedes. 我们跟诸位一起去。

Léxico 重点词汇

acuerdo	m.	同意；协议	Estoy de acuerdo contigo. 我同意你说的。 ■ Vamos al cine. 我们去电影院吧。 ▲ De acuerdo. 好的。 concertar un acuerdo 缔结协定
corregir	tr.	纠正(陈述式现在时的某些人称变位要将e变为i，注意第一人称正字法：corrijo)	Corrijo los errores de los alumnos. 我纠正学生们的错误。
enamorarse	prnl.	爱上	Se ha enamorado de Pedro a la primera vista. 她对佩德罗一见钟情。 Luis está enamorado de Ana. 路易斯爱着安娜。
en público		大庭广众之下	No puedes gritar en público. 你不能在大庭广众之下大吼大叫。
entonar	tr.	定音，定调	La profesora ha entonado la canción. 老师给歌起了个音。
importar	intr.	对…重要，介意 用法类似于gustar (使用与格人称代词me、te、le，nos、os、les)	Importa que el acuerdo se tome por unanimidad. 重要的是要使这个决议获得一致通过。 No me importa hacer tanto trabajo. 我不介意做这么多的工作。
lamentablemente	adv.	遗憾地，令人惋惜地	Lamentablemente, no puedo ir contigo. 非常遗憾，我不能跟你一起去。
locamente	adv.	疯狂地，过分地，非常，及其	Te amo locamente. 我非常爱你。
oír	tr.	听见	Oigo tu voz. 我听到了你的声音。
opinión	f.	观点，意见	En mi opinión, debemos estudiar mucho. 在我看来，我们应该努力学习。
parecido, da	adj.	相似的	Las dos casas son parecidas. 这两栋房子很相似。
pensar	tr.	思考，想念，认为 (陈述式现在时变位将e-ie)	Voy a pensarlo. 我会考虑这件事。 Pienso en ella. 我想她。 Pensamos que está bien. 我们认为可以。
probar	intr.	尝试 (陈述式现在时变位将o-ue)	Voy a probar este plato. 我要品尝一下这道菜。
pronunciar	tr.	发(音)	La letra r es difícil de pronunciar. 字母 r 的音很难发。

Lectura 短文阅读

He estado en España con mis compañeros de clase. Hemos estudiado un año en la Universidad de Granada. Ha sido una experiencia inolvidable para nosotros. Hemos conocido a muchos amigos tanto españoles como de otros países extranjeros. Además, hemos ido a Madrid, Málaga, Sevilla y muchas otras ciudades. Nos han gustado mucho los monumentos de estas ciudades y sus platos típicos. Esta experiencia me ha ayudado a conocer mejor la cultura española y mejorar mi capacidad comunicativa con la lengua española. Espero volver pronto a España y visitar a mis amigos para conocer más lugares.

Repaso 1 Lecciones 1-2-3-4-5

Expresión e interacción orales 口头表达

Tarea 1 DESCRIPCIÓN DE UNA FOTO: MONÓLOGO

Observe estas fotos y imagine que usted es una de esas personas. Piense en algunas cosas importantes que ha hecho en su vida y descríbalas. La descripción debe durar 2 ó 3 minutos. Por ejemplo: ***He estado en España y sacado muchas fotos en ese viaje.***

Lámina 1

Lámina 2

Lámina 3

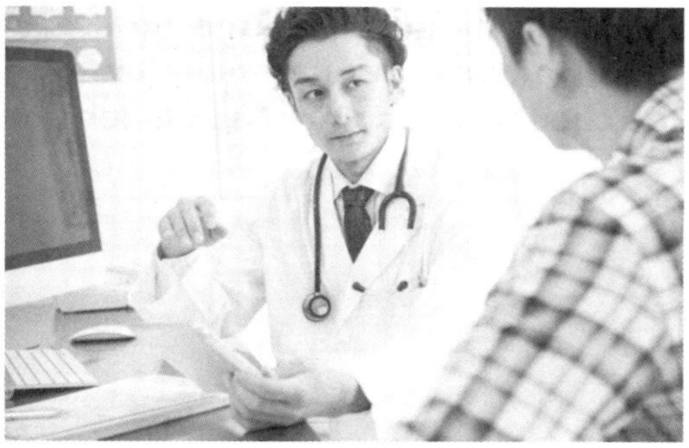

Lámina 4

Lámina 5

Lámina 6

Tarea 2 CONVERSACIÓN SOBRE ESTADOS FÍSICOS Y ANÍMICOS

Ustedes tienen que conversar en parejas sobre estados físicos y anímicos: uno pregunta y ofrece sugerencias, y otro expresa y contesta. La conversación debe durar 3 ó 4 minutos. En su conversación, pueden utilizar las oraciones siguientes.

Preguntar	Ofrecer sugerencias
¿Cómo estás?	¿Por qué no vas al médico?
¿Cómo te sientes?	¿Quieres una aspirina?
¿Qué te pasa?	¿Te doy un masaje?
¿No te encuentras bien?	¿Por qué no te vas a la cama?
Expresar	**Contestar**
Estoy enfermo / resfriado...	Sí, gracias. / Vale. / Sí, si sigo así.
Me duele la cabeza / la garganta...	Es que no me gusta tomar las pastilla.
Tengo fiebre / tos / gripe...	Es que no quiero ver al médico.

Tarea 3 PRESENTACIÓN DE UNA RECETA DE COCINA

Prepare una presentación de una receta típica de la cocina hispana o de la china y después de la presentación, otros estudiantes pueden hacerle algunas preguntas sobre ella.

Tarea 4 CONVERSACIÓN EN UN RESTAURANTE

Preparen una conversación entre tres personas en un restaurante. Dos de ustedes son clientes, quienes piden al camarero lo que quieren tomar y lo que necesitan durante la comida. Y el otro es el camarero, quien atiende a los clientes. La conversación debe durar 4 ó 5 minutos.

Frases usuales:

Camarero, la carta, por favor.

¿Qué nos recomienda?

¿Qué van a tomar?

De primero / De segundo, pedimos ...

Y para beber, ¿qué quieren?

¿Qué tomarían de postre?

Oiga, perdone, ¿me trae un poco más de agua, por favor?

La cuenta, por favor.

Lección 6 Ropa y complementos

Gramática 重点语法

I. Comparaciones con adjetivos y algunos ejemplos 形容词比较级及例句

较高级比较	**más** + 形容词 + **que**
同级比较	**tan** + 形容词 + **como**
较低级比较	**menos** + 形容词 + **que**

Ejemplos:

- Mi abuela es **más** graciosa **que** mi abuelo. 我奶奶比我爷爷更有趣。
- Este restaurante es **tan** caro **como** el otro. 这家餐厅跟那个一样贵。
- El español no es **tan** díficil **como** el alemán. 西班牙语没有德语难。

不规则比较级：

bueno → mejor
malo → peor
grande(edad) → mayor
pequeño(edad) → menor
grande (tamaño) → mayor/más grande
pequeño (tamaño) → menor/más pequeño

Ejemplos:

Esta discoteca es **mejor que** esa. 这家迪斯科舞厅比那家好。

II. Pronombres de objeto directo 直接宾格代词

直接宾格代词用来代指在相邻语段中重复出现的直接宾语，以避免话语和行文啰嗦。以下是第三人称单复数的直接宾格代词。

	Masculino 阳性	**Femenino 阴性**
Singular 单数	lo	la
Plular 复数	los	las

Ejemplos:

■ ¿Quieres comprar esta chaqueta? 你想买这件衣服吗？
▲ No, no la quiero comprar. 不，我不想买。
■ ¿Le gustan estos pantalones? 您喜欢这条裤子吗？
▲ No, los quiero más largos. 不喜欢，我想要更长一点的。

III. Pedir y dar permiso 表达请求与许可

Pedir permiso 请求许可

- ¿Puedo porbarme esta blusa? 我可以试一试这件衬衣吗？
- ¿Puedo ir al supermercado contigo? 我可以跟你一起去超市吗？

Dar permiso 许可

- Sí, claro. El probador está al final, a la derecha. 当然可以。试衣间在最里面，右手边。
- Por supuesto, vamos a las dos de la tarde. 当然，我们下午两点去。

Léxico 重点词汇

cómodo, da	adj.	舒适的	Estos zapatos son muy cómodos. 这双鞋很舒服。
costar	intr.	花费（陈述式现在时变位将o-ue）	¿Cuánto cuesta esta chaqueta? 这件衣服多少钱？ Nos cuesta mucho pronunciar la *rr*. rr 这个音对我们来说很难发。
cuánto	adj./ interj.	多少	¿Cuánto cuesta? 多少钱？ ¿Cuántos años tienes? 你多少岁了？
final	m.	最后al ~ 最终	Al final podemos descansar tranquilamente. 最终我们可以安静地休息了。
fondo	m.	底，底部al ~ 最里面	El cuarto de baño está al fondo. 卫生间在最里面。 Al fondo del pasillo hay un espejo. 走廊的尽头有一面镜子。

pasar	intr.	(从某处)路过，驶过	Hemos pasado por su pueblo. 我们刚驶过他的家乡。
probarse	prnl.	试穿(陈述式现在时变位将o-ue)	Se prueba esta chaqueta. 他试了试这件衣服。
quedar	intr.	对…合适，(衣着)感觉…合身 用法类似于gustar (使用与格人称代词me、te, le、nos、os、les)	■ ¿Cómo te quedan los pantalones? 这条裤子你穿着怎么样? ▲ Me quedan un poco apretados. 我穿着有点儿紧。
verdad	f.	真实	Eso que dices no es verdad. 你说的那件事不是事实。

Lectura 短文阅读

Me gusta mucho ir de compras a la tienda de Zara. En Zara hay mucha ropa: pantalones, blusas, cazadoras, jerseyes, vaqueros, zapatos, faldas, sombreros etc. Hoy he ido a comprar con una amiga. Como estamos en julio, han empezado las rebajas. Casi toda la ropa está más barata. Me he probado una bulsa roja, un vaquero negro, un jersey azul y un par de zapatos blancos, me han quedado muy bien, por eso lo he comprado todo. Me ha costado 100 euros. Mi amiga ha comprado una falda morada, una camiseta negra, le han costado 50 euros. Estamos muy cansadas después de la compra, pero contentas.

Lección 7 ¡Feliz cumpleaños!

Gramática 重点语法

I. Estar + gerundio estar + 副动词

Estar 加副动词表示说话时正在进行的动作。

Estar + gerundio	
estoy	busc**ando**
estás	bail**ando**
está	beb**iendo**
estamos	com**iendo**
estáis	sal**iendo**
están	traduc**iendo**

Ejemplos:

■ ¿Dónde está tu madre? 你妈妈在哪儿?

▲ Está preparando la cena en la cocina. 她正在厨房准备晚饭。

1. Gerundio: conjugación de verbos regulares 副动词的规则变位

-AR	-ER	-IR
-ando	-iendo	-iendo

2. Gerundio: conjugación de verbos irregulares 副动词的不规则变位

	Ejemplos
词干部分 e 变为 i	decir — diciendo pedir — pidiendo repetir — repitiendo vestirse — vistiéndose
词干部分 o 变为 u	dormir — durmiendo morir — muriendo
词尾 er/ir 变为 y	leer — leyendo oír — oyendo
非常特殊的情况	reír — riendo

3. Verbo pronominal en gerundio 代词式动词的副动词形式
代词式动词变副动词时，后面的 se 变位，与副动词连写，要加重音符号。
以 levantarse 为例：

levantándome levantándote levantándose	levantándonos levantándoos levantándose

II. Preguntar y decir la fecha 询问日期及答复

■ ¿Qué día es hoy? 今天几号？
▲ Hoy es el 2 de abril. 今天 4 月 2 日。
■ ¿Qué día es tu cumpleaños? 你生日几号？
▲ El diez de octubre. 10 月 10 日。

III. Frases exclamativas II 感叹句（二）

	Usos	Ejemplos
Frases exclamativas	¡Qué adjetivo (verbo)! ¡Qué + 形容词 + (动词)!	¡Qué bonita es! 多美呀！ ¡Qué grande es la casa! 房子真大！
	¡Qué sustantivo (verbo)! ¡Qué + 名词 + (动词)!	¡Qué calor! 好热！ ¡Qué sed tengo! 我好渴！ ¡Qué alegría! 真高兴！
	¡Qué adverbio (verbo)! ¡Qué + 副词 + (动词)!	¡Qué bien! 真棒！ ¡Qué mal! 糟透了！ ¡Qué rápido hablas! 你说话好快！

IV. Usos de dos verbos: ser y estar 动词ser和estar的用法

	Usos	Ejemplos
	表身份、国籍、职业、所属关系等	Él es mi abuelo. 他是我爷爷。 Ellos son chinos. 他们是中国人。 Somos estudiantes de español. 我们是西班牙语学生。 La chaqueta es tuya. 那件外套是你的。

SER	描述外表、材质、性格等	Ella es alta y delgada. 她又高又瘦。 La mesa es de madera. 这张桌子是木制的。 Mi hermana es muy tímida. 我的妹妹很羞涩。
	表时间、日期	Ahora son las ocho. 现在八点。 Mi cumpleaños es el 14 de junio. 我的生日是6月14日。

	Usos	Ejemplos
ESTAR	表地理位置	La tienda está cerca de mi casa. 那家商店离我家很近。 La ciudad está a las orillas del río. 那座城市在河岸边。
	表状态	Ahora estoy feliz. 我现在很幸福。 Este vaso está roto. 这个杯子碎了。
	评价食物	El pescado está muy rico. 鱼烧得很好吃。
	搭配副动词	Estamos celebrando una velada. 我们正在举办一场晚会。

Léxico 重点词汇

acordar(se)	tr.	提醒，使想起	Le acuerdo el nombre de la chica. 我提醒他那个女孩的名字。
	prnl.	记得	No me acuerdo. 我不记得。 Me acuerdo de que ella va a venir a las dos. 我想起来了她两点要来。
esperar	tr.	1. 等待	Te esperamos en el jardín. 我们在花园里等你。
		2. 想，希望	Espero poder estudiar en España. 我希望能在西班牙学习。
parecer	tr.	使觉得	Este texto me parece muy difícil. 这篇课文我觉得很难。 Me parece que Ana es una profesora buena. 我觉得安娜是一名好老师。
poder	tr.	能够	¿Puedes ayudarme? 你能帮我吗? Ya no puedo más. 我吃不下啦。
sentarse	prnl.	坐下	Siéntate, por favor. 请你坐下。 El chico se sienta y escucha la clase con atención. 那个男生坐下，认真听课。
vestir(se)	tr.	给…穿衣服	Cada día, la madre viste a la niña con mucha paciencia. 每天，妈妈都很耐心地给女儿穿衣服。
	prnl.	(自己)穿衣服	La niña se viste muy rápido. 那个小女孩穿衣服特别快。

Lectura 短文阅读

Hoy me despierto a las siete y media de la mañana. Cuando entro en la sala, veo que mi hermana está estudiando. Ella es estudiante del tercer año de una universidad muy famosa de mi país. ¡Qué trabajadora! Después de lavarme, ayudo a mi madre en la cocina, mientras mi padre está limpiando el jardín. Cuando desayunamos, escuchamos las noticias en la televisión.

Lección 8 Contar un viaje

Gramática 重点语法

I. Pretérito indefinido I 简单过去时（一）

大部分动词的变位都与下面这几个词的变位相一致。但有些动词的简单过去时的变位，由于语音方面的要求，书写时个别字母发生变化。如以 -car 结尾的动词的第一人称单数变位以 -qué 结尾，以 -gar 结尾的动词第一人称单数要变位以 -gué 结尾等。

Verbos regulares 规则动词

	-ar	-er	-ir
	levantar	**comer**	**vivir**
yo	levanté	comí	viví
tú	levantaste	comiste	viviste
él, ella, usted	levantó	comió	vivió
nosotros, nosotras	levantamos	comimos	vivimos
vosotros, vosotras	levantasteis	comisteis	vivisteis
ellos, ellas, ustedes	levantaron	comieron	vivieron

Verbos irregulares 不规则动词

	ir, ser	estar	hacer	venir
yo	fui	estuve	hice	vine
tú	fuiste	estuviste	hiciste	viniste
él, ella, usted	fue	estuvo	hizo	vino
nosotros, nosotras	fuimos	estuvimos	hicimos	vinimos
vosotros, vosotras	fuisteis	estuvisteis	hicisteis	vinisteis
ellos, ellas, ustedes	fueron	estuvieron	hicieron	vinieron

Observaciones:

陈述式简单过去时表示过去曾经发生，并且已经结束的动作，句中经常有表示过去的时间副词ayer（昨天），anoche（昨天晚上），la semana pasada（上个星期），el año pasado（去年）或时间从句。

Ejemplos:

- ¿Cuándo se casaron tus padres? 你父母是什么时候结婚的？
- Anoche durmió tres horas y ahora está muy cansada. 昨晚她睡了三个小时，现在很累。

简单过去时动词变位分为两类，一类为规则动词变位，另一类为不规则动词变位。所谓规则动词变位即按照一定的规则进行动词变位。所有规则变位的动词，根据第一人称(-ar)、第二人称(-er)和第三人称(-ir)而不同，由动词词根加特定词尾构成。不规则动词并不是杂乱无章的，可根据其中的一些内部规律来记忆，后有详述，还有部分不规则动词是完全不规则的，没有确定的规则可循，对于此类单词，需要一一记住。

II. Preposiciones: en, de 前置词en和de

	Usos	Ejemplos
EN	表时间	Aquí hace mucho calor en el verano. 这儿夏天很热。 Ana nació en 1992. 安娜出生于 1992 年。
	表地点	Hay dos sillas en la sala. 客厅里有两把椅子。
	表方式	Ayer fui a Barcelona en tren. 昨天我坐火车去巴塞罗那。

	Usos	Ejemplos
DE	表所属	El coche es de mi padre. 那辆轿车是我父亲的。
	表时间	Ella nació el 10 de agosto de 1992. 她生于 1992 年 8 月 10 日。
	表距离	Mi casa está a dos kilómetros del metro. 我家离地铁站两公里。

Léxico 重点词汇

alojarse	prnl.	住宿	Ayer me alojé en un hotel. 昨天我住在一家酒店里。
desde	prep.	自从…	Desde la semana pasada, he leído dos novelas. 自上周以来，我读了两本小说。
ir	tr.	去	Quiero ir a España en las vacaciones. 我想假期去西班牙。 Vamos a ver una película. 我们去看场电影。 ir de camping 露营 ir de excursión 郊游 ir de compras 购物
pasar	tr.	度过	Pasé mi infancia con mis abuelos. 我的童年是和爷爷奶奶度过的。
		经过	Puedes pasar por este lado. 你可以从这边过去。
pensión	f.	膳宿	pensión completa 膳宿全包 pensión media 半膳宿
reservar	tr.	预订	Quiero reservar una mesa para el lunes. 我想预订周一的桌席。

Lectura 短文阅读

El sábado por la mañana, me levanté a las nueve y media. Después de lavarme, me senté en el sofá y desayuné. A las diez y media, Ana me llamó y me invitó a cenar en su casa. Quedamos en vernos a las cuatro a la puerta de la universidad. Cuando llegué, la vi inmediatamente en la multitud. Paseamos una hora por las calles y luego volvimos juntas a comer en su casa. Pasamos un día perfecto. Regresé a casa a las diez y media de la noche.

Lección 9 Famosos

Gramática 重点语法

I. Pretérito indefinido II 简单过去时（二）

Verbos irregulares 简单过去时不规则动词变位规律小结

简单过去时的不规则变位也有些规律可循。

	dormir	morir
第三人称变位时，原形动词中的o变成u	dormí	morí
	dormiste	moriste
	durmió	murió
	dormimos	morimos
	dormisteis	moristeis
	durmieron	murieron

	pedir	mentir
第三人称变位时，原形动词中的e变成i	pedí	mentí
	pediste	mentiste
	pidió	mintió
	pedimos	mentimos
	pedisteis	mentisteis
	pidieron	mintieron

	dar	reír
需单独记忆的特殊变位	di	reí
	diste	reíste
	dio	rió
	dimos	reímos
	disteis	reísteis
	dieron	rieron

	leer	creer	oír	construir
书写变化（1）	leí	creí	oí	construí
	leíste	creíste	oíste	construiste
	leyó	creyó	oyó	construyó
	leímos	creímos	oímos	construimos
	leísteis	creísteis	oísteis	construisteis
	leyeron	creyeron	oyeron	construyeron

	sacar	comenzar	llegar
书写变化（2）	saqué	comencé	llegué
	sacaste	comenzaste	llegaste
	sacó	comenzó	llegó
	sacamos	comenzamos	llegamos
	sacasteis	comenzasteis	llegasteis
	sacaron	comenzaron	llegaron

	原形动词	词根	词尾
常用词根和词尾不规则的动词	tener	tuv-	-e -iste -o -imos -isteis -ieron （例外：dijeron, trajeron, tradujeron, produjeron）
	estar	estuv-	
	poder	pud-	
	saber	sup-	
	andar	anduv-	
	hacer	hic-/hiz-	
	poner	pus-	
	querer	quis-	
	venir	vin-	
	decir	dij-	
	traer	traj-	
	traducir	traduj-	
	producir	produj-	

【变化规律小技巧】从书写变化(1)中，可以发现，第二、第三变位动词变成简单过去时，要注意第三人称的单复数的形式会有改变，i的发音用y来替代，要记住，这只是书写形式上的变化，发音没有改变。再来看书写变化(2)，以-car、-zar、-gar结尾的动词变成简单过去时，第一人称单数的形式会有改变，分别变为-qué、-cé、-gué，这是为了使原形动词中的辅音c、z、g在变位后依然保持原来的读音，因此，这同样只是书写形式上的变化，发音没有改变。

Léxico 重点词汇

acompañar	tr.	陪伴	Estoy libre, te acompaño a la escuela. 我有空，我陪你去学校。
casarse	prnl.	结婚	Ana se casa con Juan y están muy felices. 安娜和胡安结婚了，他们很幸福。
comenzar	tr.intr.	开始	La clase comienza a las ocho y media. 课八点半开始。 Comenzamos a leer el texto. 我们开始读课文。
dedicarse	prnl.	致力于，从事	¿A qué quieres dedicarte? 你想从事什么工作？
entrar	intr.	进入	Entra en la cocina y comienza a preparar la cena. 他走进了厨房，开始准备晚饭。
ganar	tr.	挣，赢得	El escritor gana mucho respeto con sus obras. 这位作家由于他的作品而赢得很多人的尊敬。
pobre	adj.	1. 贫穷的	Su familia es muy pobre. 他家很贫穷。
		2. 可怜的	La pobre mujer no sabe qué hacer. 这个可怜的女人不知道该怎么办。
presentar	tr.	1. 介绍	Quiero presentarte a una amiga mía. 我想给你介绍我的一位朋友。
		2. 呈递	Todos deben presentarme sus trabajos antes de este fin de semana. 所有人必须在本周末把作业交给我。
tarde	f.	下午	Ayer regresé a casa a las cinco de la tarde. 昨天我是下午五点回家的。
	adv.	迟，晚	Llegué tarde anoche. 我昨晚迟到了。

Lectura 短文阅读

Confucio nació en 551 a.C. en el Reino de Lu. Se conoce en China como el gran maestro de todos los intelectuales. Se dedicó a la enseñanza y la educación y viajó varias veces con sus discípulos entre los reinos de la China antigua, con el deseo de hablar con los reyes de sus teorías y cambiar el mundo con amor y bondad. Aunque no logró realizar su sueño, sus teorías y pensamientos han dejado una influencia muy profunda en la mentalidad de los chinos.

Lección 10 Permiso y favores

Gramática 重点语法

I. Imperativo afirmativo I 肯定命令式（一）

西班牙语中，“时”表示说话者阐述的内容所处的时态，“式”是用来表示说话者的语气。命令式包括肯定命令式和否定命令式，本课开始学习的是肯定命令式及其变位。
肯定命令式用于向对话者提出建议或者命令，或者准许对方的请求。
肯定命令式“你”和“您”这两个人称规则变位为：

	-ar	-er	-ir
tú	-a	-e	-e
usted	-e	-a	-a

Ejemplos:

	pasar	creer	abrir
tú	pasa	cree	abre
usted	pase	crea	abra

肯定命令式“你”和“您”这两个人称常见不规则变位：
1. 词干变化不规则

e-ie	cerrar	encender
tú	cierra	enciende
usted	cierre	encienda

e-i	pedir	servir
tú	pide	sirve
usted	pida	sirva

o-ue	volver	encontrar
tú	vuelve	encuentra
usted	vuelva	encuentre

2. 陈述式现在时第一人称单数变位不规则

	poner	venir	ir	hacer	decir	tener	salir
tú	pon	ven	ve	haz	di	ten	sal
usted	ponga	venga	vaya	haga	diga	tenga	salga

3. 正字法

ger-ja	coger	proteger
tú	coge	protege
usted	coja	proteja

Ejemplos:

- Abre la ventana, por favor. 麻烦开一下窗。（提出建议）
- Los platos están bien preparados. Pon la mesa. 饭菜已经准备好了，摆一下餐具。（命令）

■ ¿Puedo entrar? 我能进来吗？

▲ Pasa, pasa. 请进。（准许请求）

II. Imperativo afirmativo + pronombres de objeto directo lo, la, los, las 肯定命令式 + 直接宾语（lo, la, los, las）

肯定命令式的变位与宾格代词，与格代词同时使用时都是将代词放在变位动词后与之连写，有时为保持重音不变，加重音符号，如 levántate，重音在 a 上。

Ejemplos:

- Pásame aquel libro, por favor. 请把那本书递给我。

Léxico 重点词汇

ayudar	tr..	帮助	¿En qué puedo ayudarte? 有什么能帮你的吗？ ¿Puedes ayudarme a limpiar el cuarto? 你能帮我打扫房间吗？
dar de comer		给予…食物	Todos los días, antes de salir de casa, doy de comer al gato. 每天离家之前我都给猫喂食。
dejar	tr.	出借	¿Puedes dejarme tus apuntes? 能把你的笔记借给我吗？
encender	tr.	打开(电器)	Su abuelo no sabe cómo encender el ordenador. 他爷爷不知道怎么开电脑。
explicar	tr.	解释	El profesor nos explica el texto. 老师给我们讲解课文。
pagar	tr.	支付	¿Quiere pagar en efectivo o con tarjeta? 您付现金还是刷卡？
poner	tr.	播放	Cuando empieza la fiesta, ponemos la música. 当派对开始的时候，我们就放音乐。
recoger	tr.	接人	Voy al colegio a recoger a mi hija. 我去学校接我的女儿。
subir	tr.	调高	No se oye bien, ¿puedes subir el volumen? 听不清楚，能调高一下音量吗？

Lectura 短文阅读

Esta es tu vida. Si algo no te gusta, cámbialo. Si no estás contento, ve una película para relajarte; si tienes demasiado trabajo, hazlo poco a poco; si no encuentras tu amor, disfruta tu tiempo de soltero. Deja de analizar, todas las emociones son bellas. Vivir es sencillo. Abre los brazos para cosas nuevas y personas. La vida es breve. ¡Vive tus sueños y muestra tu pasión!

Repaso 2 Lecciones 6-7-8-9-10

Expresión e interacción orales 口头表达

Tarea 1 DESCRIPCIÓN DE UNA FOTO: MONÓLOGO

Usted tiene que describir la foto presentada. Se permite la imaginación razonable. La descripción debe durar 2 ó 3 minutos.
Por ejemplo: ***La madre está jugando con la niña.***

Tarea 2 CONVERSACIÓN DE UN VIAJE

Ustedes tienen que conversar en parejas sobre un viaje que te impresionó más y explicar por qué te impresionó tanto. La conversación debe durar 3 ó 4 minutos. Ténganse en cuenta los aspectos siguientes.

El viaje:

¿Dónde?	¿Cómo?	¿Con quién?	¿Cuándo?
Al campo Al extranjero A mi ciudad natal Al mar A la montaña Etc.	En avión En tren En barco En coche En bici Etc.	Solo,a Con su pareja Con su familia Con mis amigos Con los compañeros Etc.	La semana pasada Hace dos días En marzo En 1996 Cuando tenía trece años Etc.

El destino:

Estar (muy) cerca de	Estar al este de	Estar en el norte de
lejos (de) a la orilla de junto a	oeste norte sur	sur este oeste

Tarea 3 PRESENTACIÓN DE UNA PERSONA FAMOSA

Prepare una presentación de una persona famosa en la historia y otros estudiantes tratan de adivinar quién es.

Tarea 4 CONVERSACIÓN PARA FELICITAR EL CUMPLEAÑOS DE UN AMIGO

Preparen una conversación entre cuatro personas en la velada con motivo del cumpleaños de un amigo. La conversación debe durar 4 ó 5 minutos.
Frases usuales:
Feliz cumpleaños.
Te deseo buena suerte.
¡Que tengas buena salud!
¡Qué guapa estás hoy!

Lección 11 ¿Cómo quedamos?

Gramática 重点语法

I. Presente de indicativo con valor de futuro 陈述式现在时表述将来

西班牙语中，陈述式现在时可以表示说话者认为的短期的将来，例如明天、下周等时间概念：

Ejemplos:
- Mañana va a llover. 明天将会下雨。
- Mañana Luis no viene a la fiesta de Felipe. 明天路易斯不会来费利佩的派对。

II. Presente de indicativo, verbos irregulares: alternancia o-ue 陈述式现在时不规则动词变位，o-ue

这是陈述式现在时动词的不规则变位常见情形之一。在该类情况下，陈述式现在时的变位，除第一人称复数及第二人称复数外，其他人称均有 o-ue 的变化，常见动词：poder, encontrar, probar, volver, acostarse 等。

Ejemplos:
- ¿Por qué no encuentro mis calcetines? 为什么我找不到自己的袜子？
- Siempre vuelve muy tarde a casa. 他总是很晚才回家。

III. Querer + infinitivo, poder + infinitivo querer/poder + 原形动词（想做某事/能够做某事）

情态动词后可直接加原形动词或者名词，充当其直接宾语。

Ejemplos:
- Hoy está enfermo, no quiere hacer nada. 他今天病了，什么都不想做。
- ¿Puedo ver tu diario? 我能看一看你的日记吗？

Léxico 重点词汇

avisar	tr.	通知	¿Por qué no me avisaste la hora de la reunión? 为什么你不告诉我开会的时间？
dejar un recado		留口信	¿Quieres dejarle algún recado? 你有什么要跟他说的吗？

equivocarse	prnl.	弄错	Nos equivocamos de la hora, y perdimos el vuelo. 我们弄错了时间，误了航班。 Antonio cruza la calle sin mirar. 安东尼奥不看一看就过马路。
parecer	intr.	觉得	¿Qué te parece si vamos al centro en metro? 我们坐地铁去市中心，你觉得怎么样？
ponerse	prnl.	接通，转接	Mi hijo no puede ponerse ahora, porque está en ducha. 我儿子现在不能接电话，因为在洗澡。
quedar	intr.	约定	¿Dónde y cuándo quedamos? 我们约在哪儿？什么时候？
verse	prnl.	遇见	Hace mucho sin vernos. 我们很久没见了。

Lectura 短文阅读

Hola, Luisa, hace un mes sin vernos. Mañana va a hacer buen tiempo, ¿qué te parece si salimos a la calle por la tarde? Dicen que en la Plaza Comercial del centro hay unas tiendas nuevas, unas son de marca española, tales como Zara, Mango. Me interesan mucho. ¿Quieres ir allí conmigo? ¿Cómo quedamos? Contéstame pronto.

Lección 12 De viaje

Gramática 重点语法

I. Presente de indicativo, verbos irregulares: alternancia i-ie 陈述式现在时不规则动词变位，i-ie

这是陈述式现在时动词的不规则变位常见情形之一。在这类情况下，陈述式现在时的变位，除第一人称复数及第二人称复数外，其他人称均有 i-ie 的变化，常见动词：preferir, empezar, comenzar, cerrar 等。

Ejemplos:

- Todos empiezan a bailar. 大家开始跳舞。
- Siempre no cierra la puerta cuando sale de casa. 他离开家时总是不关门。

II. Acabar de + infinitivo acabar de + 原形动词（刚刚做完某事）

短语 acabar de 后直接跟原形动词，充当直接宾语，表示刚刚做完某事的含义。

Ejemplos:

- Acabamos de terminar los deberes. 我们刚做完作业。
- Acabo de graduarme. 我刚毕业。

III. Imperativo afirmativo II: conjuaciones irregulares 肯定命令式（二）：不规则变位

1. 正字法

zar-ce	cruzar	lanzar
tú	cruza	lanza
usted	cruce	lance

2. 陈述式第一人称单数变位不规则，则在肯定命令式变位时，也不规则

	seguir	oír
tú	sigue	oye
usted	siga	oiga

Léxico 重点词汇

coger	tr.	乘坐	Al salir del trabajo, cogió un taxi para volver a casa. 他一下班就乘出租车回了家。
durar	intr.	持续	¿Cuánto tiempo dura un partido de fútbol? 一场足球比赛踢多久？
girar	intr.	转向	Suba al tercer piso, salga del ascensor y gire a la izquierda. 您上三楼，出电梯，然后左拐。
pasar	intr.	发生	¿Qué te pasa, Pedro? 佩德罗，你怎么了？ ¿Qué le pasa a Pepe? 佩佩怎么了？
preferir	tr.	偏爱，更喜欢	¿Qué prefieres, té o café? 你更喜欢什么？是茶还是咖啡？
salir	intr.	外出，离开	¿A qué hora sales de la oficina? 你几点下班？
tomar	tr.	拿	El profesor toma el libro y sale al aula. 老师拿书去教室。

Lectura 短文阅读

Me gusta pasar mi tiempo libre en una cafetería. Es muy famosa y se encuentra cerca de la Plaza Central de la ciudad. Está a 5 kilometros de tu piso. Para venir aquí, ¿prefieres en metro o en taxi? Te aconsejo tomar metro, es que a esta hora, hay mucho atasco. Toma la línea 2, baja en la estación Plaza Central, sal de la puerta 5, gira a la izquierda, sigue todo recto, luego la segunda calle a la derecha. Al lado del Banco de China, está la cafetería.

Lección 13 ¿Qué tal el fin de semana?

Gramática 重点语法

I. Pretérito indefinido III 简单过去时（三）

第三人称不规则变位

e...ir 类型动词在简单过去时第三人称变位中以字母 i 代替字母 e（除 decir 以外）：

sentir: sentí, sentiste, sintió, sentimos, sentisteis, sintieron。

其他以字母 **i** 代替字母 **e** 的动词：

divertirse, pedir, repetir, seguir, servir, preferir, elegir。

以字母 **u** 代替字母 **o** 的动词：

dormir: dormí, dormiste, d**u**rmió, dormimos, dormisteis, d**u**rmieron。

其他以字母 **u** 代替字母 **o** 的动词：

morir: morí, moriste, murió, morimos, moristeis, murieron。

以字母 **y** 代替字母 **i** 的动词变位：

leer: leí, leíste, le**y**ó, leímos, leísteis, le**y**eron。

其他含有字母 **i** 的动词：oír, creer, construir, influir。（在第 9 课已有说明）

Ejemplos:

■ ¿Qué tal el fin de semana? 周末过得怎么样？（谈论过去发生的事情）

▲ Muy bien, fui a una fiesta a bailar con mis amigos, y me divertí mucho. 非常棒，我跟我的朋友们去了一个舞会跳舞，我玩得非常开心。（谈论及评价过去发生的事情）

II. Ser + bueno/malo 表示事物或人的性质

Estar + bien/mal 表示事物或人的状态

在西班牙语中，事物的性质一般指的是不随时间变化的质量，人的性质一般指人的品德。事物的状态指的是随着时间变化而变化的状态，比如说食物新鲜或者不新鲜，好吃或者不好吃。人的状态一般指的是健康状态或者外貌打扮等方面。以下将具体举例说明。

Ejemplos:

- Alejandro es un buen hombre. 亚雷汉德罗是一个好人。
- Hacer deporte es bueno para la salud. 做运动对健康有好处。
- Esa película es muy mala, no me gusta. 那部电影不好，我不喜欢。
- Esta sopa está muy buena. 这份汤很好喝。
- Sandra está muy buena hoy. 桑德拉今天打扮得很漂亮。
- Estoy mal hoy. 我今天不舒服。

III. Superlativo absoluto 形容词绝对最高级

人或者事物某方面的性质或特征可以达到最高程度，和其他对象相比较也可能是程度最高的。前一种情形是绝对最高的，后一种则是相对最高的。

形容词绝对最高级由副词 muy + 形容词构成，作定语，意思为：很，非常。将形容词的元音以 -ísimo/-a/-os/-as 代替。

aburrido → aburridísimo/-a

interesante → interesantísimo/-a

Léxico 重点词汇

aburrirse	prnl.	感到无聊	El otro día vi una película malísima, me aburrí mucho. 那一天我看了一部很糟糕的电影，我感到非常无聊。
comprar/reservar una entrada por internet		在网上订购门票	Tuve que reservar una entrada del concierto de Álvaro Soler por internet. 我得要上网买一张阿尔瓦罗·索莱尔演唱会的门票。
descansar	intr.	休息	El enfermo descansó solamente dos horas ayer. 病人昨天仅仅休息了两个小时。
divertirse	prnl.	快乐，开心	El domingo fuimos a cenar en la casa de mis abuelos, nos divertimos mucho. 周日，我们去了祖父母家吃晚餐，过得很开心。
ir de paseo		散步	Fui de paseo con mi abuela, le encantó mi compañía. 我和我奶奶散了步，有我陪伴，她很高兴。
navegar por la red		上网浏览	Mi hermano pasó toda la tarde navegando por internet. 我弟弟整个下午都在上网。
partido de fútbol / tenis / ...		足球 / 网球…比赛	El jueves pasado se celebró un partido de fútbol en el Estadio. 上周四在体育馆举办了一场足球赛。

pasárselo		过得…	El verano pasado fui a viajar por España y me lo pasé genial. 去年夏天我去了西班牙旅行，我过得很愉快。
reírse	prnl.	欢笑	En la fiesta nos reímos mucho. 昨天的聚会上我们笑得很开心。

Lectura 短文阅读

El domingo no tuve que trabajar, me levanté temprano para correr un poco por el parque. Volví a casa a las 9, me duché y desayuné. Luego fui de compras al supermercado. Después fui a tomar unas tapas en Lavapiés con mi amiga Diana. A las dos comimos en casa y por la tarde no salimos. Alquilamos una película en el video club, vimos "Relatos Salvajes" y nos gustó. Por la noche, nos llamaron Samuel y César y quedamos en su casa para cenar unas pizzas.

Lección 14 Objetos y regalos

Gramática 重点语法

I. Ser + para + 原形动词用于描述物体的作用

- Es para escribir. 它是用来写字的。

Ser + de + 材料名称：用于描述物体的材质
- Esta cazadora es de cuero. 这件夹克是皮制的。

Ser + de + 人名或人称：用于描述物体的所属
- Esta agenda es de Esther. 这本记事本是艾斯特尔的。

Ser + 重读物主形容词：用于描述物体的所属
- ■ ¿Éste es tuyo? 这个是你的吗？
- ▲ No, no es mío, es suyo. 不，不是我的，是他的。

II. Posesivos (forma tónica) 物主形容词（重读）

物主形容词表示所属关系，有非重读物主形容词和重读物主形容词两种形式，两者区别见下表。

	可以充当的语法成分	与冠词的关系	位置	与名词的一致关系
非重读物主形容词	定语	不与冠词搭配使用	名词之前	必须与其修饰的名词或代词保持性数一致，而不是与所有者的性数保持一致
重读物主形容词	定语，表语	做定语的时候通常需要冠词（表惊叹或呼语除外）	名词之后	

重读物主形容词前带定冠词，可构成物主代词（el mío...），它在句中用来代替名词并指明所有者。

阳性		阴性	
单数	复数	单数	复数
mío	míos	mía	mías
tuyo	tuyos	tuya	tuyas
suyo	suyos	suya	suyas
nuestro	nuestros	nuestra	nuestras

vuestro	vuestros	vuestra	vuestras
suyo	suyos	suya	suyas

可用于：

➢ 名词之后
- Este es un regalo suyo. 这是他的一个礼物。

➢ 动词之后
- El libro es mío. 这本书是我的。

➢ 冠词之后：起对比作用

■ Mi universidad está en Beijing. 我的大学在北京。

▲ La mía también. 我的也是。

Ejemplos:
- Es una agenda de papel, es para tomar notas. 这是一本纸质的笔记本，用来做笔记的。（表达物体的材质及作用）
- La agenda verde es de Gina, la mía es azul. 绿色的笔记本是希娜的，我的是蓝色的。（表达物体的所属）

III. Pronombres de objetos indirecto (OI) 与格代词 (OI)

	第一人称	第二人称	第三人称
单数	me	te / le	le
复数	nos	os / les	les

Pronombre de OI + OD 间接宾语和直接宾语人称代词的组合

当一个组合中既有直接宾语又有间接宾语时，代指间接宾语的代词置前。
- Este libro **me lo** regaló mi padre. 这本书是我父亲送给我的礼物。

  OI OD

当一个组合中间接宾语为第三人称单数或复数时，le 或 les 用 se 来代替。

OI	OD
me te **se** nos os **se**	lo los la las

Ejemplos:

■ ¿A quién le regalas este juguete? 你要把这个玩具送给谁？

▲ (**Se lo** regalo) a mi sobrino. 送给我的侄子。

Léxico 重点词汇

arriesgar	tr.	冒险	No quiero arriesgar mi prestigio en eso. 我不想在这事上拿我的声誉冒险。
molestarse	prnl.	费事	No se moleste por mí. 不用为我费事。

presentarse	prnl.	自我介绍	Se presentó a los invitados. 他向客人介绍了自己。
protegerse	prnl.	保护自己（防晒、防雨等）	Es muy importante protegerte del sol cuando haces deporte. 当你做运动的时候防晒是很重要的。
regalar	tr.	赠送	Mi madre me regaló una pluma. 我妈妈送给我一支钢笔。
secarse	prnl.	擦干（自己）	La niña se secó con su toalla. 小女孩用她的毛巾擦干自己。
sorprender	tr.	使吃惊	Le sorprendió ver un oso de panda. 看到一只熊猫使他很吃惊。
tener algo en cuenta		注意某事	Tenga en cuenta el precio si quiere comprarlo. 如果您想买它的话，要考虑一下价格。

Lectura 短文阅读

Tiempo, ese es el nombre del mejor regalo para nuestra familia. No lo venden en centros comerciales ni tampoco por internet. Sólo se encuentra en nosotros, en nuestra disposición y en ser conscientes de que una llamada no debe ser en 2 minutos.

Dedicarle tiempo a nuestra familia no significa sentarnos en el sofá con los miembros mirando el móvil o la tablet. Tampoco eso es compañía, ni cariño, ni afecto.

Lección 15 Costumbres del pasado

Gramática 重点语法

I. Pretérito imperfecto 陈述式过去未完成时

Verbos regulares 规则动词变位

trabjar	comer	vivir
trabajaba	comía	vivía
trabajabas	comías	vivías
trabajaba	comía	vivía
trabajábamos	comíamos	vivíamos
trabajabais	comíais	vivíais
trabajaban	comían	vivían

Verbos irregulares 不规则动词变位

ser	ir	ver
era	iba	veía
eras	ibas	veías
era	iba	veía
éramos	íbamos	veíamos
erais	ibais	veíais
eran	iban	veían

Ejemplos:

➢ 描述过去的人物、事物及地方

- Cuando **era** pequeña, **era** morena y alta. 我小的时候，是一个高个子的黑发小女孩。
- Mi escuela **era** bastante grande, y **tenía** muchos alumnos. 我的学校很大，有很多学生。

➢ 描述过去习惯性的动作

- Mis abuelos **vivían** en el campo, los **visitaba** mucho yo de pequeño. 我的祖父母住在乡下，我小时候经常去看他们。
- **Jugaba** mucho al tenis en la secundaria. 我中学的时候经常打网球。

➢ 描述人物的性格

- De niño mi primo **era** muy abierto y travieso. 我表弟小时候很开朗顽皮。

II. Preposiciones 介词

A

- A los seis años = cuando tenía seis años 当我六岁的时候
  在西班牙语中，介词 a 可以用来表示当……时候，指具体的时间，比如几岁，几点钟，例如：
  A los seis años, vivía con mis abuelos en el campo. = Cuando tenía seis años, vivía con mis abuelos en el campo. 当我六岁的时候，我和我的祖父母住在乡下。

De

- De pequeño= cuando era pequeño 当我小时候
  同样的，在西班牙语中，介词 de 也可以用来表示当……的时候，与介词 a 不同的是，介词 de 表示的是笼统的、大致的时间，例如：
  De pequeño me encantaba leer = Cuando era pequeño, me encantaba leer. 我小时候非常喜欢读书。

Léxico 重点词汇

aprobar	tr.	通过（考试等）	Eva aprobó el examen de matemáticas. 埃娃通过了数学考试。
castigar	tr.	惩罚	El padre castigó al niño sin comer. 父亲以没饭吃惩罚了那个男孩。
consistir en		由…组成	Este libro consiste en seis capítulos. 这本书由六个章节组成。
controlar	tr.	控制	Tenemos que controlar la emisión de humo. 我们必须控制烟雾的排放。
cultivar	tr.	种植	Mis abuelos cultivaban hortalizas en su pequeño huerto. 我的祖父母在他们的小菜园里种了蔬菜。
descender	intr.	来自，源自	Mi familia desciende de Perú. 我的家庭来自秘鲁。
dirigir	tr.	领导，指引	Dirige un pequeño grupo de voluntarios. 他领导一个志愿者小组。
hacer travesuras		淘气，调皮捣蛋	Mi perro siempre está haciendo travesuras. 我的狗总是调皮捣蛋。
llamar atención		引起注意	La salud mental de los jóvenes llama atención. 年轻人的心理健康引起了注意。
participar	intr.	参加	Participamos en las actividades de la facultad frecuentemente. 我们经常参加系里的活动。
proporcionar	tr.	提供	Les proporcionaron a los ancianos el dinero cada mes para vivir. 他们每个月都给那些老年人一些钱，便于他们生活。

suspender	tr.	（考试等）不及格	Esther suspendió el examen de inglés otra vez. 艾斯特尔英语考试又不及格。
transportar	tr.	运输	Transportaron los materiales en camiones. 人们用卡车把货运走了。

Lectura 短文阅读

A Ángel le gustaba mucho el fútbol. Se pasaba todos los días corriendo detrás de la pelota. Entrenaba con su equipo los martes y los jueves.

Su madre le reñía constantemente porque siempre estaba dispuesto a jugar un partido con sus amigos, pero nunca tenía tiempo para hacer sus deberes.

Cuando cumplió dieciocho años, presentó su candidatura para un puesto de trabajo en Tarragona. Poco después, recibió una llamada de la empresa para acudir a una entrevista. Fue en pleno agosto y hacía un calor insoportable. Hizo una buena entrevista y empezó a trabajar a primeros de septiembre.

Repaso 3 Lecciones 11-12-13-14-15

Expresión e interacción orales 口头表达

Tarea 1 EXPOSICIÓN DE UN TEMA: MONÓLOGO

Usted tiene que conversar en pareja con su compañero sobre sus gustos y preferencias en los viajes y unas experiencias que ha tenido en los viajes, durante 3 ó 4 minutos. Téngase en cuenta los aspectos siguientes.

El viaje:

¿Dónde?	¿Cómo?	¿Con quién?	¿Cuándo?
Por su país Al extranjero A una ciudad Al mar A la montaña Etc.	En avión En tren En barco En coche En bici Etc.	Solo,a Con su pareja Con su familia Con sus amigos Etc.	En enero En febrero En marzo En abril Etc.

El destino:

Estar (muy) cerca	Estar al este de ...	Estar en el norte de ...
lejos (de)	oeste norte sur	sur este oeste

Las experiencias: ¿Le ha (han) gustado la comida/ el hotel/ el transporte/etc.

Tarea 2 DESCRIPCIÓN DE UNA FOTO

Observe la foto y imagine lo que están haciendo. Usted tiene que describir la siguiente fotografía durante 2 ó 3 minutos.

Ejemplo: Marco y sus compañeros organizaron una fiesta en un chalet alquilado.

Ejemplos de preguntas para la descripción

- ¿Qué ve en la foto?
- ¿Quiénes son las personas de la foto? ¿Cómo son físicamente?
- ¿Cómo van vestidos?
- ¿De qué cree que están hablando?
- ¿Cómo es el lugar? Descíbalo.

Tarea 3 SIMULACIÓN: DIÁLOGO CON ENTREVISTADOR

La época estudiantil es la más maravillosa en nuestra juventud. Y el examen de acceso a la universidad, o el llamado Gaokao nos dejó impresiones profundas y diversas. Prepare una conversación con su compañero que dura 3 ó 4 minutos, charlando sobre los recuerdos de la escuela secundaria.
Por ejemplo: ¿Sabes? En aquel entonces, bajo las prohibiciones de los profes y mis padres, me enamoré de una compañera de clase, y salí con ella.

Tarea 4 SIMULACIÓN: CONVERSACIÓN CON EL ENTREVISTADOR

Prepare una conversación con su compañero que dura 3 ó 4 minutos según la información que hay en su ficha.
FICHA A: ALUMNO A
Usted va a estar libre mañana, y piensa quedarse en casa, pero ella prefiere salir a la calle con su compañera de piso.

1. Debe decir a su compañera que es mejor quedarse en casa.
2. Explica por qué es mejor.
3. Llegar a un acuerdo con su compañera.

FICHA B: ALUMNO B

Usted va a estar libre mañana, y piensa salir a la calle con su compañera de piso, pero ella prefiere quedarse en casa.

4. Debe decir a su compañera que es mejor salir a la calle.
5. Explica por qué es mejor.
6. Llegar a un acuerdo con su compañera.

Transcripciones 听力原文

Lección 1. Un nuevo curso

1_01: actividad 4.

Marisa: ¿Qué tal vas con el chino, Roberto?

Roberto: Bueno, poco a poco. Avanzo muy despacio. Es que cuando tengo mucho trabajo y no estudio, se me olvida todo.

Marisa: Es normal. A mí también me pasa.

Roberto: Necesito estudiar regularmente. Aunque no sea mucho, pero tengo que hacer algo todos los días.

Marisa: Es lo que yo hago. Todos los días estudio, leo o escucho algo por lo menos media hora.

Roberto: Otro problema que tengo es que no entiendo nada cuando me hablan a velocidad normal. Me gustaría poder hablar con algunos chinos que tienen tiendas en mi barrio, pero hablan muy rápido y no entiendo nada.

Marisa: Es que ellos hablan así normalmente.

Roberto: Claro, y a mí me parece que están hablando muy rápido. Tengo que escuchar mucho chino para familiarizarme con la lengua. Necesito escuchar grabaciones, canciones, películas... Y tú, ¿qué tal? Tú ya estarás muy avanzada.

Marisa: Bueno, sí. Pero me gustaría poder hablar de algunas cosas que me interesan y no puedo.

Roberto: ¿Por ejemplo?

Marisa: Por mi trabajo, me gustaría poder hablar de economía, pero necesito aprender vocabulario especializado. Cuando tenga tiempo, tengo que hacerlo.

1_02: actividad 7.

Clara: Este año estoy decidida a estudiar inglés en serio.

Manuel: Y yo. Me gustaría mucho, por fin, poder hablar inglés bien al final del curso.

Clara: Y a mí. Mira, he decidido que este año, voy a participar mucho en clase. Me parece importante. Voy a hablar mucho en clase, y luego, también, fuera de clase voy a hacer los deberes todos los días, de forma regular.

Manuel: Yo también he decidido que voy a estudiar regularmente. Voy a hacer los deberes y voy a repasar todo continuamente: gramática, vocabulario… todo. Es que si no, estoy empezando siempre de cero. Y otra cosa que voy a hacer fuera de clase es escuchar grabaciones: canciones de cantantes y grupos que me gustan, películas con subtítulos…

Clara: Te veo muy entusiasmado. Estupendo. Pues yo, he decidido también que voy a buscar a alguien de habla inglesa, no me importa de dónde sea, inglés, escocés, irlandés, australiano, de donde sea, y que quiera aprender español para hacer un intercambio. Por ejemplo, podemos salir un día y la mitad del tiempo hablamos en español y la otra mitad en inglés.

Manuel: ¡Qué buena idea! Espero que encuentres a alguien.

1_03: actividad 12a.

1.

- ¿Vas a salir con Marta esta noche?
- o No sé. Quizás. Es que tengo un examen mañana.

2.

- ¿Qué vais a hacer mañana? ¿Vais a ir al cine?
- o Sí, es probable. Queremos ver la última película de Antonio Banderas.
- ¡Ah, sí! Creo que está muy bien.

3.

- ¿Qué haces este fin de semana?
- o Pues mira, no lo sé, pero estoy segura de que voy a dormir diez horas por lo menos. Estoy agotada.

4.

- ¿Qué planes tienes para mañana?
- o Todavía no sé muy bien qué voy a hacer, pero estoy seguro de que no voy a ir a la fiesta de Rosa.
- ¿No te ha invitado?
- o A mí sí, pero no ha invitado a Ángela.

5.

- ¿Vas a ver el partido en la tele esta noche?
- o No sé, puede ser. Depende de mi mujer. No le gusta el fútbol.

6.

- ¿Qué haces este domingo? ¿Vas a ir a la sierra?
- o Sí, es posible. Tengo ganas de respirar aire puro.

1_04: actividad 12b.

同 **1_03: actividad 12a.**

Lección 2. ¿Qué te pasa?

1_05: actividad 2.

Enfermo, hambre, cansada, nervioso, calor, triste, frío, preocupado, miedo, contento, sueño, sed, enfadada.

1_06: actividad 4c.

1.

- ¡Qué calor tengo!
- o ¡Yo también!

2.

- ¡Qué cansado estoy!
- o ¿Sí? ¡Pues yo no!

1_07: actividad 6.

1.

- ¡Uff…! ¡Qué nervioso estoy!
- o ¿Sí? Pues yo no.

2.

- ¡Qué hambre tengo!

o Yo también.
3.
● ¡Qué sed tengo!
o Y yo también.
4.
● ¡Qué preocupado estoy!
o ¡Ah! Pues yo no.

1_08: actividad 12a. Fonética.
● ¿Qué te pasa? ¿No te encuentras bien?
● Me duele muchísimo la cabeza.
● ¿Quieres una aspirina?
o Es que no tomo nunca.
● ¿Y por qué no vas al médico?
o Sí, si sigo así…

1_09: actividad 12b.
同 1_08: actividad 12a. Fonética.

1_10: actividad 15.
1.
● ¿Te encuentras muy mal?
o Sí, me duelen las piernas.
● Pues descansa un poco.
o Vale.
2.
● ¿Te pasa algo?
o No, no. No me pasa nada.
● ¡Ah! Bueno…
3.
● Oye, ¿estás enfermo?
o Sí, tengo la gripe.
● ¿Y por qué no te vas a la cama?
o Sí, si sigo así...
4.
● ¿Qué tal?
o Fatal.
● ¿Pues qué te pasa?
o Tengo una tos tremenda.
● Es que fumas demasiado.
o Ya…
5.
● Oye, ¿no te encuentras bien?
o Me duele muchísimo la cabeza.
● ¿Quieres una aspirina?
o Sí, gracias.

Lección 3. Comidas

1_11: actividad 3a. Fonética.
Galleta, arroz, azúcar, vino, leche, aceite, jamón, patata, huevo, pollo, chuleta, merluza, lechuga, tomate, queso, naranja, manzana, plátano, sardina, yogur, mantequilla, cebolla, zanahoria.

1_12: actividad 3b.
Primera columna: arroz, jamón, yogur.
Segunda columna: vino, leche, huevo, pollo, queso.
Tercera columna: galleta, azúcar, aceite, patata, chuleta, merluza, lechuga, tomate, naranja, manzana, sardina, cebolla.
Cuarta columna: plátano.
Quinta columna: mantequilla, zanahoria.

1_13: actividad 7a.
● Doscientos gramos de jamón, cinco euros con cincuenta céntimos. Un kilo de manzanas, un euro con noventa céntimos. Un paquete de galletas, un euro con ochenta céntimos. Una botella de aceite, dos euros con noventa y nueve céntimos. Una barra de pan, sesenta céntimos. Nada más, ¿verdad?
o No, nada más.
● Pues son…

1_14: actividad 7b.
同 1_13: actividad 7a.

1_15: actividad 7c.
● Doscientos gramos de jamón, cinco euros con cincuenta céntimos. Un kilo de manzanas, un euro con noventa céntimos. Un paquete de galletas, un euro con ochenta céntimos. Una botella de aceite, dos euros con noventa y nueve céntimos. Una barra de pan, sesenta céntimos. Nada más, ¿verdad?
o No, nada más.
● Pues son… doce euros con setenta y nueve céntimos.

1_16: actividad 8a.
● ¿Qué le pongo?
o Una docena de huevos
● ¿Qué más?
o Una lata de sardinas y un paquete de azúcar.
● ¿Algo más?
o ¿A cómo está este queso?
● A diez euros con veinte céntimos…
o Pues póngame un cuarto.
● ¿Algo más?
o No, nada más. Gracias.

1_17: actividad 9b.
● Buenos días.
● ¿Qué le pongo?
● Son buenísimos esos plátanos. ¿Algo más?
● Aquí tiene. Son nuevas.
● Lo siento, pero no me quedan.
● ¿De litro o de litro y medio?
● ¿Quiere algo más?
● ¿Qué marca: Forges o Martorell?
● El litro de Forges, dos euros con ochenta y cinco céntimos, y el de Martorell, tres euros con treinta céntimos.
● Aquí tiene. Es un poco más caro, pero es mejor. ¿Algo más?
● Vamos a ver. Son… ocho euros con catorce céntimos.

1_18: actividad 12c.
● ¿Qué van a tomar?
o Pues yo, de primero, sopa y, de segundo, pollo.
■ Para mí, judías blancas, y de segundo… un filete muy hecho.
● ¿Y para beber?

o Vino.
■ Yo, agua mineral con gas.
(...)
■ Oiga, perdone, ¿nos trae un poco más de pan, por favor?
● Muy bien.
(...)
● ¿Qué tomarán de postre?
o Yo, un helado de fresa.
■ Y yo, tarta de chocolate.
● ¿Van a tomar café?
o Yo no.
■ Yo sí, un café con hielo.
(...)
■ La cuenta, por favor.

1_19: actividad 14.
● ¿Qué van a tomar?
o Yo... gazpacho de primero, y de segundo... calamares a la romana.
■ Pues yo, de primero, una ensalada mixta y luego... ¿El salmón cómo es?
● A la plancha y se sirve con verduras.
■ Pues entonces, salmón a la plancha.
● ¿Y para beber?
o Yo, agua mineral sin gas.
■ Para mí, vino.
(...)
■ ¡Camarero!
● Sí, ¿dígame?
■ ¿Nos trae un poco más de pan, por favor?
(...)
● ¿Qué van a tomar de postre?
■ Yo, un helado de vainilla.
o ¿Qué fruta tiene?
● Manzanas, naranjas y plátanos.
o Pues una naranja.
● ¿Van a tomar café?
■ Sí, un cortado y una copa de coñac.
o Yo, un café solo.

Lección 4. Ha sido un día normal

1_20: actividad 3.
● Esta mañana me he levantado pronto.
● Me he duchado.
● Me he lavado los dientes.
● He hablado por teléfono.
● He hecho gimnasia.
● He desayunado mucho.
● He tomado café con leche.
● He bebido vino.
● Me he puesto unos pantalones negros.
● He leído el periódico.
● He escrito una carta.
● He venido a clase en autobús.
● He visto la televisión.
● He escuchado la radio.
● Me he dado un paseo.
● He hablado con mis compañeros.
● He aprendido mucho en clase de español.

1_21: actividad 6a.
● Y, bueno, dime, ¿qué tal el día?
o Fatal. Ha sido un día horrible.
● ¿Y eso?
o Pues por todo: el trabajo... el tráfico... Mira, esta mañana he salido de casa a las ocho y media, como siempre, y había un tráfico tremendo. Total, que he llegado al trabajo a las nueve y veinte.
● Ya me imagino...
o Y luego el trabajo: el teléfono, que no paraba de sonar...
● O sea, que otro día que te has quedado sin bocadillo...
o Sí que me lo he tomado, sí. A las doce he bajado al bar, pero no he estado mucho tiempo... Después, a la una, he tenido una reunión larguísima con mi jefe.
● Pues habrás comido tarde...
o ¡He comido a las cuatro! Luego he vuelto a la oficina a las cinco y he salido a las siete, así que he hecho una hora extra y todo...
● Y no has ido a clase de inglés.
o No, como he salido tan tarde... Bueno, y tú, ¿qué tal?
● Yo, bien. Ha sido un día normal.

1_22: actividad 6b.
同 **1_21: actividad 6a.**

1_23: actividad 11a.
Roberto: Perdona por llegar tarde, pero es que he salido del trabajo a las siete...
Sofía: ¡Bah! No te preocupes.
Roberto: Lo siento, de verdad.
Sofía: Tranquilo, hombre, no tiene importancia.

1_24: actividad 11b.
Roberto: Perdona por llegar tarde, pero es que he salido del trabajo a las siete...
Sofía: ¡Bah! No te preocupes.
Roberto: Lo siento, de verdad.
Sofía: Tranquilo, hombre, no tiene importancia.

Lección 5. Experiencias y opiniones

1_25: actividad 3.
● Pues tú, con el trabajo que tienes, has debido de estar en muchos sitios, ¿no?
o ¡Huy! En muchísimos.
● ¿En los cinco continentes?
o Sí, sí, en los cinco.
● Y te habrán pasado muchas cosas...
o Sí, de todo, buenas y malas... Algunas curiosas, como cuando monté en camello...
● ¡Ah! ¿Sí? Cuenta, cuenta.
o Bueno, solo he montado una vez, en Egipto, pero me encantó... No sé... tan alto y tan lento... Era una sensación muy agradable.
● Ya me imagino... Y seguro que has comido cosas rarísimas también.
o Ya lo creo, hasta he comido carne de serpiente.

● ¡Ahgg…! ¡Qué horror!
o Pues no estaba mala, no.
● ¿Y dónde fue?
o En Kenia, en un safari.
● ¿Un safari? ¡Eso sí que tiene que ser una aventura!
o ¡Y que lo digas! Yo, la verdad es que nunca he pasado tanto miedo, pero…

1_26: actividad 4a. Fonética.
1. ¿Has ido alguna vez a Sudamérica?
2. Ha tomado cava alguna vez.
3. ¿Ha estado dos veces en España?
4. ¿Ha comido chorizo alguna vez?
5. No ha bebido nunca tequila.
6. Ha estado alguna vez allí.
7. No has conducido nunca una moto.
8. ¿No habéis ido nunca a África?

1_27: actividad 4b.
1. ¿Has ido alguna vez a Sudamérica?
2. Ha tomado cava alguna vez.
3. ¿Ha estado dos veces en España?
4. ¿Ha comido chorizo alguna vez?
5. No ha bebido nunca tequila.
6. Ha estado alguna vez allí.
7. No has conducido nunca una moto.
8. ¿No habéis ido nunca a África?

1_28: Descubre España y América Latina, actividad 1b.
Dime
si has mentido alguna vez
y dime si cuando lo hiciste
sentiste vergüenza de ser embustero.
Dime
dime
dime
si has odiado alguna vez
a quien hiciste creer
un cariño de verdad.
Dime
si siente tu corazón
como en sí mismo el dolor de tu hermano.
Dime
dime
dime
si has cortado alguna flor
sin que temblaran tus manos.
Dime
LOLE Y MANUEL, "Dime", *Pasaje del agua.*

1_29: Descubre España y América Latina, actividad 3.
同 1_28: Descubre España y América Latina, actividad 1b.

Repaso 1

1_30: actividad 3b.
Rosa: ¿Dígame?
Chema: ¡Hola, Rosa! Soy Chema.
Rosa: ¡Hombre, Chema! ¡Qué alegría! ¿Qué tal por Lanzarote?
Chema: Fenomenal. Me está gustando muchísimo y lo estoy pasando muy bien.
Rosa: ¿Qué has visto?
Chema: Pues mira, he estado en la playa del Papagayo, en los Jameos del Agua, también he visitado ya el Parque de Timanfaya, que es impresionante.
Rosa: Oye… cambiando de tema, ¿te has comprado ya la cámara?
Chema: Todavía no, pero ya he mirado en varias tiendas y están muy bien de precio.
Rosa: Sí, sí, están más baratas que aquí… Por cierto, ¿y cómo está Angelines?
Chema: Bien, aunque todavía no la he visto. He quedado con ella para mañana. Quiero llevarla al restaurante que me recomendaste.
Rosa: Seguro que le gustará.
Chema: ¡Oye, que se corta! Te llamo mañana, ¿eh?
Rosa: Vale. Un beso.

Lección 6. Ropa y complementos

1_31: actividad 2b. Fonética.
Blusa, traje, pijama, cazadora, vestido, vaqueros, abrigo, chaqueta, medias, jersey, zapatos, camisa, braga, camiseta, botas, corbata, calcetines, pantalones, calzoncillos, sujetador, falda, bañador, biquini, sombrero, pañuelo, guantes, bufanda, gorra.

1_32: actividad 2c.
同 1_31: actividad 2b. Fonética.

1_33: actividad 5.
● Perdone, ¿cuánto cuesta esa blusa?
o Cuarenta y siete euros.
● ¿Y la blanca?
o Sesenta y dos. Es más cara que la otra, pero es mejor.

1_34: actividad 9.
Dependiente: Buenas tardes. ¿Qué desea?
Clienta: ¡Hola! Quiero un vestido para mí.
Dependiente: ¿Cómo lo quiere?
Clienta: Pues rojo y… no sé… Sí, de algodón.
Dependiente: ¿Qué talla tiene?
Clienta: La treinta y ocho.
Dependiente: Mire, tenemos estos modelos. ¿Le gusta alguno?
Clienta: Sí. ¿Puedo probarme este?
Dependiente: Sí, claro. El probador está al fondo, a la izquierda. (...)
Dependiente: ¿Qué tal le queda?
Clienta: Muy bien. ¿Cuánto cuesta?
Dependiente: Sesenta y ocho euros.
Clienta: De acuerdo. Me lo llevo.
Dependiente: Muy bien. Pase por caja, por favor.

1_35: actividad 11.
● Buenos días. ¿Qué desea?
o Buenos días. Quería una camisa roja como la que tienen en el escaparate.

● Aquí tiene. ¿Qué le parece?
o Humm… la encuentro un poco ancha. ¿No tienen más estrechas?
● Sí, tenemos esta otra de la marca Gravis que se está vendiendo mucho esta temporada.
● A ver… Sí, está muy bien. ¿Y el precio?
● Cuarenta y tres euros con setenta céntimos.
o ¿Puedo probarme una?
● ¿Qué talla tiene?
o ¡Ay! Pues no sé…
● ¿Me permite, por favor? Es una cuarenta y dos. Tenga, pruébese esta.
(...)
● ¿Qué tal? ¿Cómo se siente?
o Bien. Me queda muy bien. Me la llevo.

Lección 7. ¡Feliz cumpleaños!

1_36: actividad 5a.
● ¿Sí? ¿Dígame?
o ¡Hola! Soy mamá.
● ¡Hola!
o Oye, ¿me pones con la abuela?
● Es que está en el mercado haciendo la compra.
o Entonces ponme con Marta.
● Está duchándose.
o Vaya, pues le dices que me llame cuando termine.
● Vale.
o Y los niños, ¿qué tal? ¿Están haciendo lo que les he dicho?
● Sí, Carlitos está leyendo en su habitación.
o ¿Y Sonia?
● Está aquí, en el salón, estudiando Matemáticas.
o ¿Seguro?
● Sí, mamá. Seguro.

1_37: actividad 5b.
同 1_36: actividad 5a.

1_38: actividad 8a. Fonética.
1. Quiere una infusión.
2. Solo tiene 10 000 habitantes.
3. ¡Le gusta el vino!
4. Porque no quieres.
5. ¡Está leyendo la sección de deportes!
6. ¿Va todos los días al cine?
7. ¡Están durmiendo!
8. Está de vacaciones.
9. ¡Porque no trabajas!
10. ¿No estás haciendo nada?

1_39: actividad 8b.
同 1_38: actividad 8a. Fonética.

1_40: actividad 9a.
Paco: ¡Hola! ¡Felicidades!
Lola: ¡Hola! Gracias, Paco.
Paco: ¡Feliz cumpleaños! Toma, esto es para ti.
Lola: Humm… Muchas gracias. A ver, a ver qué es… ¡Unos pendientes! ¡Qué bonitos!
Paco: ¿Te gustan?
Lola: Me encantan. Ahora te presento a la gente, pero antes vamos a comer algo.
Paco: ¡Buena idea! (...)
Lola: Coge, coge.
Paco: Sí, gracias… Humm... ¡qué buenos están estos canapés!
Lola: ¿Quieres un poco de vino?
Paco: Sí, pero solo un poco. (...)
Lola: Coge un trozo de tarta, que está muy buena.
Paco: No, de verdad, gracias. Es que ya no puedo más.

1_41: actividad 10.
● ¡Felicidades!
● ¡Feliz cumpleaños!
● Toma, esto es para ti.
● ¡Unos pendientes! ¡Qué bonitos!
● ¡Qué buenos están estos canapés!
● ¿Quieres un poco de vino?
● Coge, coge un poco de tarta, que está muy buena.
● No, de verdad, gracias. Es que ya no puedo más.

Lección 8. Contar un viaje

2_01: actividad 4a. Fonética.
Visité, salí, fui, hice, estuve, conociste, visitaste, estuviste, visitó, salió, fue, vino, estuvo, conocimos, visitamos, estuvimos, salisteis, vinisteis, estuvisteis, visitaron, conocieron, estuvieron, vinieron.

2_02: actividad 7.
● Ayer hizo calor.
● El sábado fui al cine.
● El lunes estuve enferma.
● El año pasado estuve en España.
● Hace tres días no vine a clase.
● La semana pasada estudié mucho.
● Anoche me acosté tarde.
● En agosto tuve vacaciones.
● El otro día fui a un concierto.
● El domingo no salí.
● Ayer comí pronto.
● Anoche vi la televisión.
● El año pasado tuve un accidente de tráfico.
● Anteayer vine a clase en autobús.
● El invierno pasado hizo mucho frío.
● Conocí a mi novio hace dos años.
● Conocí a mi novia hace tres años.
● El otro día fui de compras.
● Ayer llegué tarde a clase.
● El domingo estuve en el campo.
● El otro día cené con unos amigos.
● Ayer me levanté muy pronto.
● Anoche cené muy bien.
● El otro día no hice los deberes.

2_03: actividad 10.
● ¿Y fuiste en coche?
o No, no. Fui en tren, mucho mejor, sin caravana ni nada. Salí de Madrid a las diez y llegué a Toledo a las once y

cinco.
- ● Verías la casa del Greco.
- o Sí, claro. Fue lo primero que hice. Luego fui a la catedral…
- ● ¿Te gusto?
- o Me encantó. Es impresionante. Estuve casi una hora, y ¿a que no sabes dónde estuve después de comer?
- ● Pues…
- o En el río.
- ● ¡No me digas que te bañaste!
- o ¡No, hombre, no! Estuve descansando y haciendo fotos. La verdad es que hice unas fotos preciosas.
- ● A ver si me las enseñas.
- o Claro, cuando quieras.
- ● Lo que no entiendo es cómo pudiste estar en una ciudad tan pequeña tú solo un fin de semana. ¿No te aburriste?
- o ¡Qué va! Estuve en una discoteca y…
- ● ¡O sea, que fuiste a Toledo a ligar!
- o ¡No, hombre, no! No fui a eso, pero es que en la discoteca conocí a una chica estupenda.
- ● ¿Sí? ¿Y qué tal?
- o ¡Ah! Muy bien. Estuvimos bailando y tomando copas hasta las cinco, así que al día siguiente me levanté a la una.
- ● Y seguro que volviste a ver a la chica.
- o Claro, nos vimos los dos días.

Lección 9. Famosos

2_04: actividad 6a.

Entrevistador: Muchas gracias, Gema, por estar con nosotros.

Gema: Gracias a vosotros. Para mí es un placer estar charlando aquí contigo.

Entrevistador: Bien, si te parece, para empezar, podemos hacer un breve repaso de tu vida y tu carrera.

Gema: Perfecto.

Entrevistador: Tú no eres de Madrid, ¿verdad?

Gema: No, no. Nací en Teruel, en el año mil novecientos setenta. Ya ves que no me importa decir la edad.

Entrevistador: Y pasaste allí toda tu infancia…

Gema: Sí, viví allí hasta mil novecientos ochenta y ocho, año en que me fui a Zaragoza a estudiar Psicología.

Entrevistador: Pero tengo entendido que no llegaste a trabajar de psicóloga.

Gema: Pues no. Terminé los estudios en junio de mil novecientos noventa y tres, y en octubre de ese mismo año debuté en el cine con un papel secundario en *Los inocentes*, de Raúl Alcoriza.

Entrevistador: Luego hiciste papeles principales en varias películas del mismo director…

Gema: En total fueron cinco, hasta que me casé, en el año dos mil.

Entrevistador: Después parece que te tomaste un descanso.

Gema: La verdad es que estaba un poco cansada de todo. Además, en dos mil dos tuve un hijo y quería dedicarme a él… No sé… fueron varias circunstancias a la vez.

Entrevistador: Y luego volviste a hacer otra película en dos mil cuatro.

Gema: Sí, y volví con ganas. Fue como volver a empezar. Luego hice otras tres más y realmente trabajé muy a gusto.

Entrevistador: Fue la época en que ganaste el premio a la mejor actriz en el Festival de Cine de San Sebastián, en dos mil ocho, ¿no?

Gema: Exacto. Y te aseguro que fue una sorpresa, ¿eh? ¡Ni yo misma me lo esperaba!

2_05: actividad 6b.

同 **2_04: actividad 6a.**

Lección 10. Permiso y favores

2_06: actividad 3c.

1.
- ● ¿Puedo encender la luz? Es que no se ve casi nada.
- o Sí, sí. Enciéndela.

2.
- ● Tengo que hablar con unos amigos. ¿Puedo hacer un par de llamadas?
- o Sí, claro. Hazlas, hazlas.

3.
- ● Perdona, ¿puedo coger un cigarrillo?
- o Lo siento, pero es que solo me queda uno.

4.
- ● Ángel, ¿puedo tirar estos periódicos a la basura?
- o A ver… sí, sí, tíralos.

5.
- ● ¿Puedes traerme el diccionario de inglés?
- o Es que no sé dónde está.

6.
- ● Casi no se oye, ¿verdad? ¿Puedo subir el volumen?
- o Sí, claro. Súbelo.

2_07: actividad 4. Fonética.

PERMISO

1.
- ● ¿Puedo cerrar la puerta?
- o Sí, sí. Ciérrala.

2.
- ● ¿Puedo pasar?
- o Sí. Pasa, pasa.

3.
- ● Begoña, ¿puedo coger el periódico para ver una cosa?
- o Sí, sí. Cógelo.

4.
- ● ¿Puedo abrir la ventana?
- o Perdona, pero es que estoy un poco resfriada.

5.
- ● Papá, ¿puedo utilizar tu coche mañana por la mañana?
- o Lo siento, pero lo voy a utilizar yo.

FAVORES

1.
- ● María, ¿puedes ayudarme a terminar esto?
- o Sí, sí. Claro.

2.
- ● ¿Puedes traer las servilletas, por favor?

o Vale.
3.
● ¿Puedes pasarme el agua, por favor?
o Sí, claro.
4.
● Pepe, ¿puedes ayudarme a hacer una traducción mañana?
o Bueno, no sé...
5.
● Perdona, ¿puedes ayudarme a hacer los deberes? Es que tengo bastantes dudas.
o Lo siento, pero ahora no puedo. Tengo que irme ya.

2_08: actividad 5a.
1.
● ¿Puedes traer el pan cuando vuelvas de la cocina?
o Vale.
2.
● ¡Uff...! ¡Cómo llueve! ¿Puedo coger tu paraguas un momento?
o Sí, sí. Cógelo.
3.
● ¡Qué ruido! ¿Puedo cerrar la ventana?
o Perdona, pero es que yo tengo bastante calor.
● ¡Ah! Bueno...
4.
● ¿Sabes una cosa? Hay un partido de fútbol buenísimo en la televisión. ¿Puedo ponerla?
o Sí. Ponla, ponla.
5.
● ¿Puedes traerme un paquete de tabaco cuando vuelvas?
o Lo siento, pero es que no voy a volver.
● ¡Ah! Bueno, pues entonces nada.
6.
● Ana, ¿puedes ayudarme a hacer la cena?
o Lo siento, pero no puedo. Tengo que terminar urgentemente lo que estoy haciendo para enviárselo a un compañero.
● ¡Ah! Pues entonces nada.

2_09: actividad 5b.
同 2_08: actividad 5a.

2_10: actividad 10.
● ¿Me das tu dirección?
o Avenida de...
● ¿Tienes un bolígrafo?
o No. Lo siento. ¡Ah!, mira, este chico tiene uno.
● Oye, perdona, ¿me dejas el bolígrafo un momento?
■ Sí, toma.
● Gracias.

Repaso 2

2_11: actividad 5a.
Presentador: Vamos a ver, parece que ya tenemos una llamada... ¿Sí? Buenas tardes.
Begoña: Buenas tardes.
Presentador: ¿Con quién tengo el gusto de hablar?
Begoña: Con Begoña.
Presentador: ¿De dónde me llama?
Begoña: De Bilbao.
Presentador: Bien, pues ya sabe que el personaje de nuestro concurso de hoy es Luis Buñuel, el cineasta español que dejó huella en la historia del cine.
Begoña: Sí.
Presentador: ¿Ha visto muchas películas de Buñuel, Begoña?
Begoña: Casi todas. Es que me encanta.
Presentador: ¿Y sabe mucho de su vida?
Begoña: Hombre, un poquito...
Presentador: Bueno, pues entonces vamos a ver si tiene suerte y puede responder correctamente a nuestras preguntas. ¿Preparada?
Begoña: Sí, sí, preparada.
Presentador: ¿Cuál fue la última película que dirigió Luis Buñuel?
Begoña: *Ese oscuro objeto del deseo.*
Presentador: ¿En qué año la dirigió?
Begoña: Humm.... En 1977.
Presentador: ¿Qué película de Buñuel ganó un primer premio del Festival de Cannes?
Begoña: *Viridiana.*
Presentador: Y la última pregunta: ¿en qué año murió Luis Buñuel?
Begoña: En 1983.
Presentador: ¡Muy bien, Begoña! ¡Acaba usted de ganar...!

2_12: actividad 5b.
同 2_11: actividad 5a.

2_13: actividad 5c.
同 2_11: actividad 5a.

Lección 11. ¿Cómo quedamos?

2_14: actividad 1b.
1.
● ¿Diga?
o ¿Está Luis?
● Sí, soy yo.
o ¡Hola! Soy Inés. ¿Qué tal?
2.
● ¿Dígame?
o Buenos días. ¿Está Rosa?
● ¿De parte de quién?
o De Ángel.
3.
● ¿Diga?
o ¿Está Victoria, por favor?
● En este momento no puede ponerse. Está en la ducha.
4.
● ¿Sí?
o ¿Está Manolo?
● No, no está. Volverá después de comer.
5.
● ¿Sí?
o ¡Hola! ¿Está Marina?
● Un momento, ahora se pone.

6.
● ¿Dígame?
o ¿Está Alberto?
● ¿Quién?
o Alberto, Alberto López.
● No, no es aquí. Se ha equivocado.
o ¡Ah! Perdone...
7.
● Librería Galdós, buenos días.
o Buenos días. ¿Puedo hablar con Esther, por favor?
● En este momento está en una reunión. ¿Quieres dejar un recado?
o Sí, ¿puede decirle que ha llamado Javier y que llamaré esta tarde otra vez?

2_15: actividad 2. Fonética.
● ¿Está Isabel?
● Sí, soy yo.
● No, no está.
● ¿De parte de quién?
● Un momento, ahora se pone.
● No es aquí. Se ha equivocado.
● Sí, pero ahora no puede ponerse. ¿Quieres dejar un recado?

2_16: actividad 4.
1.
● ¿Dígame?
o ¿Está Pepe, por favor?
● Mira, es que ahora no puede ponerse. Está bañando al niño.
o Vale, gracias. Ya llamaré después.
2.
(Comunica)
3.
● ¿Dígame?
o ¿Está Charo, por favor?
● ¿Charo…? No, no es aquí. Se ha equivocado.
o Perdone.
● Nada, nada. Adiós.
o Adiós.
4.
(No contesta)
5.
● ¿Dígame?
o Buenos días. ¿Está la señora Torres, por favor?
● Sí, soy yo.
o Mire, le llamo de Viajes Lejarreta.
6.
● RM, buenos días.
o ¿El señor González, por favor?
● Ahora no puede ponerse. Está en una reunión.
o ¿Puede decirle, por favor, que ha llamado Luis Sierra y que…?
7.
● ¡Hola! Soy Mari Carmen. ¿Está Jesús?
o ¡Hola, Mari Carmen! Jesús no está. Se ha ido a clase.
● Bueno, pues ya llamaré más tarde.
o Ya le diré que has llamado.
● Gracias.
o Adiós.

2_17: actividad 9a.
1.
● ¿Vamos a tomar algo?
o Vale. De acuerdo.
2.
● ¿Quieres venir al cine conmigo?
o Lo siento, pero no puedo. Es que tengo que estudiar.

2_18: actividad 11b.
● Oye, ¿nos vemos mañana por la tarde?
o Vale. De acuerdo. ¿Y qué podemos hacer? ¿Hay algo interesante?
● Pues mira, hay una exposición de Miquel Barceló en el Reina Sofía.
o ¡Ah! Muy bien. Me encanta Miquel Barceló. ¿Cómo quedamos?
● No sé… podemos quedar a las cinco en la puerta.
o Es que no me va bien tan pronto. ¿Qué te parece a las seis?
● Vale. Entonces quedamos a las seis.

2_19: actividad 12. Fonética.
● ¿Nos vemos mañana por la tarde?
● ¿Qué podemos hacer?
● ¿Hay algo interesante?
● ¿Cómo quedamos?
● No me va bien tan pronto.
● ¿Qué te parece a las seis?

2_20: actividad 14.
1.
● Bueno, entonces, ¿quedamos por la tarde?
o Es que mañana no puedo. Tengo hora en el dentista.
● ¿Y el jueves?
o El jueves… el jueves, sí. ¿A qué hora?
● Sobre las seis. ¿Te parece bien?
o Sí, muy bien.
● Vale. Hasta el jueves entonces.
o Adiós.
2.
● ¿Quieres venir al cine el miércoles?
o ¿Qué película vais a ver?
● *Paris-Texas.*
o ¡Ah! Sí, sí, que tengo muchas ganas de verla otra vez. La ponen en el Astoria, ¿no?
● Sí, y pensamos ir a la sesión de las ocho y media.
o Muy bien. Entonces podemos quedar a las ocho y cuarto delante del cine.
● De acuerdo.
3.
● Oye, tenemos que quedar un día para hablar despacio, ¿eh?
o Sí, sí. Ya te llamaré otro día.
4.
● ¿Diga?
o ¡Hola, Marta! Soy Juan Carlos.

- ¡Hola!
- Mira, te llamo porque el viernes por la noche hemos quedado los de clase para cenar. ¿Te apetece venir?
- ¡Ah, fenomenal! No tengo nada que hacer el viernes.
- Pues... hemos quedado a las nueve en el restaurante.
- Muy bien. Dame la dirección.
- El restaurante se llama La Chispa y está en la calle del Prado, número quince.
- Vale, pues nos vemos el viernes.
- Una cosa, la mesa está a nombre de Miguel.
- ¡Ah! ¿Pero va Miguel? ¿Cómo no me lo has dicho antes?
- No sé, es que...
- ¡Ah! Si va Miguel, entonces yo no voy.

5.
- Bueno, ¿por fin vamos el viernes al concierto?
- Sí, sí. Ya te dije que sí.
- Es a las diez, pero si te parece, quedamos a las nueve.
- ¡Huy! Demasiado pronto. Es que con los exámenes...
- Bueno, pues... a las diez menos cuarto en el bar de enfrente.
¿Te parece bien?
- Perfecto. Oye, ¿y las entradas?
- Ya las saco yo esta tarde.

Lección 12. De viaje

2_21: actividad 4.
- Buenas. Un billete para el Talgo de Bilbao.
- Acaba de salir.
- ¿Que acaba de salir?
- Sí, ha salido hace cinco minutos.
- ¿Y qué otros trenes hay?
- Hay uno a las veintiuna veinte y otro a las veintitrés cuarenta.
- ¿A qué hora llega el de las veintiuna veinte?
- A las seis treinta y cinco.
- ¿Lleva literas?
- Sí.
- Pues deme un billete con litera.

2_22: actividad 6.
- Buenos días. ¿A qué hora llega a Barcelona el tren de las diez y veinte?
- A las catorce cincuenta.
- ¿Y el Talgo de las once y diez?
- A las catorce treinta y cinco.
- Pues deme un billete para el de las diez y veinte.
- ¿Fumador o no fumador?
- No fumador.

2_23: actividad 9d. Fonética.
Gire, siga, goma, junto, sigue, gato, coge, ganar, ajo, baja, sigo, baje, jabón, gente, seguir, gitano, guapo, coja, segundo.

2_24: actividad 10a.
1.
María: ¿La calle de San Andrés, por favor?
Chico: Lo siento, no conozco este barrio. No soy de aquí.
María: Gracias.
Chico: De nada.
2.
María: ¿La calle de San Andrés, por favor?
Chica: La primera a la derecha.
María: Gracias.
Chica: Adiós.
3.
María: Oiga, perdone, ¿hay un cajero automático por aquí?
Señor: Sí, hay uno al final de la calle, a la izquierda.
María: ¿Está muy lejos?
Señor: No, aquí mismo. A unos cinco minutos andando.
María: Gracias.

2_25: actividad 10c.
- ¿La calle de San Andrés, por favor?
- Lo siento, no conozco este barrio.

- Oiga, perdone, ¿hay un cajero automático por aquí?
- Sí, hay uno al final de esta calle, a la izquierda. Está aquí mismo. A unos cinco minutos andando.

2_26: actividad 15.
- Oiga, perdone, ¿sabe dónde está el cine Rex?
- Sí, mire, coja la primera a la derecha y siga todo recto. Entonces verá una plaza. La cruza y es la primera a la izquierda. El cine está allí mismo, a la derecha.
- ¿Cómo se llama la calle?
- Soria. Es la calle Soria. Pero vamos, es muy fácil, no tiene pérdida.
- De acuerdo. Muchas gracias.
- Adiós.

Lección 13. ¿Qué tal el fin de semana?

2_27: actividad 5b.
Leer, pedir, tener, quedar, elegir, ir, creer, servir, estar, dormir, seguir, hacer, gustar, sentir, ser, preferir, oír, dar, descansar, repetir, morir, divertirse, pasar, construir, reírse.

2_28: actividad 11a.
1.
- ¿Qué hiciste el domingo por la tarde? ¿Saliste?
- No, me quedé en casa y no salí. Me aburrí un poco, pero es que tenía que hacer unas cosillas y, además, quería descansar. Tú, seguro que saliste.
- Sí, estuve en el teatro con unos compañeros de trabajo y vimos una obra buenísima que me encantó.
- ¿Ah, sí? Cuenta, cuenta.

2.
- ¿Qué tal el sábado por la noche? ¿Qué hiciste?
- Pues estuve cenando con mi novio en un restaurante mexicano y luego nos fuimos a bailar salsa. Nos lo pasamos genial. Nos divertimos muchísimo y volvimos a casa a las cuatro de la mañana.
- ¡Qué bien! Pues yo no me acosté tan tarde. Estuve en el cine con Teresa y vimos una película horrible que no nos gustó nada.
- ¡Vaya! ¡Qué mala suerte!
- Sí, luego fuimos a tomar una copa a un disco-bar, y a la una de la mañana estábamos en casa.

2_29: actividad 11b.
同 **2_28: actividad 11a.**

Lección 14. Objetos y regalos

2_30: actividad 2b. Fonética.
Mochila, pasta de dientes, peine, llavero, gorra, jabón, colonia, cartera, pañuelo, champú, tarjeta de visita, encendedor, cepillo de dientes, toalla, tarjeta de crédito, maquinilla de afeitar, agenda, sombrero, paraguas.

2_31: actividad 10a.

● Vamos a ver si adivináis en qué objeto estoy pensando.
o ¿Está en la clase?
● Sí.
o ¿Está en el suelo?
● Sí.
■ ¿Al lado de la pizarra?
● No, no está al lado de la pizarra.
■ ¿Es tuyo?
● No, es de un compañero.
o ¿Es de plástico?
● Puede ser.
■ ¿De tela?
● También.
o ¿Es cuadrado?
● Bueno, algunas lo son.
■ ¿Es para llevar cosas y guardarlas?
● Sí.
■ Es...
● Sí. Venga, ahora te toca ti. Piensa en una cosa.
■ Vale. Humm... Ya está, podéis empezar.
o ¿Es tuya?
■ Sí.
o ¿La tienes en el bolsillo?
■ No.
● ¿Está en la clase?
■ No.
● ¿En tu casa?
■ Sí.
o ¿En tu habitación?
■ No.
● En el cuarto de baño.
■ Sí, en el cuarto de baño.
o ¿Es cuadrada?
■ No, no es cuadrada.
● ¿Es pequeña?
■ Sí.
o ¿Es de cristal?
■ No.
● ¿Es para secarse?
■ No.
o ¿Para lavarse?
■ Sí..., pero...
● ¿Es para lavarse la cara?
■ No.
o ¡Ah! Ya sé. Es un...
■ ¡Exacto!

2_32: actividad 10c.
同 **2_31: actividad 10a.**

Lección 15. Costumbres del pasado

2_33: actividad 4a. Fonética.
Trabajaba, trabajábamos, trabajabais, tenía, teníamos, teníais, vivía, vivíamos, vivíais, era, éramos, erais, iba, íbamos, ibais, veía, veíamos, veíais, veían.

2_34: actividad 4b.
Trabajaba, trabajábamos, trabajabais, tenía, teníamos, teníais, vivía, vivíamos, vivíais, era, éramos, erais, iba, íbamos, ibais, veía, veíamos, veíais, veían.

2_35: actividad 12a.

Rafa: ¿Que si tengo buenos recuerdos de la infancia? Pues claro, yo creo que todo el mundo tiene... Yo, por ejemplo, tengo un recuerdo buenísimo de los veranos; iba al pueblo de mis abuelos, un pueblecito de la provincia de Toledo, y me lo pasaba muy bien, mejor que en Madrid, porque allí hacía muchas cosas que no hacía en Madrid: podía salir solo, sin mis padres; iba al campo con mis amigos cuando queríamos...

Ana: Yo también tengo un recuerdo muy bueno de las vacaciones. En agosto, mi familia iba todos los años a la playa a un pueblo muy pequeño de Málaga, y nos conocía toda la gente y teníamos amigos allí.

Rafa: Otra cosa que me encantaba era ir de excursión, sobre todo a la montaña. No iba mucho, pero cuando iba, me lo pasaba genial.

Ana: A mí me gustaba más ir de *camping*. Solíamos ir con el colegio, toda la clase junta...

Rafa: ¡Ah! ¡Y el cine! El cine me gustaba mucho. Todos los domingos me veía un par de películas con mis amigos en el cine del barrio.

Ana: Yo lo que hacía los domingos por la tarde era quedar con mis amigos. Recuerdo que salía mucho, y no solo los domingos, también durante la semana. Estábamos siempre fuera, jugando en la calle... Oye, y del colegio no dices nada.

Rafa: ¡Uff! Del colegio había algunas cosas que no me gustaban nada; por ejemplo, las Matemáticas, que las odiaba... ¡Ah! y las comidas: yo comía en el colegio y nos daban una comida horrorosa... A ti el colegio sí te gustaba, ¿verdad?

Ana: Mucho. Yo iba muy contenta al colegio; era muy alegre ymuy abierta y tenía muchos amigos, y en clase, sobre todo los primeros años, hacíamos muchos juegos, teatro, aprendíamos canciones...

Rafa: ¡Qué suerte! Mis clases no eran así, eran mucho más aburridas.

Ana: Otra cosa buena del colegio era que leíamos mucho, aunque, bueno, yo leía mucho en el colegio y en casa; me encantaba.

Rafa: ¿Y no tienes ningún recuerdo malo de esa época?

Ana: Pues no, ahora no me acuerdo de nada malo; no sé si es que no lo hubo o simplemente que no me acuerdo... Pero vamos, lo que sí sé es que la infancia ha sido la mejor época de mi vida hasta el momento.

2_36: actividad 12b.
同 2_35: actividad 12a.

Repaso 3

2_37: actividad 5.

● Hay gente que no tiene buenos recuerdos de cuando era estudiante, pero para mí fue una época buenísima, yo vivía mejor que ahora.

o Yo también, en aquella época descubrí muchas cosas, empecé a ver el mundo de otra manera.

● Sí, empezamos a descubrir otro mundo, conocimos a mucha gente interesante y teníamos muchas ganas de hacer cosas.

o Y mucho tiempo libre.

● Sí; además no éramos malos estudiantes y estudiábamos bastante, pero es que nos sobraba tiempo y salíamos mucho, quedábamos con gente...

o Sobre todo por la noche, que normalmente nos acostábamos tardísimo. ¡Ah! Y cuando venían amigos a cenar, nos poníamos a hablar y nos daban las tantas.

● Como cuando teníamos exámenes, que nos quedábamos estudiando casi toda la noche.

o Es que por la noche estudiábamos tanto como por el día. Por cierto, yo a esa casa le tenía mucho cariño. Era pequeña y hay que reconocer que siempre estaba un poco desordenada, pero tenía una cosa que me encantaba: le daba el sol casi todo el día.

● Es cierto. ¡Qué luz tenía y qué alegre era! Otra cosa que me gustaba a mí era lo bien situada que estaba.

o ¡Ya lo creo! En el centro mismo y al lado de la mayoría de los sitios a los que íbamos.

Soluciones 参考答案

Lección 1 Un nuevo curso

3

Posibles soluciones:

-Para poder expresar más ideas hay que aprender mucho vocabulario.

-Para poder comprender más a los españoles cuando hablan hay que escuchar grabaciones(o hay que escuchar a españoles)

-Para conseguir una buena pronunciación hay que hacer ejercicios de pronunciación en clase.

-Para no olvidar lo que se estudia hay que repasar lo que se estudia(o hay que repasarlo)

-Para poder hablar a velocidad normal hay que hablar mucho en clase.

-Para poder expresarse más correctamente hay que aprender gramática.

12

Solución: 1-C; 2-E; 3-A; 4-B; 5-F; 6-D

Lección 3 Comidas

1b

Solución:

-Botella: vino, leche, aceite de oliva, zumo de naranja.

-(Media)Docena: huevos

-Barra: pan, mantequilla.

-Lata: sardinas.

-Cartón: vino, leche, zumo de naranja.

-Paquete: galletas, sal, arroz, azúcar.

3b

Solución:

□■	■□	□■□		■□□	□□■□
arroz jamón yogur	vino leche huevo pollo queso	galleta azúcar aceite patata chuleta merluza	lechuga tomate naranja manzana sardina cebolla	plátano	mantequilla zanahoria

11a

Solución:

Café-Colombia/Mexico/...; tortilla-España; frijoles-México/Colombia/...; chorizo-España; naranjas-España.

10b

Posibles respuestas:

Tequila-México; mate-Argentina/Uruguay/Paraguay; vino-España/Chile/Argentina/... ron-Cuba/República Dominicana; cava-España.

12c

Orden: C, B, A, D

Lección 4 Ha sido un día normal

6a

Solución:

Ocho y media; nueve y veinte; doce; una; cuatro; cinco; siete.

7

Solución:

1. Los dos han hablado por teléfono por la mañana con una persona a la que quieren.
2. Han hecho la compra por la tarde.
3. Los dos han vuelto a casa tarde.
4. Los dos han visto las últimas noticias.

Descubre España y América Latina

1c

Solución: población; inmigrantes; económica; exportación; vida; parques

Materiales Complementarios

1a

Solución:

1. Se ha levantado a las siete menos cuarto.
2. Se ha duchado y se ha lavado el pelo.
3. Ha hecho un poco de deporte.
4. Ha tomado café con leche en el desayuno.
5. Ha visto las noticias en la televisión.
6. Ha ido a clase a pie.
7. Ha tardado diez minutos en llegar a clase.

3a

Solución:

-He hecho un poco de ejercicio.

-He ido a clase de inglés en bicicleta.

-La profesora nos ha dado las notas del examen de la semana pasada.

-Esa ha sido la primera buena noticia.

-He aprendido bastantes palabras nuevas.

-He escrito unos correos electrónicos.

-Cuando he vuelto a casa he recibido la segunda buena noticia.

-Voy a empezar a trabajar el día uno.

-He decidido hacer una fiesta de celebración el sábado que viene.

-Después, he hablado con varios amigos y los he invitado.

Lección 5 Experiencias y opiniones

1

Solución:
1. Las ruinas de Machu Pichu (Perú).
2. La Plaza Mayor de Salamanca.
3. El Big Ben (Londres).
4. El Coliseo (Roma).
5. Pan de azúcar (Río de Janeiro).
6. Obelisco de la avenida Nueve de Julio (Buenos Aires).
7. Las Pirámides (El Cairo).
8. La Alhambra (Granada).
9. El Partenón (Atenas).

4b

Solución:
-¿Has estado alguna vez en Sudamérica?
-Ha tomado cava alguna vez.
-¿Ha estado dos veces en España?
-¿Ha comido chorizo alguna vez?
-No ha bebido nunca tequila.
-Ha estado alguna vez allí.
-No has conducido nunca una moto.
-¿No habéis ido nunca a África?

9a

Solución:
Chris: Hay que hacer ejercicios de pronunciación y entonación en clase.
Michael: Es muy importante aprender bien la gramática.
Lucy: No me importa cometer algunos errores.
Akira: No sé si estoy hablando bien o mal.

9b

Solución:
-Akira piensa que el profesor debe corregirle siempre.
-Michael cree que la gramática es fundamental.
-Lucy piensa que es importante hablar mucho en clase.
-Chris cree que hay que hacer ejercicios de fonética en clase.

9c

Solución:
Por lo que se desprende de sus comentarios, parece que todos, excepto Akira, tienen la posibilidad de practicar español fuera del aula, razón por la cual sería acertado pensar que los tres se hallan en un país hispanoparlante.

Descubre España y América Latina

2

Solución: embustero, has odiado

Materiales Complementarios

1

Solución: 1-c; 2-e; 3-f; 4-h; 5-b; 6-a; 7-d; 8-g.

Repaso 1

1a

Solución:
-Sentimientos y estado de ánimo: enfadado, contenta, preocupada.
-Sensaciones físicas: hambre, sueño, calor, sed.
-Fruta: naranja, plátano.
-Verdura: lechuga, patata.
-Carne: jamón, cordero.
-Pescado: salmón, calamares.
-Internet: navegar, red, chatear.

5a

Solución: Comemos peor que antes.

Lección 6 Ropa y complementos

2b

Solución: blusa, traje, pijama, cazadora, vestido, vaqueros, abrigo, chaqueta, medias, jersey, zapatos, camisa, braga, camiseta, botas, corbata, calcetines, pantalones, calzoncillos, sujetador, falda, bañador, biquini, sombrero, pañuelo, guantes, bufanda, gorra.

7

Solución: 1-la chaqueta; 2-la falda; 3-el abrigo; 4-los calcetines; 5-los vaqueros; 6-la gorra.

Lección 7 ¡Feliz cumpleaños!

8a

Solución: 1-A; 2-A; 3-C; 4-A; 5-C; 6-B; 7-C; 8-A; 9-C; 10-B.

9b

Soluciones:
-Ofrecer cosas: cuatro veces(Toma, esto es para ti; Coge, coge; Quieres un poco de vino? Coge un trozo de tarta, que está muy buena.)
-Aceptar ofrecimientos: tres veces(Muchas gracias; Sí, gracias; Sí, pero solo un poco)
-Rechazar ofrecimientos: una vez(No es verdad, gracias. Es que ya no puedo más.)

Descubre España y América Latina

Soluciones: contentos; menos; mucha; contentos; comer.

Lección 8 Contar un vieje

3a

Solución: vine, salí, gustó, visité, estuvimos, fui, conocí.

Lección 9 Famosos

2a

Solución: nació, publicó, empezó(dos veces), terminó, estimuló, descubrió, aceptó, rechazó, fue, murió.

4

Solución:
a. Nacer

b. Entrar en la universidad
c. Conocer
d. Licenciarse
e. Empezar a trabajar
f. Casarse
g. Tener un hijo
h. Divorciarse
i. Volver a casarse
j. Jubilarse
k. Morirse

8b
Solución:
a- Gabriel García Márquez
b- Pablo Picasso

Descubre España y América Latina
1c
-Porque ayudó a lo que actualmente son varios países latinoamericanos a liberarse de los españoles.
-Colombia, Ecuador, Panamá y Venezuela.
-La liberación de las colonias españolas de América y su unión en una gran nación.
-Las diferencias ideológicas, los problemas locales, la crisis económica,etc.

Materiales Complementarios
1a
Solución:
1. Verdadero
2. Falso (Fleming descubrió la penicilina./Einstein elaboró la teoría de la relatividad);
3. Verdadero
4. Falso (Beethoven compuso muchas obras musicales);
5. Falso (Escribió el Quijote en el siglo XVII)
6. Falso (Fue una pintora mexicana)
7. Falso (Fue una actriz sueca)
8. Verdadero
9. Verdadero

2a
Solución: 1-C; 2-E; 3-D; 4-A; 5-G; 6-F; 7-B.

Lección 10 Permiso y favores
1b
Solución:
PERMISO:
¿Puedo abrir la puerta?
¿Puedo poner este CD?
¿Puedo poner la radio para escuchar las noticias?
FAVORES:
¿Puedes pasar por casa a recogerme?
¿Puede bajar un poco la televisión, por favor?
¿Puedes ahora ir al supermercado a hacer la compra?

Descubre España y América Latina
1b
Solución: 1.En el siglo IX; 2.Nn; 3.Los antiguos copistas; 4.Para abreviar el grupo Nn/ Para ahorrar tiempo en su trabajo; 5.Sí, por la influencia del español; 6.No; 7.Porque la tilde de la ñ forma parte de su logotipo/Porque esa letra es una representación gráfica de la lengua y cultura hispana.

Lección 11 ¿Como quedamos?
14
Solución:

	¿Quedan?	¿Qué día?	¿A qué hora?
1	sí	el jueves	sobre las seis
2	sí	el miércoles	a las ocho y cuarto
3	no	--------	--------
4	no	--------	--------
5	sí	el viernes	a las diez menos cuarto

	¿Dónde?	¿Para qué
1	no se sabe	no se sabe
2	delante del cine	para ir al cine
3	--------	--------
4	--------	--------
5	en el bar enfrente	para ir a un concierto

Materiales Complementarios
2a
Solución:

Nombres	Día	Hora
Paloma y Manoli	hoy, viernes	diez de la maññana
Jorge y Sofía	domingo	ocho de la noche
Daniel y Eduardo	sábado	siete de la tarde

Lugar	Actividad
en el bar Toledo	dar un paseo por el parque del Retiro
en casa de Jorge	ir a cenar
en la puerta del cine	ver una película coreana

2b
Solución:
Paloma y Manoli **han quedado** hoy **a las** diez de la mañana, en el bar Toledo. **Van a** dar un paseo por el parque de Ritiro. **Jorge ha quedado con** sofía **en** su casa, **el** domingo **a las** ocho de la noche. Van a ir a cenar a un restaurante. **Eduardo ha quedado** con Daniel **el** sábado **a las** siete de la tarde, delante del cine. **Quieren** ver una película coreana.

Lección 12 De viaje
10b
Solución: n.º1.

Materiales Complementarios

1a

Soluciones:

Ponerse crema protectora, quitarse las gafas, tirarse al agua, salir del agua, tomar el sol, comprar un helado, llegar a la playa, hacer un castillo de arena, recibir un balonazo, dormir la siesta.

Lección 13 ¿Qué tal el fin de semana?

9a

Solución: 1-gustó; 2-fue; 3-estuvo; 4-pasé; 5-aburrí; 6-encantó.

Materiales Complementarios

1a

Solución: los dibujos número 1, 3, 4 y 7.

1b

Posibles soluciones:

a. Ese fin de semana Patricia no usó el ordenador.
b. No durmió la siesta(en el sofá del salón de su casa)
c. No leyó un libro (en el salón de su casa)
d. No fue al cine.

Lección 14 Objetos y regalos

3c

Emparejamientos:

Mochila-llevar objetos personales; pasta de dientes-cepillarse los dientes; peine-peinarse; llavero-llevar llaves; gorra-protegerse del sol; jabón-lavarse; colonia-perfumarse; cartera-llevar dinero y documentos; pañuelo-limpiarse la nariz; champú-lavarse el pelo; tarjeta de visita-presentarse; encendedor-encender; cepillo de dientes-cepillarse los dientes; toalla-secarse; tarjeta de crédito-pagar; maquinilla de afeitar-afeitarse; agenda-escribir; sombrero-protegerse del sol; paraguas-protegerse de la lluvia.

6

Solución: 1. lápiz; 2. cartera; 3. cepillo de dientes.

8c

Solución:

1. ¿Es tuyo este paraguas?
   No, no es mío; el mío no es negro, es rojo.
2. Creo que es suyo.
   Sí, es mío.

Lección 15 Costumbres del pasado

10a

Posibles emparejamientos:

1. Cuando tenía diez años, era un poco bajo/a y tímido/a, pero bastante guapo/a.
2. Vivía en la misma casa que ahora.
3. Éramos tres hermanos/as y yo era el mayor.
4. Me gustaba mucho la música y tocaba la guitarra; Mi músico preferido era Carlos Santana.
5. La asignatura que más me gustaba era la historia.
6. No era mal estudiante, pero a veces suspendía alguna asignatura.
7. Er bastante travieso/a y me castigaban algunas veces.

Descubre España y América Latina

1a

Soluciones:

1. Por eso tenía un poder absoluto.
2. La familia tenía una gran importancia para ellos.
3. Que la trabajaba de manera colectiva.
4. Las tareas de los hombres eran muy variadas.
5. Llegaron a tener una red de comunicaciones muy completa.

Presentación del Examen DELE

DELE考试介绍

对外西班牙语水平证书(DELE)是塞万提斯学院以西班牙教育科学部的名义颁发的官方证书，能够有效证明证书拥有者的西班牙语水平和西班牙语运用能力。该证书是证明作为外语的西班牙语或第二语言各级水平的官方证书，并由塞万提斯学院以西班牙教育科学部的名义颁发。DELE考试一经通过，终生有效。

考试费用

DELE证书 A1: RMB540
DELE证书 A2: RMB620
DELE证书 B1: RMB700
DELE证书 B2: RMB900
DELE证书 C1: RMB980
DELE证书 C2: RMB1.020
DELE证书 A1 Escolar: RMB540
DELE证书 A2/B1 Escolar: RMB700

考试流程：

1. 考试报名应当在规定的报名时间段内到指定的考试中心报名。注册报名该考试需要填写报名表并在报名时出示带有照片的有效身份证明原件和复印件。

2. 一旦完成考试报名，将会交给报考者一份经签章的报名表复印件，其中标有考生的报考号码。考生需要在塞万提斯学院官网上查询自己具体的考试信息，包括考试日期、考试时间和考试地点。

3. 塞万提斯学院将于DELE考试笔试后两个月左右向考生发布考试成绩。

4. 塞万提斯学院将以邮件的形式通知考生查询成绩，该邮件地址为考生注册考试时预留的邮箱。

Presentación del Examen SIELE

SIELE考试介绍

西班牙语国际评估测试（SIELE）是首个西班牙语全球认证的在线标准化考试，由塞万提斯学院、墨西哥国立自治大学、西班牙萨拉曼卡大学和布宜诺斯艾利斯大学于2015年联合创办。作为全新的西班牙语水平测试，SIELE区别于中国地区其他西班牙语通关性考试，在内容与形式上全面升级与创新：创办方由来自西班牙以及拉美国家的高等学府及专业教育机构组成，其测试内容更具权威性与全面性；其测试过程均通过数字化形式在线完成，更加便捷；网上预约报名、参加考试、获取证书的流程更加灵活。

SIELE考试特点

1. 全数字化
   整个考试过程均通过数字化手段完成，包括注册、报名、咨询和查询。
2. 专业权威
   四大国际权威学术机构联合创办，首个全球认证的西班牙语在线水平测试。
3. 迅速快捷
   三周之内，考生会收到测试结果，并且可以打印其证书或者测试报告。
4. 适用性好
   考生可根据不同需求针对性的选择考试类型。
5. 灵活性强
   考生能够灵活选择合适的考试中心和考试时间。
6. 全面统一
   测试内容考虑到不同西班牙语使用区域的语言差异性，并涵盖西班牙语不同的语言变体形式。

考试费用

SIELE GLOBAL: RMB960(阅读+听力+书面+口语)

S1：RMB460（阅读+听力）

S2：RMB550（阅读+写作）

S3：RMB680（听力+口语）

S4：RMB550（口语）

考试流程：

1. 考生须登录SIELE中国官方报名网站（http://siele.org.cn）进行考试报名。

2. 考生付款成功后，考试报名系统将自动生成报考记录，考生可在报名网站“个人中心”模块中查看具体考试信息。

3. 考生账户的用户名为考试报名邮箱，初始登录密码将发送至该邮箱中，考生可用该账户信息(邮箱和密码)登录SIELE全球官网http://siele.org，在“我的页面”中可以修改密码。**该账户信息(邮箱和密码)作为考试当天登录SIELE考试系统并通过认证的有效信息，对于参加考试至关重要，请考生务必谨记。**

4. 考试结束后3个星期之内，考生将收到短信及电子邮件，告知考试成绩已出，考生可登录http://siele.org.cn或者http://siele.org转入“我的页面”查询和下载成绩，并且可以打印证书或报告(取决于考生所选考试类型)。